La Faute capitale

du

Haut Commandement

par

E. LENIENT

Auteur de la " Solution des Énigmes de Waterloo "

*La faute capitale n'est pas celle
d'août 1914 ni celle de Briey.*

E. L.

ÉDITIONS DE L'ARMÉE NOUVELLE
3, Rue Bergère, PARIS (IX')
195, RUE DE L'UNIVERSITÉ
PARIS (7')

BESANÇON

IMPRIMERIE MILLOT FRÈRES

20, Rue Gambetta, 20

1920

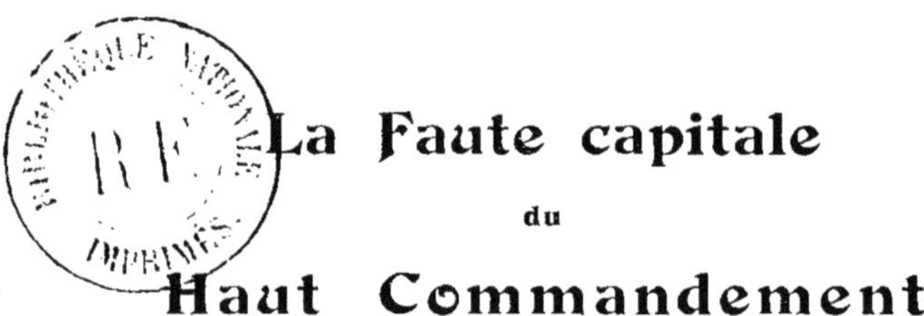

La Faute capitale

du

Haut Commandement

La Faute capitale

du

Haut Commandement

par

E. LENIENT

Auteur de la " Solution des Enigmes de Waterloo "

La faute capitale n'est pas celle d'août 1914 ni celle de Briey.

E. L.

ÉDITIONS DE L'ARMÉE NOUVELLE

3, Rue Bergère, PARIS (IX⁴)

BESANÇON

IMPRIMERIE MILLOT FRÈRES

20, Rue Gambetta, 20

1920

TABLE DES MATIÈRES

QUELQUES LIGNES DE PRÉFACE

Ce livre ne poursuit pas le même but que ceux qui ont paru jusqu'à ce jour et se sont vantés d'éclaircir à fond la guerre mondiale. A toutes les critiques formulées depuis le 11 novembre 1918, les ministres, les généraux et les pontifes officiels ont répondu : « Vos critiques ne signifient plus » rien. Quand bien même la méthode suivie aurait présenté » des erreurs et des fautes, elle a réussi en ce sens qu'elle » nous a délivrés de l'invasion allemande. Qu'auriez-vous » fait à la place des maréchaux Joffre, Foch et Pétain ? » Vous auriez lutté, comme eux, sur les mêmes terrains ? » Qui nous prouve que vous auriez réussi plus tôt ? » Comme pas un seul des critiques qui ont écrit jusqu'à ce jour n'a produit, au cours de la guerre, ni depuis, l'ombre d'une modification capitale au plan suivi par les généralissimes, l'ombre d'une directive mondiale, l'ombre d'une manœuvre capable de donner satisfaction à tous les problèmes soulevés à l'Occident comme à l'Orient, il s'ensuit que leurs remarques ne portent que sur des détails, que leurs œuvres ne peuvent assouvir la soif de vérité qui passionne et angoisse l'humanité entière.

Or ce que je veux, c'est démontrer la faute capitale du haut commandement, son immense erreur dans la direction des armées, par suite son impuissance non moins immense. Je veux établir par la logique et le bon sens la preuve que la guerre ne devait durer que deux ans. Je rappellerai également mes pétitions légales qui prouvent mes projets positifs et pratiques, ce à quoi je n'ai cessé de penser pendant toute la guerre, qui prouvent aussi que les deux ministres de la guerre forcés de m'appeler, M. Millerand par la commission de l'armée en 1915, M. Clemenceau en raison des offensives de Ludendorff, 22 mars 1918, ne cherchèrent qu'à étouffer mes projets et m'empêcher de les produire d'une manière pratique. Ce que je veux, c'est que la France ne paie plus de son sang, de la chair et du sang des meilleurs de ses fils, la rançon de l'égoïsme gouvernemental, de l'impéritie et de l'orgueil de techniciens médiocres, incapables de concevoir la solution rapide d'une guerre mondiale, incapables d'assurer une paix solide, joyeuse, réparatrice et féconde.

E. LENIENT.

LA FAUTE CAPITALE

DU

HAUT COMMANDEMENT

CHAPITRE PREMIER

EXPOSÉ DU PROBLÈME

Imposer une légende, la créer de toutes pièces avant qu'un coup de canon n'ait retenti dans l'espace, la proclamer intangible et sacro-sainte à la face du peuple français, de l'Europe et du monde, la maintenir par une implacable censure, une discipline césarienne, affirmer l'infaillibilité permanente, éternelle, des hommes qui ont conduit et prétendent avoir gagné la guerre, la victoire réelle, réparatrice et féconde, étouffer la critique la plus mesurée, la plus impartiale, briser toute tentative de contrôle, d'examen, jusqu'à l'ombre d'une observation critique, tel fut le rôle des gouvernements qui se sont succédé en France sous diverses étiquettes, depuis le 2 août 1914, des ministres, des généraux en chef et du grand quartier général.

La première question qui se pose en matière de guerre, c'est le résultat: Quel fut donc le résultat ?

Si cette légende, quels qu'en fussent les motifs secrets, les procédés et les méthodes, a réussi, s'il apparaît clairement aux yeux des peuples que la sécurité, le bonheur, la joie paisible et confiante résultent définitivement du traité de Versailles, nous n'exagérerons pas l'équité naïve dont les mouvements gigantesques des masses humaines s'accommodent encore fort mal, et nous nous inclinerons devant le fait accompli. Mais la vie de chaque jour, non seulement en France, mais bien au delà de ses frontières, les plaintes, les déceptions, les rancunes, les cris de douleur et de désespoir qui retentissent de toutes parts, le concert presque unanime de récriminations et de colère, depuis l'Irlande jusqu'à l'Ukraine, plus loin encore, jusqu'en Syrie et en Asie-Mineure, sur les rives du Nil et du Gange, les critiques formidables concernant l'armistice, le traité et la paix, formulées par les hommes les plus sages, les plus corrects, les plus mesurés, tout nous démontre que l'œuvre de la légende fut incomplète, maladroite, peut-être néfaste, que cette légende a échoué.

Pourquoi ? Est-ce donc que, contrairement aux affirmations gouvernementales et officieuses, le peuple français fut conduit en aveugle, et que ses effroyables sacrifices de sang et d'or furent consommés en pure perte ?

Notre devoir consiste à demander aujourd'hui : cette légende représente-t-elle la vérité profonde, ou bien, au contraire, une simple apparence, une déformation plus ou moins adroite de la vérité, de la triste vérité faussée à plaisir pour de vulgaires motifs, l'intérêt personnel et l'orgueil d'une coterie ? Après cinq ans de massacres et de ruines, c'est la première question qu'un peuple libre doit se poser. Essayons loyalement, impartialement, de la résoudre. Il ne s'agit pas d'une récrimination inutile sur un passé évanoui, mais d'un règlement de compte indispensable. Si la méthode suivie fut mauvaise, nous devons en établir les preuves et les causes, afin que cette méthode ne persiste pas dans l'avenir, qu'elle ne se répercute pas dans le temps, qu'elle n'amène pas la ruine définitive de la France.

D'abord, quel fut le motif avoué, hautement proclamé, de cette légende? Le motif? A croire les discours pompeux des ministres, les ordres impériaux des généraux en chef, il n'existait pas d'autre moyen de maintenir le moral de l'armée et du peuple.

Eh quoi ? le peuple français, réputé, paraît-il, le plus spirituel et le plus brave, comme on nous l'a ressassé pendant tant d'années, avait-il donc besoin, pour conserver sa bravoure et sa clairvoyance, d'une censure inexorable, de l'état de siège pendant plus de cinq ans, d'innombrables conseils de guerre, cours martiales, tribunaux d'exception ? Ces procédés ne sont-ils pas précisément ceux qui conviennent aux peuples décadents, dégénérés, frappés de terreur ? Est-ce par l'exagération intense de l'effet moral, le bluff, les fanfaronnades, les vantardises de certains écrivains, plus ou moins académiques, est-ce par les mots d'ordre répandus dans les plus humbles villages par une foule de délateurs occultes, est-ce par ces procédés de gouvernement impérialiste, ou bien n'est-ce pas plutôt par le jeu naturel de la liberté, de la lumière, de la franchise, que se maintiennent au plus haut degré le moral d'un peuple et celui d'une armée ? A quoi sert-il de mentir, de jeter un voile sur les fautes les plus évidentes, de masquer les plus monstrueuses erreurs, sinon à les continuer, à les accroître ? L'exemple de la Révolution ne parut-il pas suffisamment probant à nos politiciens et à nos stratèges ? Ne comprendront-ils jamais ses enseignements grandioses ? L'ignorance voulue, la honteuse ignorance en matière historique, vont-elles persister ? A l'heure où la France seule luttait contre l'Europe et en triomphait, en 1793, les actes des généraux n'étaient-ils pas discutés et jugés librement à la tribune de la Convention ? Est-ce par le silence et le mystère que Hoche, aidé par les représentants du peuple aux armées et le Comité de Salut public, repoussa la hideuse invasion et conquit l'Alsace en deux mois ?

Mais, nous objectera-t-on, le résultat prime tout. En admettant que le motif de la légende reste discutable, son but fut d'assurer la victoire. Gouvernement, stratèges et pontifes officiels nous crient : « Ce but est atteint, et c'est à nos procédés, à la bienfaisante légende, que nous devons la victoire ? »

De quelle victoire parlent-ils ? De quelle victoire réelle, palpable, réparatrice, féconde se vantent nos gouvernants et nos « grands chefs » ? Oui. Je sais qu'on effectua un pompeux défilé sous l'Arc de triomphe, qu'en tête du cortège figurèrent ceux qui s'intitulent, par la grâce de leurs communiqués et la naïveté de leurs contemporains, les « gagnants de la guerre ». Ceux-là, couverts de lauriers, de panaches, parés d'épées d'honneur, saturés de soldes énormes, s'affirment joyeux, satisfaits, repus. C'est entendu. Mais les autres ? Ce n'est certes pas pour la glorification d'une douzaine de généraux dont les faits étudiés dans la suite de nos discussions, les faits précis et irréfutables jugeront les actes, ce n'est pas pour l'enrichissement scandaleux de quelques milliers de profiteurs de guerre, qu'on a fait tuer ou mutiler plus de deux millions de Français, l'élite de la race. Du moins, nous ne supposons pas que nos gouvernants, nos historiens officiels, nos bourreurs de crâne les plus exaltés, poussent l'aberration jusqu'à se contenter d'un si piteux résultat. Mais alors, la joie, la satisfaction des repus, la plénitude du bonheur victorieux, devons-nous la chercher dans les plaines du Nord et de l'Est, dans la reconstitution rapide (?) des foyers ? Devons-nous la scruter chez les orphelins de la guerre, les mères qui pleurent en silence ? Trouverons-nous ces joyeux motifs dans l'examen des créances que font valoir contre nous nos alliés eux-mêmes, dans le chiffre de deux cent cinquante ou trois cents milliards de dettes, dans les feuilles d'impôts qui nous écrasent, dans nos emprunts fantastiques, dans le gaspillage de nos suprêmes ressources, dans nos deuils et dans nos ruines ? Est-ce là ce qu'on appelle la victoire ? Exigez-vous que nous nous inclinions devant ce brillant tableau, ce radieux bilan de nos gains et de nos pertes ?

Faut-il danser de joie et crier de bonheur en pensant à l'armistice du 11 novembre 1918 ? On nous a répété sur tous les tons que le maréchal Foch fut laissé maître absolu. S'il est vrai qu'il fut seul juge, comment explique-t-on que cet homme de guerre, dont les organes officiels proclament la sagesse et le génie, affirma le plus absolu dédain des conditions primordiales d'un armistice, qui consistent dans le désarmement de l'ennemi, dans sa mise hors d'état de nuire ? La guerre de 1914-1918 n'avait présenté aucun des caractères de la guerre d'autrefois, notamment des guerres dynastiques des xviie et xviiie siècles, la guerre en dentelles. La manière brutale, impitoyable, féroce, dont l'Allemagne avait conduit la guerre, exigeait un désarmement immédiat, définitif. De plus, les gouvernements alliés avaient solennellement promis à leurs peuples que cette guerre serait la dernière, que la France se sacrifiait au premier rang pour que nos descendants ne connaissent plus ces horreurs et ces massacres. Quel autre moyen employer que d'arracher les armes, toutes les armes, à la nation de proie ? En conséquence, nous avons le droit de demander pour quelle raison secrète, en vertu de quelle arrière-pensée machiavélique, le maréchal Foch afficha un pareil mépris des précautions indispensables, une telle ignorance des prescriptions utiles, une telle imprévoyance, une si prodigieuse faiblesse de volonté en faveur de l'adversaire qu'il avait soi-disant vaincu ? Voulait-il respecter le militarisme allemand abattu, et le laisser se relever, afin de conserver en France la maîtrise du militarisme napoléonien qui se proclame triomphant ? Se refusa-t-il à arracher au peuple de proie ses canons, ses avions, ses usines de guerre, afin que la pauvre France saignée à blanc et mutilée fût encore contrainte de solder de ses derniers centimes une armée permanente, hors de proportion avec ses ressources, de fastidieuses casernes, un pompeux état-major ? Quel préjudice pouvait donc nous porter le déchirement de l'unité politique allemande ? Etait-il besoin d'une intelligence géniale pour comprendre que la résurrection de l'unité germanique détruirait jusqu'au moindre vestige de notre prétendue victoire ? Nos grands politiciens, ministres et généraux, s'imaginaient-ils que cette unité garantirait le paiement total des dettes ?

Si, au contraire, le gouvernement a menti une fois de plus en affirmant que le maréchal Foch fut seul maître des conditions de l'armistice, nous demandons pour quel motif le gouvernement a menti. S'est-il trouvé parmi nos alliés un ministre dominateur et impérialiste qui voulut profiter de l'épuisement de notre patrie, et qui, divisant pour régner, exigea le maintien d'une Allemagne assez forte pour surveiller la France ? Mais, dans cette hypothèse, nous demandons pour quelle raison, par quelle aberration de faiblesse vis-à-vis des gouvernements et de leurs diplomaties secrètes, le maréchal Foch consentit à signer l'armistice ? N'était-il pas maître de sa signature ? Sa haute situation, son orgueil, ses titres passèrent donc avant toute considération de bon sens ? Manqua-t-il de clairvoyance ? N'a-t-il pas compris son devoir ? Comment ! on nous parle de victoire triomphale, et l'armistice laisse l'Allemagne armée et debout ! Le maréchal Foch, qui cite à tout propos ses souvenirs napoléoniens, qui se pose en héritier direct du « dieu de la guerre » (1), ne connaît donc pas le premier mot des événements qui suivirent Iéna et Tilsitt ! Il ne comprend donc rien de la mentalité germanique ! Les fameuses exigences de l'armistice n'enlèvent pas à l'Allemagne un atome de sa puissance, de ses facultés de réorganisation militaire, économique, financière. Quel infaillible prophète peut nous répondre que l'Allemagne ne redeviendra pas admirablement unie, bloc formidable, dans lequel, après quelques convulsions de dépit et de rage, tous les partis s'entendront à merveille et s'uniront pour faire front contre nous à la première occasion, où les hobereaux reformeront l'armée, où d'innombrables cadres rétabliront la discipline et prépareront, sous des vocables nouveaux, les masses compactes d'infanterie, cavalerie, artillerie, services de l'arrière, aviation ?

L'histoire ne démontre-t-elle pas que, même après les convul-

____

(1) Il est bien entendu que je ne cite ces termes que pour faire ressortir la mentalité et la phraséologie napoléoniennes, mais la suite des discussions démontrera ce que j'en pense.

sions révolutionnaires les plus violentes, les plus destructives,
le principe nationaliste reparaît plus fort que jamais ? Donc, que
l'Allemagne soit unie, divisée ou déchirée par des révolutions
ou transformations quelconques, elle reste, après l'armistice, un
élément de trouble, de danger. Est-ce là notre victoire ? Est-ce
là ce que vous appelez un triomphe décisif ? Est-ce là ce que
vous appelez la sécurité de l'avenir, le repos joyeux et confiant
des générations futures ? Si les circonstrances n'étaient aussi
terribles, j'aurais le droit de demander : De qui se moque-t-on
ici ?

Vous oubliez l'Alsace-Lorraine, me dira-t-on. Non. Je ne l'oublie pas. Il n'est pas un Français de vieille race et de cœur qui
ne salue avec émotion le retour de nos provinces. Mais je suis
forcé de constater que ce retour est incomplet. Nous ne retrouvons même pas la France telle que la Révolution, telle que la victoire de l'admirable Hoche en Alsace nous l'avaient reconquise.
Oublie-t-on le cri des républicains chargeant sur les pentes du
Geisberg, sur les canons de Wurmser et de Brunswick : « Landau
ou la mort » ? Oublie-t-on que Sarrelouis fut la patrie de Michel
Ney ? Est-ce que Sarrelouis et Landau sont redevenus français,
d'une manière certaine, définitive ? Sommes-nous sûrs que Landau ne redeviendra pas bavarois et Sarrelouis prussien dans
quelques années ? L'Alsace-Lorraine du second empire, perdue
par les Bazaine, nous est rendue. Soit. Admettons qu'aucune
inquiétude ne survienne en raison de l'administration procédant
du système Clemenceau-Millerand ou de leurs successeurs bu-
reaucratiques. Mais, franchement, si cette consolation ne nous
restait, on serait en droit de demander pourquoi l'on s'est battu,
pourquoi la paix ne fut pas signée coûte que coûte avec l'Allemagne dès 1914. Sans l'Alsace-Lorraine, nous resterions, d'une
façon évidente, les plus piteux vaincus de la guerre. La paix
n'est vraiment ni assez brillante ni assez sûre pour que le seul
nom d'Alsace-Lorraine réponde aux formidables critiques.

A-t-on même le droit de considérer comme une paix sérieuse
le traité de Versailles ? Paix boiteuse, dans tous les cas, produit
hybride d'impérialisme, de sophisme, de vanité puérile, d'ignorance ethnique et géographique, mélange inextricable, qui ne
profitera qu'à nos alliés et qu'à nos ennemis. Ce papier, revêtu
de signatures douteuses et hostiles, ne pouvait acquérir quelque
valeur que par une solide organisation de la Société des Nations.
L'incohérence brutale de M. Clemenceau, dictateur de la République française, y a mis bon ordre. Ce diplomate étrange, qui

ne comprend dans la diplomatie que la méthode autocratique
du secret, révolutionnaire quand il sert dans l'opposition (1),
césarien et copiste des procédés napoléoniens quand il s'ac-
croche au pouvoir, joua dans les conférences de la paix le rôle
le plus désastreux pour la France. Il admit, ce qui n'était d'ailleurs que la conséquence de ses actes antérieurs, de toute sa
politique, de son passé intime, la paix anglo-saxonne. L'Angleterre s'est arrogé l'empire des mers et celui de la moitié du
monde connu. Après l'Angleterre, l'Italie essaie de se tailler la
part du lion et de développer ses convoitises. Mais nous ? En
dehors de l'Alsace-Lorraine, qu'est-ce qui nous reste ? Qu'est-ce
que cette paix nous assure ? Un présent de ruines et de deuil,
un avenir de guerre, de destruction économique et financière.
Pas autre chose. M. Clemenceau s'imagine avoir gagné la guerre
par son intelligence et son énergie. Cette confiance aussi naïve
que fausse, comme nous le démontrerons en temps convenable,
le comble d'une joie sénile. Tant mieux pour lui. Tant mieux
pour les vieux et jeunes politiciens raffinés qui ont jeté leur mise
sur le tableau Clemenceau. Tant mieux pour les adjudicataires,
fournisseurs, mercantis, et autres tribus d'arrivistes. Tant pis
pour la France.

Pour réparer les oublis de l'armistice, les irréparables lacunes
du traité de Versailles, les orateurs officiels nous chantent un
hymne monotone à la « production », une litanie interminable
sur la nécessité de produire vite, bien, avec acharnement, sans
lassitude, sans arrêt. Avec qui, avec quels bras, ces néo-Démos-
thènes veulent-ils que la France produise à outrance ? Oublient-ils, ces phraseurs, dont le rythme sonore éblouit et enthou-
siasme les ignorants et les naïfs, oublient-ils, les Briand, les
Viviani, les Barthou, que, pendant qu'ils détenaient le pouvoir,
ils laissèrent impunément les généraux en chef appliquer la stratégie d'usure, la tactique de massacre, les dogmes désuets de
l'Ecole de guerre dont nous prouverons l'absurdité? Ne savent-ils
pas que les deux millions de morts et de mutilés représentent la
moitié des producteurs adultes de 20 à 40 ans, des véritables

(1) Pendant trois ans, j'ai reçu des communications émanant de lui qui
indiquent nettement qu'il fut parfaitement d'accord avec moi et mes pétitions..., jusqu'à ce qu'il obtint un portefeuille. Et quel portefeuille, celui de
la guerre ! On trouvera dans les pièces annexes, p. 187 et suiv., l'explication
de ce qui s'est passé quand il me fit appeler au ministère, le 22 mars 1918,
au moment des premières offensives de Ludendorff. On verra aussi quel droit
réel et valable possède la légende pour incarner la victoire dans le nom de
Clemenceau.

producteurs, ceux de la terre et ceux de l'usine, que cette perte de 50 p. 100 représente un total effroyable qui menace la race française de destruction ? Ne savent-ils pas qu'en d'innombrables villages ne sont revenus, pour la culture du sol, que des hommes fatigués, vieillis, usés, déprimés tant par la hideuse manière dont les Allemands ont exploité la science, la chimie moderne, les gaz, que par l'ineptie des principes napoléoniens appliqués par nos généraux ?

Ignorent-ils, ces pontifes de l'éloquence officielle, que ce n'est pas avec des phrases qu'on ressuscite une nation qu'on a tuée ? N'ont-ils jamais été capables d'étouffer leur orgueil et de dire carrément la vérité à nos alliés, à l'Amérique, à l'Angleterre, à l'Italie, de leur faire comprendre que le peuple français, tenant à lui seul les 7/8 du front occidental, a subi des pertes hors de toute proportion avec sa population, sa natalité, sa puissance vitale; que, par suite, il est contraire à la justice, à la loyauté, à l'équité, à l'honneur, de traiter avec lui sur le pied d'égalité, de le mettre dans les règlements de comptes financiers et économiques sur le même rang que nos ennemis, d'exiger de cette nation saignée à blanc le paiement féroce, inexorable, des créances, des dettes, qui ont payé la liberté de l'univers, et le paiement avec un change d'usure ? Ont-ils jamais songé, ces producteurs de littérature, qui nous prêchent la résignation joyeuse et le travail acharné, qu'eux-mêmes, en guise de travail personnel, se sont bornés à débiter des discours, et qu'en fait d'énergie gouvernementale, ils ont simplement protégé de toutes leurs forces, en admettant qu'ils n'en profitèrent pas, les adjudicataires fantastiques, les fabricants et usiniers de guerre, les exploiteurs du sacrifice d'autrui, les organisateurs du gaspillage, du vol et de la vie chère, les Robert-Macaire de la politique, les commissionnaires du parlement, les ploutocrates de la haute industrie, du haut commerce et de la spéculation ? Oublient-ils qu'ils ont eux-mêmes déchaîné la passion insensée de l'argent, l'étalage du luxe fou des nouveaux riches, l'avidité du négoce, la multiplication des intermédiaires éhontés, l'immoralité abjecte qui, du haut de l'édifice social, ont pénétré jusqu'aux rangs les plus modestes et ont gangrené, pourri la France ? N'ont-ils jamais réfléchi aux principes immortels du Comité de Salut public et de Robespierre, l'Incorruptible, à la maxime de Hoche, maxime qui lui permit de réorganiser en si peu de temps les armées de la Moselle, du Rhin et de Sambre-et-Meuse : « En » temps de guerre, personne n'a le droit de faire fortune, sous

» peine d'être fusillé » (1) ? Aux principes de la Révolution, les ministres s'opposèrent nettement. Ils préférèrent la doctrine du laissez-faire, la glorification des « malins », des « roublards », ceux qui laissèrent les autres se faire tuer au front, pendant qu'ils s'enrichissaient à outrance. La voilà, l'œuvre des artisans de l'armistice du 11 novembre 1918 et de la paix de Versailles. Tolèrerons-nous que cette œuvre se répercute dans le temps et s'achève par notre ruine totale ? N'y a-t-il pas là encore un formidable compte à régler ? N'est-ce pas l'examen attentif de la méthode de guerre qui nous en livrera le secret ?

Que dire des diplomates ? Que dire de l'unique diplomate qui, dans le mystère de ses causeries à trois, à quatre ou à cinq, livra le sort de la France, de M. Clemenceau ? Comment ! ni dans l'armistice, ni dans le traité de paix, il n'est question d'un chiffre précis, d'une date certaine de paiement ! Nos financiers les moins renseignés, MM. Klotz et Tardieu, savent que la France doit trois cents milliards, et, pour la part qui lui revient sur la fortune allemande, pas une date précise et suffisamment rapprochée pour éviter notre ruine n'est inscrite ! Pas un jour de fixé, de net, pour la production de nos créances ! Pas une seule livraison rapide de milliards en caisse ou de traites ! Pas un arrangement utile, pas de convention efficace, pas de règlement sûr. Est-ce que, dès le 11 novembre 1918, le moindre bon sens n'exigeait pas un paiement immédiat, à forfait ? MM. Lebureau et Quidedroit ont-ils besoin de deux ans pour évaluer la reconstitution du Nord et de l'Est ? Dès le 11 novembre 1914, j'avais, dans une lettre que le journal *le Temps* analysa, indiqué le chiffre de 30 milliards comme indemnité indispensable à cette date. N'est-il pas évident qu'elle doit aujourd'hui être au moins quintuplée ? Osera-t-on soutenir que l'Allemagne ne peut payer ? Ne disposait-elle pas, au 11 novembre 1918, de traites, de créances sur les alliés ? Ne pouvait-on lui imposer la signature d'un total respectable de billets ou effets de commerce immédiatement négociables, gagés par ses mines, ses incalculables richesses minières ? Ces richesses-là sont-elles factices ? Et ses douanes, ses réserves de produits innombrables et de matériel volés, de Lille jusqu'à Briey, ses réseaux de chemins de fer, ses canaux ? Est-ce que ces gages immenses et suffisants ont disparu ? Attend-on que l'Allemagne ait réglé ses comptes et payé

---

(1) Lettre de Michel Ney. Voir *Annales révolutionnaires*, numéro de janvier-février 1920 : Les généraux du Directoire, p 1.

ses dettes aux autres pour que la France touche un centime ? Ses produits naturels ou manufacturés ne nous reviendront-ils que surchargés par la commission et le change de Londres, de Genève et de New-York, et contre argent comptant de notre part ? Par quelle surenchère d'aberration les Clemenceau et les Klotz nous ont-ils constitués les banquiers de l'Allemagne ? A quel chiffre de milliards se monte notre avance ?

Et que devient l'aide de nos alliés ? A quel taux d'usure, de monstrueuse usure, règlent-ils avec nous ? Pouvons-nous marcher de ce train ? A quelle fatalité nous accule-t-on ? Et les économistes alliés ne trouvent rien de mieux, comme solution amiable, que de nous prêcher la « production à outrance » ! Pourquoi faire ? Pour continuer notre esclavage économique en paiement des deux millions de morts et de mutilés ? Il est bien entendu que, pour régler les comptes, les exploiteurs et bénéficiaires de la guerre devront d'abord rendre gorge. Mais en admettant que le chiffre de milliards à récupérer de ce chef s'élève au sixième environ de la dette totale, il reste 250 milliards à solder.

Evidemment, la première opération à effectuer, c'est l'opération de justice qui consiste à reprendre le bien, la fortune de la patrie, engloutis dans les poches des profiteurs et mercantis. C'est une œuvre d'assainissement indispensable. Un peuple ne peut vivre sans justice. Il appartient au gouvernement de donner l'exemple de l'équité la plus scrupuleuse, d'imposer la probité la plus stricte aux puissants de la terre, afin d'avoir le droit de faire régner l'ordre, le travail et la paix. Autrement, le déséquilibre intellectuel, moral et financier ne fera qu'empirer. Mais admettons l'œuvre de justice accomplie. Il reste 250 milliards à payer. Qui les paiera ? Si l'Allemagne ne nous les paie pas d'une manière certaine, si elle n'en paie qu'une faible partie, comme le traité de Versailles nous le fait craindre, la France, dont le sang a sauvé le monde de l'esclavage le plus abject, devra-t-elle travailler cent ou cent cinquante ans, s'exténuer au labeur acharné avec une population amoindrie et épuisée, uniquement pour régler les intérêts de cette dette ? Avons-nous le droit de charger les épaules des pauvres générations à venir d'un fardeau si écrasant ? Il est besoin de l'ignorance financière et économique d'un René Besnard pour proclamer que la France s'est enrichie depuis la guerre. A quel taux, à quel tarif M. René Besnard estime-t-il la peau de deux millions de Français ? Les exaltés qui s'imaginent que l'impôt sur le capital et le revenu

suffira au paiement marquent la plus complète ignorance des
conditions pratiques de la vie et de la fortune réelle de la
France. Subira-t-on l'esclavage économique de cent cinquante
ans ? Serons-nous contraints à la faillite carrément proclamée à
la face des peuples égoïstes et ingrats ?

Mais d'où vient en réalité l'accumulation de ces milliards ?
D'où vient l'énormité de cette dette ? De ce que la guerre mondiale a duré cinquante-deux mois. De là résulte le problème
capital à résoudre, problème qui inspire mon œuvre : pourquoi
la guerre a-t-elle duré cinquante-deux mois ?

De quel droit, en vertu de quel principe de guerre, de quel
axiome tiré de Napoléon, dont nos généraux en chef prétendent
descendre en droite ligne, ou de n'importe quel homme de
guerre sérieux, à quel titre, et pour quelle raison péremptoire,
prétend-on que nous devions subir la loi de l'adversaire, la
guerre de tranchées pendant quatre ans et demi, qu'aucune autre
direction que celle du front occidental ne pouvait être envisagée, qu'aucune autre manœuvre grandiose et vraiment digne
d'une guerre mondiale ne pouvait être conçue ?

Comme les roueries de nos contradicteurs sont maintenant
dévoilées et percées à jour, nous savons quelle réponse nous
sera faite : « Jusqu'au 18 juillet 1918, nous dira-t-on, le maréchal
» Foch, le « glorieux vainqueur » de la guerre, ne fut jamais
» laissé libre de sa manœuvre. Le jour où on se décida enfin
» à l'écouter, ce fut la victoire. »

Que cet argument soit produit par les avocats du G. Q. G.
et les orateurs désintéressés qui plaident pour le gouvernement, les bourreurs de crânes et la légende, nous n'en marquons
nulle surprise. Mais cet argument n'a de valeur que pour celui
qui n'a jamais lu une ligne des *Principes* de Foch (1), qui ne
connaît pas le premier mot de son influence dominante et exclusive dans l'enseignement de l'Ecole de guerre, plus tard dans
la formation des états-majors, dans la désignation des généraux,
ceux qui furent « limogés » et ceux qui furent promus aux plus
hauts grades, dans les prescriptions concernant l'offensive à
outrance, qui ne possède pas le moindre document ni l'ombre
d'une preuve sur la personnalité de ce chef, sur son œuvre, ses
décisions, ses projets, ses titres, ses commandements dès le début
de la guerre. Présenter le maréchal Foch comme un exécutant
docile, souple, modeste, effacé, depuis Dieuze, Morhange, Lor-

____

(1) V. l'analyse de ses *Principes de guerre*, pp. 195 et suiv.

quin, Sarrebourg, jusqu'aux journées des 9 mai au 25 septembre 1915, deuxième et troisième batailles de l'Artois, jusqu'aux batailles suivantes, essayer de nous faire accroire que ce « grand chef », d'abord adjoint au généralissime Joffre, commandant un groupe d'armées particulier, puis commandant le groupe d'armées du Nord, s'inclinait humblement, n'était pas capable de s'imposer, de parler net et cru, de faire prévaloir son opinion, c'est plaider en avocat habile, mais c'est prouver qu'on ne connaît rien de la personnalité hautaine, impérieuse, froide, dure, qui caractérise cet homme, c'est prouver aussi qu'on ne se rend pas compte des droits énormes que lui conféraient ses titres.

Certains parlementaires et journalistes, abusés par les apparences, se sont efforcés d'établir qu'il existait en 1914 une complète antinomie entre l'enseignement du général Foch à l'Ecole de guerre, ses principes et ses idées personnelles, et, d'autre part, les idées, principes et enseignements de jeunes officiers, ardents et impétueux théoriciens, partisans de la fougueuse offensive, notamment le colonel de Grandmaison. Ces journalistes et parlementaires n'ont pas l'habitude de la critique incisive et poussée à fond, celle qui ne se paie pas de mots. Ils ont pris des divergences apparentes pour une formelle contradiction, transformé un bien modeste fossé en un abîme infranchissable. Dès qu'il s'agit d'une offensive à déterminer et à poursuivre, l'accord est parfait entre le système de Foch et celui des plus fougueux théoriciens. On peut constater cette identité absolue par la lecture des *Principes de la guerre*, de Foch (1). Quant à l'application sur le terrain, le lecteur en verra se dérouler les preuves à Dieuze, Morhange, en Artois, et autres batailles (2).

Quant à prétendre, comme l'ont essayé certains écrivains animés d'excellentes intentions, mais peu renseignés, que le général Foch était tombé en profonde disgrâce lorsqu'il fut rappelé en 1918 au commandement des armées, c'est exagérer singulièrement un fait motivé par les circonstances impérieuses du moment. Ces écrivains allèguent qu'on alla le chercher tout près de Limoges. Non. Il n'alla jamais plus loin que Senlis, puis Mirecourt, puis Paris, résidences fort distantes de Limoges. La manière dont s'était effectuée et développée la soi-disant grandiose victoire de la Somme, sans que le haut commandement français

(1) V. pp. 195 et suiv.
(2) V. pp. 59 et suiv.

fût capable d'arracher à nos ennemis un résultat positif, vraiment définitif, constituait un motif valable pour l'éloignement du général Foch (1). En cette affaire, il avait prouvé outre mesure que si l'excellente opinion qu'il avait de lui-même était sans limites, par contre sa perspicacité, son tact et la réalité de sa victoire étaient fort limités. Quoi qu'il en soit, il est certain que s'il n'a pas fait prévaloir sa manœuvre avant le 18 juillet 1918, c'est tout simplement parce que cette fameuse manœuvre ne consistait qu'en une répétition invariable, monotone, des dogmes tactiques de l'Ecole de guerre (2). Pourquoi cette fastidieuse répétition s'est-elle brisée contre la résistance allemande jusqu'en juillet 1918, et pourquoi, au contraire, réussit-elle à partir de cette date ? Le succès provient-il de la réunion des pouvoirs suprêmes dans les mains du général Foch, ou ne provient-il pas plutôt de causes multiples et formidables dans lesquelles la personnalité de cet homme ne représente qu'un élément infime, voilà précisément ce que la suite de nos discussions et démonstrations éclaircira (3). Ce n'est pas en quelques lignes, ni même en quelques pages, que nous pouvons remettre les choses au point et abattre les cent têtes de l'hydre légendaire. Nous devons suivre un raisonnement logique, un ordre clair, une méthode réfléchie, seule capable d'élucider à fond ces problèmes complexes.

Certes, nous maintiendrons l'étude concernant la faute capitale du haut commandement, ses graves conséquences actuelles, la manière dont ces fautes et conséquences peuvent être réparées, dans la limite de l'impartialité la plus stricte. Loyauté impartiale sera notre devise. Mais impartialité ne signifie pas impassibilité. Nous ne tomberons pas dans le piège où nos contradicteurs tendent de nous entraîner. Nous ne céderons pas aux suggestions perfides des pontifes officiels qui, depuis cinq ans, se sont efforcés de faire prédominer le dogme d'une insensibilité froide et glaciale. Sous le prétexte fallacieux de pondération, les médiocres étouffent l'essor des critiques les plus légitimes. Ils ne comprennent pas que l'absence de toute passion est synonyme de mort. Les inventeurs de la politique de « l'autruche » ambitionnent aussi le rôle de régulateurs implacables des émotions d'un peuple qui ne veut pas mourir. Pauvre peuple ! N'a-t-il donc

(1) V. pp. 108 et suiv.
(2) V. pp. 95 et suiv.
(3) V. pp. 114 et suiv.

pas assez souffert pour qu'on veuille annihiler les derniers restes de sa vitalité et de son énergie, pour qu'on le réduise à n'entendre que les plaidoyers intéressés des ministres et des généraux qui l'ont réduit à cet état lamentable ! Non. Nous connaissons trop les motifs secrets de cette pondération qu'on nous prêche pour nous résigner aux froides arguties des eunuques, à d'interminables et fastidieuses critiques de détail qui ne peuvent mener à rien. La politique de l'autruche et les actes plutôt stériles des eunuques ont accumulé trop de désastres sur la malheureuse France pour que nous ne rejetions pas ces procédés vieillots, symboles d'une honteuse décadence. Nous voulons nettement et carrément embrasser le problème de la guerre dans son ampleur, d'après les preuves irréfutables des faits, des faits que le monde entier connaît, sur lesquels les généraux et les états-majors ne peuvent plus mentir. Nous ne raisonnerons que suivant les principes de la logique et du bon sens, nous ne nous inclinerons devant aucune autorité qui ne se recommandera que d'elle-même, de son prestige apparent, de ses titres officiels, de ses galons, de ses étoiles, de ses plaques et rubans. Le principe d'autorité ne doit être respecté que si l'autorité est respectable, si elle s'impose par le résultat tangible, pratique, d'une action heureuse, si elle produit chez un peuple la joie de vivre, le bonheur calme, la victoire féconde, la confiance indéfinie dans l'avenir.

CHAPITRE II

Ma démonstration ne constitue pas une critique négative. Elle doit aboutir à l'exposé de la manœuvre qui eût terminé la guerre deux ans plus tôt que le 11 novembre 1918. Donc, il s'agit d'éclairer la guerre mondiale par des considérations qui furent méconnues pendant cinquante-deux mois, d'indiquer des directives qui ne furent jamais conçues par aucun grand chef, d'accumuler des preuves de logique et de bon sens qui, par la faute et l'entêtement des ministres et généraux, ne furent produites à aucune date. Par suite, à ne considérer que la synthèse de la guerre, qu'aurais-je besoin de documents ? A quoi bon en citer un seul ? Mais, d'autre part, comme je parle pour le grand public, pour qu'aucun doute ne subsiste dans l'esprit des braves gens qui exigent la lumière éclatante, il m'est impossible d'adopter un procédé aussi bref, aussi concis.

Si je n'établis pas en premier lieu la faiblesse stratégique des généralissimes, si je ne précise pas leur mentalité médiocre de techniciens, de simples techniciens d'état-major, le peuple songera qu'en définitive ils n'ont commis qu'un seul oubli — énorme, il est vrai, désastreux, mais unique — et, dans tous les cas, que leur méthode n'en est pas responsable.

Par suite, les générations futures connaîtront encore, apprendront, rabâcheront la méthode néfaste baptisée par les Joffre, les Foch et les Pétain, méthode napoléonienne. Nous reverrons — ou plutôt nos arrière-neveux reverront — les protagonistes de la guerre à coup d'hommes, les héritiers des Mangin, des de Mitry, des Fayolle, des Maistre, des Guillaumat. Des millions d'êtres humains seront encore fauchés, massacrés, brûlés, suppliciés, pour élever des autels à la gloire des fameux techniciens, pour servir à l'apothéose des médiocres. Non. C'est assez de souffrances et de misères. La situation est devenue intolérable. Il faut que la lumière définitive apparaisse.

Avant d'indiquer la manœuvre qui eût terminé la guerre deux ans plus tôt, peut-être dès la fin de 1915, dans tous les cas au plus tard en 1916, il faut que je démontre la médiocrité des soi-disant génies, des soi-disant vainqueurs. Il faut que je prouve que leur méthode est absurde, et ne pouvait, ne pourra jamais, mener à la victoire.

Par suite, je dois m'astreindre à parler de documents. Mais dans quel sens ? Que le public se rende bien compte qu'il n'existe, dans la route que je prends, aucune divergence fâcheuse avec la route droite, aucune contradiction avec les principes de la Révolution française, que les circonstances et l'éclaircissement des problèmes complexes m'imposent la question des fameux documents. Parlons-en donc, en prenant cette question à l'origine, d'après les habitudes reçues en pareil cas et suivies jusqu'à ce jour, même en méthode de guerre.

La critique des événements, la recherche de leurs causes profondes, les modifications qui doivent s'ensuivre dans la réforme des méthodes de guerre et d'instruction, la constitution des armées futures, les règlements de compte pour le passé et les principes dominants pour l'avenir ne peuvent se baser, paraît-il, que sur des preuves irréfutables. Mais où trouver les documents ? De quelles pièces peut-il être question ? Sur quels textes s'appuyer ?

En ce qui concerne l'ensemble de toutes les manœuvres, de 1914 à 1918, le « monde officiel », les pontifes, les historiens académiques (voir MM. Hanotaux et F. Masson), les anciens ministres de la guerre (voir M. Messimy), nous ont prévenus, non pas une fois, mais cent fois, qu'il était absolument impossible de parler de la guerre... autrement que sur le mode admiratif et sur le ton du lyrisme le plus passionné ? Quant aux critiques, mesurées ou sévères, impossible d'en formuler une seule. Inutile de tenter le moindre essai pour juger la stratégie et la tactique des généraux. Pourquoi ? Oh ! c'est bien simple. Les documents, ordres, rapports, dont le G. Q. G. fut l'inspirateur et qu'il conserve jalousement dans ses cartons, n'en sortiront, paraît-il, — s'ils en sortent jamais, et surtout s'ils en sortent tels qu'ils furent conçus et écrits, — que dans vingt ans au plus tôt, peut-être trente ou quarante ans. La méthode rapide, décisive et victorieuse du Comité de Salut public de 1793 n'a rien à voir avec les lenteurs intéressées de la troisième République.

Inutile de faire valoir que certains documents sont déjà sortis, notamment à propos de la première bataille de la Marne ou de Briey. Leur petit nombre ne permet rien en ce qui concerne l'examen complet de la méthode de guerre et l'immensité complexe des manœuvres. Sur les archives développées de la guerre, sur la production *in extenso* des documents, permettant critiques, rapprochements, recoupements, les admirateurs passionnés du G. Q. G. sont intraitables. Ils ne livreront aucun ensemble, aucune série de pièces utiles, avant la date choisie par leurs idoles.

Pour affirmer cette thèse, nos graves prédicateurs de guerre, nos austères professeurs de morale, nos éducateurs vertueux (voir M.M. Marcel Prévost, Lavedan, Richepin, Alfred Capus), c'est-à-dire les mêmes littérateurs académiques qui fondèrent autrefois leur réputation et leur fortune sur l'exploitation de l'adultère présenté comme le vice national, le vice français par excellence, les mêmes qui apprirent au monde entier que notre patrie réalisait le séjour idéal de la pornographie décadente, ces psychologues repus et fortunés, transformés par un étrange miracle en patriotes ultra-chauvins, nous répètent sur tous les tons, grave, ému, vibrant, humoristique, comique même, que le recul d'un demi-siècle est indispensable pour porter un jugement réfléchi sur les événements actuels. Ajoutez à ces émanations de l'Institut la joyeuse vulgarité des bourreurs de crâne qui nous chantent depuis cinq ans « qu'on ne fait pas d'ome- » lettes sans casser des œufs », et vous jugerez combien il est facile, sous la troisième République, de faire durer une guerre deux ou trois ans de plus qu'il n'est besoin, de faire tuer un million de Français en sus du sacrifice utile, et d'esquiver en fin de compte le moindre contrôle, jusqu'à l'ombre d'une responsabilité.

Notons en passant que les prophètes de tout repos, les chefs d'orchestre « bien pensants » qui nous renseignèrent avec tant d'exactitude sur les phénomènes de la guerre, transformant d'effroyables désastres, de lamentables reculs, des échecs répétés et retentissants en retraites stratégiques du plus heureux effet, en manœuvres géniales, notons, dis-je, que ces prophètes se tiennent étroitement unis et embrassés, qu'ils dodelinent de la tête et barytonnent à qui mieux mieux pour renforcer le chœur des académiciens militaires. L'œuvre des « grands chefs » fut parfaite et produisit, comme le certifie M. Paul-Prudent Painlevé, ex-ministre de la guerre, mathématicien et membre de l'Institut, une victoire incroyable, inespérée, une victoire à laquelle personne ne s'attendait. Là-dessus, M. Painlevé a bien raison, mais non dans le sens où il l'entend.

Vous voyez que ce n'est pas compliqué. Le G. Q. G. qui est en cause, qui se trouve forcément sur la sellette comme le seul vrai responsable, la coterie qui le dirige depuis 1911, et surtout depuis le 2 août 1914 (voir les généraux Foch, de Curières de Castelnau, de Maudhuy, d'Urbal, Franchet d'Espérey, Fayolle, Maistre, Mangin, de Mitry, etc.), et leurs grands chefs d'état-major, coterie et G. Q. G. proclament invariablement que les ordres donnés ne seront produits devant une juridiction quelconque, opinion publique, presse indépendante, histoire loyale ou conseil de guerre, que lorsqu'il leur paraîtra utile et avantageux de les produire, à une date tellement lointaine qu'aucune sanction n'interviendra, et, de plus, que ces ordres paraîtront dans la forme qu'il leur plaira de choisir. On ne saurait afficher plus de désinvolture, plus de mépris pour un peuple qui est, paraît-il, si l'on en croit les inscriptions des monuments publics, sous un régime républicain. Qu'est-ce que pourrait bien faire de pire un empereur ou un roi ?

Que diriez-vous d'un accusé qui serait à même de constituer son dossier, de le truquer, de le « tripatouiller », de le déformer à sa guise, qui dirait aux magistrats : « Je vous convoquerai et » j'ouvrirai la bouche à la date qui me plaira » ? Que penseriez-vous de l'accusé ? Que penseriez-vous surtout des magistrats ? En l'espèce, le magistrat, c'est le gouvernement de la République. Accolez-lui le Parlement, s'il vous convient.

Eh bien, cette thèse ne représente en réalité qu'un sophisme, une pure illusion, un mirage, un vulgaire mensonge. C'est un tour de passe-passe, un « truc », comme le système autocratique et napoléonien en renferme des centaines. Je les ai suffisamment démasqués et cloués au mur dans la *Solution des énigmes de Waterloo* pour éprouver la moindre difficulté à les réfuter encore aujourd'hui.

Que le lecteur me pardonne si je me permets une citation personnelle. Le motif en est grave : les généraux en chef, le maréchal Foch en tête, se réclament de la pure tradition napoléonienne, affirment nous avoir servi pendant toute la guerre, depuis les batailles d'Artois et de Champagne jusqu'au 11 novembre 1918, jusqu'à l'armistice, la copie littérale et sacro-sainte des méthodes de l'empereur Napoléon Ier. Que les braves gens qui s'illusionnent encore sur les nouveautés de la méthode Foch-Pétain (suivant l'expression textuelle de M. Paul-Prudent Painlevé déjà couronné), se donnent la peine de lire les affirmations non moins textuelles du maréchal Foch, ses ordres, ses interviews et ses déclarations officielles. Or, cette méthode, je l'ai précisément étudiée à fond, disséquée, dans la *Solution des énigmes de Waterloo*. J'ai réuni les textes et documents authentiques émanant de Napoléon lui-même, produit les faits irréfutables, et j'ai démontré que les tares inhérentes à l'impérialisme napoléonien produisaient, par une loi de logique fatale, les plus déplorables conséquences au point de vue de la discipline, de l'économie des forces, du gaspillage insensé des vies humaines, et bien d'autres désastres. Cette démonstration a été continuée dans mon œuvre stratégique et tactique : *La Révolution et la Guerre* (1). Il est bien naturel que, pour produire la vérité lumineuse aux yeux du lecteur, je rappelle l'origine des arguments qui détruisent la thèse napoléonienne (2).

En ce qui concerne particulièrement la guerre de 1914-1918, nos contradicteurs interdisent qu'on en parle sans textes, sans documents précis, et, d'autre part, en vertu d'une adroite contradiction qui s'accorde à merveille avec les principes de loyauté napoléonienne, les coteries militaires et G. Q. G. responsables se refusent absolument à produire le moindre document, le plus petit texte. Cependant, de notre côté, nous exigeons que le public y voie clair. Comment sortir de cet imbroglio ?

Si nous possédions le pouvoir légal d'extraire les ordres des cartons du G. Q. G., la question ne serait pas longue à régler. Mais ce pouvoir appartient à nos contradicteurs, qui se garderont bien d'en user. Alors ? Quelle méthode pourrons-nous suivre pour produire la lumière ?

Inspirons-nous du bon sens, maître en toutes choses. D'abord nous ne tomberons pas dans le piège où sombrèrent, hélas ! tant de critiques parlementaires ou individuelles. Nous ne ferons pas « du détail » inutile. Nous ne nous occuperons pas de savoir si tel général a pris le commandement de telle armée ou de tel corps tel jour, s'il a reçu tel ordre par téléphone, ou par officier d'état-major, ou par lettre, s'il eut d'abord telle conception de la manœuvre, ou s'il en proposa une autre, ou s'il changea d'avis, et pour quel motif ces divers événements se succédèrent. Ce sont là purs détails de forme et d'apparence, qui n'intéressent personne, et sur lesquels la méthode napoléonienne a

(1) V. les *Annales révolutionnaires*, janvier-février 1920, pp. 1 à 32.
(2) V. la conclusion, pp. 193 et suiv.

trop beau jeu pour mentir. La question capitale, la seule qui intéresse le pays et l'avenir, c'est de savoir pourquoi la guerre a duré si longtemps, pourquoi les pertes furent si monstrueuses, pourquoi la stratégie et la tactique des généraux en chef revêtirent pendant de si longues années une si cruelle et sanglante impuissance. Ce qui intéresse le pays et l'avenir, c'est de fixer la mentalité, la psychologie des chefs qui, sous la République, affichent des doctrines et des méthodes en désaccord avec celles de la Révolution française de 1793 à 1800, celles de Hoche, conquérant de l'Alsace, de Masséna, vainqueur des Impériaux à Zurich, de Moreau, le vainqueur de Hohenlinden, de Carnot, l'organisateur de quatorze armées et créateur de l'économie des forces. Voilà les faits essentiels que nous aborderons carrément. Et pour éclaircir à fond, jusque dans les moindres dessous, les énigmes de cette guerre, nous ne traiterons, en fait de questions purement militaires, que les questions d'ensemble, la synthèse des grandes opérations, la stratégie des généralissimes, la tactique générale envisagée dans son ampleur, sans l'ombre d'une minutie douteuse. Vous pouvez juger les heureuses conséquences de cette méthode dès le début, pour la franchise et la vérité.

Nous ne parlerons, ne discuterons et ne jugerons, en ce qui concerne les manœuvres, que de ce qui est connu du monde entier, des faits grandioses admis, avoués par un consentement unanime. Impossible par suite que la rouerie de la légende, que ses insinuations tortueuses, mordent sur le fait prouvé. Si par exception, à propos de ce fait et, par exemple, pour apprécier à sa valeur la théorie des boucs émissaires, nous sommes forcé de noter un fait moins capital, nous ne le ferons qu'avec la plus extrême prudence, sous la forme dubitative, avec un point d'interrogation à la fin de la phrase. Quel pontife, si retors qu'il soit, politicien ou autre, pourrait trouver à redire à cette méthode ?

Le monde entier sait que les Allemands ont envahi la Belgique et la France depuis le 2 août 1914 jusqu'au 18 juillet 1918; que, pendant cette longue période, nos généralissimes successifs furent incapables de les contraindre à l'évacuation; que les premières offensives d'août 1914 aboutirent à d'effroyables désastres; que sans le général Galliéni, qui ne participa pas aux apothéoses de la fin, les soi-disant gagnants de la guerre n'eussent jamais remporté la première victoire de la Marne; que les offensives tentées dans les années suivantes, notamment par le général Foch, en 1915, dans les deuxième et troisième batailles de l'Artois, par le général de Curières de Castelnau en Champagne, plus tard, en 1917, par le général Nivelle, et bien d'autres attaques encore, déterminèrent des pertes énormes et échouèrent en fin de compte de la manière la plus lamentable.

Le monde entier fut témoin des gaspillages monstrueux en hommes et en ressources de toute nature, gaspillages dont il est bien difficile de ne pas demander compte à la direction suprême de la guerre, aux « grands chefs » et au G. Q. G. Il n'est pas un peuple sur terre qui ne soit au courant de l'incohérence brutale du système D, héritier direct du « débrouillez-vous » napoléonien, incohérence qui subsiste encore, même depuis l'armistice, même depuis la paix. En dépit des fanfaronnades vaniteuses de nos distingués bourreurs de crâne, les nations les plus lointaines savent que de nombreux alliés vinrent à notre secours, que, dès le milieu de septembre 1914, sans l'acier de l'Angleterre, le haut commandement français se fût trouvé hors d'état de continuer la guerre, attendu que nos généraux d'artillerie avaient laissé nos arsenaux à peu près vides, et que nos généraux du génie avaient traité notre système de forteresses avec autant de prévoyance.

L'ancien et le nouveau monde n'ignorent pas que les innombrables ressources de l'Amérique nous sauvèrent dans la suite des temps, des temps consommés par cette merveilleuse et intelligente guerre d'usure, que le jour où les folles attaques frontales de Ludendorff épuisèrent les forces allemandes, le jour où les soldats allemands mourant de faim se refusèrent à tenir en masse et reculèrent, ce jour-là, les Américains comptaient sur notre front plus de 650.000 combattants. Il est donc patent, formel, irréfutable, que sans les alliés, leurs produits, leurs vivres, leurs hommes, jamais le haut commandement français n'eût été de taille à tenir seul et à s'attribuer en fin de compte des allures de triomphateur, de triomphateur unique et génial (1). Pourquoi ? Pourquoi n'a-t-il pas été de taille à vaincre seul ? Pourquoi n'a-t-il pas su remporter la victoire avec six millions de Français mobilisés, avec les Français seuls, partis ardents pour la bataille ? Le pouvait-il ? A-t-il manqué totalement d'imagination et des ressources intellectuelles de haute portée ? Fut-il victime de fatalités, ou détermina-t-il lui-même

____

(1) Ces constatations positives n'ont aucun rapport avec la conduite de nos alliés après l'armistice. Il dépendait de l'intelligence de MM. Clemenceau, Tardieu et consorts d'obtenir d'autres règlements de comptes.

par son imprévoyance, son orgueil, son mépris pour toute invention utile, pour toute initiative de valeur, la perte effroyable subie par la patrie ? Voilà précisément un des motifs essentiels de mon œuvre.

Tout le monde sait encore qu'on s'est battu à Gallipoli, à Salonique, en Palestine, à Bagdad. Par suite, tout le monde sait aussi en quel endroit on ne s'est pas battu, en quel territoire infiniment mieux approprié on m'a jamais eu l'idée de se battre. Le monde entier sait maintenant qu'il était impossible de choisir un champ de bataille plus absurde que Gallipoli, qu'à Salonique on n'était pas encore sur un terrain fort brillant, qu'on a laissé écraser la Serbie, le Monténégro, la Roumanie, que jusqu'à ce que se produisît la famine chez nos ennemis, en raison du blocus accumulé, le choix de Salonique ne détermina aucun résultat efficace. Personne ne saurait s'inscrire en faux contre ces données.

Eh bien, ces données me suffisent largement pour produire ma démonstration.

Qu'est-ce que cela peut bien nous faire que le nᵉ corps d'armée ait été commandé par le général A, le nᵉ + 1 par le général B, que le général C se vante d'un mouvement tournant prodigieux, que le général D revendique une initiative éblouissante sur une distance de 2 ou 3 kilomètres ? Ces détails infimes empêchent-ils que les ennemis aient tenu depuis l'Escaut jusqu'aux Vosges pendant quatre ans, et que pas un seul de nos « grands chefs », pas plus le maréchal Foch que les autres, n'ait eu l'initiative d'une attaque décisive ailleurs que sur le front occidental, à Gallipoli, à Salonique, en Palestine, à Bagdad ou autres lieux excentriques aussi mal choisis ?

Les documents mystérieux du G. Q. G., ces documents parfaitement inutiles à la démonstration capitale des absurdités commises par nos généralissimes successifs, qui peut nous répondre, non seulement qu'ils paraîtront dans quinze, vingt ou quarante ans, qu'ils paraîtront tels qu'ils ont été conçus, établis, mais encore qu'ils renfermeront l'ensemble des ordres ? Il est parfaitement inutile d'avoir fait partie d'un état-major, si haut placé qu'il fût, d'avoir pratiqué trente ans les dogmes théoriques d'une Ecole de guerre, pour savoir de quelle manière furent engagées d'innombrables offensives locales, avec quelle remarquable intelligence, avec quel souci d'économiser les vies humaines elles furent déclenchées, par un simple coup de téléphone, lançant à l'attaque nos pauvres régiments d'infanterie sans artillerie, sans l'appui d'un seul canon, sans l'ombre de préparation, sur des fils de fer intacts. Où se trouvera dans quinze ans — je choisis la date la plus rapprochée — la trace de ces coups de téléphone ? Nos bourreurs de crâne ont énormément crié : « Debout, les morts ! » Hélas ! dans vingt ans, nos pauvres morts oubliés continueront à dormir l'éternel sommeil. Au jour de l'apothéose, au jour du défilé sous l'Arc de triomphe, quel est donc le « grand chef » qui s'inclina devant leur sacrifice ? Dans vingt ans, qui donc songera aux morts ? Qui se rappellera l'endroit où ils sont tombés pour qu'un vaniteux superbe inscrivît son nom dans un communiqué officiel ?

A cette date lointaine, quel témoin subsistera pour attester que le coup de téléphone et le communiqué de « victoire », de « progrès » et « d'avance » recouvraient en réalité la plus néfaste, la plus sanglante incohérence ?

Dans vingt ans, quel est le document écrit, certain, authentique, qui fera ressortir l'aveuglement de M. Millerand, ministre de la guerre, à genoux devant ses bureaux, à plat ventre devant les hauts et solennels pontifes de l'artillerie ? Qui jugera son attitude servile et muette devant le général Baquet, notamment, ce directeur de l'artillerie qui, même après les coups de tonnerre de Dieuze et Charleroi, se refusa pendant de longs, d'interminables mois, à permettre la préparation des attaques, à fortifier, appuyer notre infanterie par des engins plus puissants que le 75 ? Qui donc se rappellera, après un tel laps de temps, la mentalité obtuse, navrante, des services de l'artillerie? Sauf d'honorables, mais trop rares exceptions, les officiers d'artillerie, et non seulement les généraux, mais bien d'autres pourvus de grades plus modestes, ne voulaient entendre parler que du 75. Naturellement, quand on leur citait les innombrables cas où ce canon s'était trouvé hors d'état de rendre le moindre service, avait été écrasé par la supériorité de calibre et de portée des pièces ennemies, les artilleurs tenaient toute prête une réponse mirifique : « C'est qu'on n'a pas su manier le 75 ! » Ah ! si j'y avais été... ! » Mais comme ces remarquables tacticiens d'algèbre théorique et de petite paroisse ne pouvaient pas à eux seuls manier les milliers de canons du front, il s'ensuivait que l'artillerie française continuait à être dominée par l'allemande, sauf quand il s'agissait de battre des colonnes en marche, et qu'en définitive, même sur ce point, si le 77 allemand était inférieur au début, par contre le 88 autrichien était malheureusement de taille à lutter. L'orgueil, l'absurde orgueil d'une caste, d'une école dite savante qui prétend aujourd'hui tout régenter, tout absorber, se mit en travers de la défense nationale, grâce à M. Millerand.

Qui donc sera en mesure, dans vingt ans, de régler ce compte terrible de la vanité et de l'incurie ? Où seront les coupables en ce temps-là ? Que seront devenus les Millerand, les Baquet et leurs imitateurs ?

Eh bien, il faut que ce compte soit réglé. Et nous serions bien coupables si nous tombions dans le piège naïf que nous tend le G. Q. G., si nous attendions les fameux documents, les incohérences, les interminables lenteurs des recherches administratives et parlementaires.

Il y a là un fait, patent, indiscutable, d'une notoriété supérieure à toute pièce administrative. Pour satisfaire à la loi naturelle, implacable, de la justice et de la responsabilité des chefs, il faut que les coupables comparaissent devant un conseil d'enquête, où leurs camarades pourvus d'étoiles ne prédomineront pas, où le bon sens, maître souverain en matière de stratégie, décidera et jugera.

Ne dites pas que cette comparution, que ce procès, sont inutiles, que les faits sont écoulés, qu'on ne remédiera pas aux erreurs d'autrefois, qu'il faut par-dessus tout maintenir la fameuse union sacrée. Non. Elle nous a déjà fait trop de mal, cette union maudite. Assez de sophismes et d'hypocrites mensonges. Si nous n'agissons pas, l'autorité du système napoléonien, seul responsable de ces retards dans la victoire, de ces inutiles effusions de sang, de ces crimes contre la patrie, se maintiendront indéfiniment dans la jouissance des honneurs et du pouvoir. Par suite, les mêmes actes se reproduiront fatalement dans l'avenir.

Qui donc, dans vingt ans, se rappellera qu'un émissaire chéri du G. Q. G., un de ses autocrates les plus vantés, le général Berthelot, a mené la Roumanie au désastre, qu'il a lancé l'armée roumaine dans une offensive aussi folle que celles de Dieuze et de Charleroi ?

Si l'on attend vingt ans encore, comment aboutir à une sanction contre le vaincu de mai 1918, contre le vaniteux arriviste qui s'est laissé surprendre, malgré d'innombrables avis fournis pas ses postes de première ligne et les prisonniers, qui s'est laissé enlever 35.000 hommes en quarante-huit heures, et des positions imprenables, Craonne et le chemin des Dames, contre le général Franchet d'Espérey ?

Alors que les soldats enduraient de si rudes souffrances en première ligne, qu'ils ne recevaient pour subsister qu'une soupe froide par vingt-quatre heures, et encore quand l'homme de corvée n'était pas tué en route, en quel séjour de délices le général Franchet d'Espérey passait-il ses soirées ? En quel brillant château, avec chauffage central, joyeuse compagnie, les belles dames décolletées à perte de vue, s'empressant autour du vaniteux pontife et de son état-major ? Faut-il s'étonner, avec des « grands chefs » de ce calibre, de la surprise de Craonne et des 35.000 prisonniers ? Si nous attendons vingt ans les documents du G. Q. G., quel jour le compte sera-t-il réglé ? Et ces documents nous parleront-ils du brillant séjour et des aimables compagnes ?

Les écrivains naïfs ou mal renseignés, chargés par les sphères officielles de maintenir le bourrage de crâne à un étiage suffisant, nous parlaient des nuits d'angoisse où ces « modestes » généraux en chef, où ces « humbles » grands chefs s'abîmaient de travail, le front penché sur la carte, les yeux emplis d'anxiété, le cerveau en fièvre, s'empoignant la tête à deux mains, tombant de fatigue après une méditation trop prolongée. Ouf ! N'y a-t-il pas de quoi frémir pour celui qui les a vus de près, vus, de ses yeux vus ? On nous parlait des postes de commandement où les obus pleuvaient. Quelle comédie ! Quels mensonges ! Que ne nous parlait-on aussi des nuits d'Amiens, de Frévent et autres lieux, où de nombreux officiers d'état-major et de quartiers généraux, officiers choisis, triés sur le volet, chargés de transmettre les plans et ordres, s'abandonnaient aux plus joyeuses orgies ? Avec quelles femmes ces officiers d'élite passaient-ils les nuits qui précédaient les attaques ? Au cours de ces soirées d'ivresse, quelles paroles s'échangeaient avec les coupes de champagne ? Que ne nous a-t-on pas ressassé sur les espions, les traîtres, les Bolo, les Almereyda, les Lenoir ? Les femmes d'Amiens et d'autres séjours de grands états-majors étaient-elles moins à vendre ? Quel document du G. Q. G. nous rendra compte des actes de ces femmes ? Et qui donc nous prouvera qu'elles restaient sourdes, muettes et aveugles ? Il s'agissait pourtant alors de rudes et terribles journées pour les combattants. Je ne cite pas des batailles imaginaires. Je parle des deuxième et troisième batailles de l'Artois et des journées de Champagne, des échecs formidables et sanglants de 1915, subis par les généraux Foch et de Castelnau, des échecs à propos desquels le général Verraux écrivit : « Les

» offensives de Champagne et d'Artois coûtèrent 300.000
» hommes au bas mot », et encore : « Il est bon que les mères
» françaises connaissent le prix de ces attaques inutiles et par-
» tielles — j'emprunte l'expression d'un orateur, le regretté
» Abel Ferry — dans lesquelles le haut commandement a, pen-
» dant vingt mois, sacrifié le meilleur de notre armée. » Les
morts de Champagne, c'est l'affaire de M. de Curières de Castelnau. Ceux de l'Artois appartiennent au maréchal Foch.

Reconnaissons que le général Verraux est bien indulgent. Il
ne parle que de vingt mois, comme si le sacrifice inutile avait
cessé en avril 1916. Pourquoi pas quarante-huit mois ?

Reconnaissons aussi que si les mères françaises en ont gardé
un lugubre souvenir, par contre MM. les officiers d'état-major
— ceux dont j'ai parlé plus haut — doivent sourire joyeusement en songeant aux nuits qui précédèrent et suivirent ces
batailles. Attendra-t-on trente ou quarante ans pour causer de
ces mystères, afin de passer l'éponge sur ces nuits étranges,
sur ces joies macabres ?

Et le motif des avancements, des promotions fantastiques,
est-ce qu'il n'en sera jamais question ? Pourquoi tant de sages
généraux et d'officiers expérimentés furent-ils chassés du
front, honteusement balayés, jetés sur Limoges, alors qu'un
Maistre, enfant chéri de la coterie bien pensante, bien-aimé de
la petite paroisse, protégé par un Fayolle, montait aux plus
hauts grades ? Ne sommes-nous pas là encore en pleine légende
impériale ? Le népotisme napoléonien poussait au commandement suprême un être inepte comme Murat (voir ses discussions
avec Ney et Davout), une pauvre tête falote, le prince Eugène.
La partialité des Joffre, des Foch et des Castelnau va-t-elle
continuer ces tristes procédés longtemps encore ? Et quelle
époque plus favorable pour anéantir le népotisme que la date
actuelle, alors que nous connaissons les procédés et les effets
du féroce arrivisme ?

Est-ce que des chefs, vraiment dignes du nom de « grands
chefs », ne doivent pas songer aux blessés, aux centaines de
mille blessés, aux malades qu'accumule une aussi terrible
guerre ? Là encore, ne savons-nous pas de quelle abominable
incurie la direction supérieure des services médicaux et administratifs reste responsable ? Ne savons-nous pas combien de
milliers de simples soldats, de sous-officiers, d'officiers subalternes, sont morts faute de soins ? Il se produisit certes d'honorables exceptions, et nous nous garderons bien, en cette cir-

constance comme en d'autres, de prononcer une condamnation absolue contre les sous-ordres. Mais ce que nous voulons, c'est qu'une enquête établisse si le « grand chef » a jamais veillé sur ces services, ou si, par hasard, des ordres furent donnés, dans quel sens ces ordres furent rédigés. Le bloc national des bourreurs de crâne inventa la légende du « grand-père » Joffre. Le maréchal Foch, dans un ordre du jour fameux, nous parla de ses devoirs de « père de famille ». Il s'agit de.savoir si c'est le « grand-père » ou le « père de famille » qui, entre autres marques d'étrange sollicitude pour les souffrances du simple soldat, lancèrent aux services médicaux l'ordre absolu de refuser de reconnaître malades les soldats qui descendaient des tranchées avec les pieds gelés. Combien de mutilés ont dû l'amputation des jambes au vertueux « père de famille », à l'inoubliable « grand-père » ? Qui donc aussi prescrivait aux commandants de dépôts, aux généraux de subdivision ou de région, de passer outre aux prescriptions médicales, et de jeter hors des hôpitaux de convalescence un chiffre déterminé de malades, atteints de bronchite ou d'anémie ? Combien de tuberculoses sont-elles dues à ces actes de sauvage brutalité ? Combien de morts ?

Un acte dont l'impeccable « père de famille » et le bienveillant « grand-père » se sont occupés avec une réelle sollicitude, c'est l'acte qui consistait à maintenir impertubablement, sans l'ombre d'une circonstance atténuante en raison des souffrances et des douleurs, les conseils de guerre et les cours martiales. Ah ! grâce à eux, grâce à l'impulsion si généreuse, si libérale, si intelligente de la discipline autocratique, grâce à la bienveillante surveillance de la coterie dominante, cette noble institution des cours martiales n'a jamais chômé. Elle fonctionna en pleine vigueur et sans arrêt. Les fautes monstrueuses des chefs, les attaques sur des fils de fer intacts, les écrasements de régiments entiers par suite des erreurs de réglage du 75, les défauts, les refus de liaison, les tortures de la faim et de la soif, les lugubres nuits d'hiver, les souffrances atroces du soldat vêtu de loques, la boue gluante des tranchées, la neige, la pluie à torrents, et pour pallier ces tortures, les oublis, les mépris, le dédain superbe du haut commandement nourri de la pure moëlle impérialiste, ces causes multiples ont souvent produit leurs fruits naturels : plaintes, colères, exaspérations, désespoirs. Grâce aux susdits « père » et « grand-père », l'ordre apparent continua à régner. Mais à quel prix ? Des milliers d'hommes furent fusillés, sans jugement loyal, sans défense, et parfois les plus intelligents et les plus braves, parce que ceux-là sentaient plus vivement. Ne creusera-t-on jamais le motif profond de ces arrêts marqués au coin de la plus rare ineptie ? Ne songera-t-on jamais aux victimes, aux martyrs, d'une discipline brutale, incohérente, affolée ? Ne songera-t-on jamais à ceux qu'on ne tuait pas sur place, mais qu'on attachait deux par deux, comme des forçats, pour les livrer au supplice de la réclusion ? Les voyageurs qui passaient dans les gares du Midi n'ont-ils jamais vu des soldats, portant la médaille militaire et la croix de guerre, frappés par les gardiens qui les conduisaient, frappés jusqu'à ce que le sang leur coule du visage, tout simplement parce que leur compagnon de chaîne avait répondu de travers ou commis la moindre faute ? C'est cela que le gouvernement de la République et nos généraux appellent la discipline ! Attendrat-on vingt ans les documents du G. Q. G. pour interroger le seul auteur responsable de cette autocratie impérialiste, le général en chef ?

Alors même que nous aurions la patience d'attendre pendant une longue suite d'années les documents promis par M. Messimy et le G. Q. G., qu'est-ce qu'on nous servirait ? Il ne faut pas connaître la mentalité spéciale d'un chef napoléonien pour penser qu'on nous servira la vérité loyale et entière. Qu'on se rappelle Napoléon faisant détruire, une fois empereur et roi d'Italie, les documents relatifs à Marengo, même ceux qu'il avait acceptés dans une première version de la bataille, après de nombreuses corrections de sa main, comme Premier Consul (*Mémorial du dépôt de la guerre*, t. IV, p. 270 à 275) (1). La loi de l'intérêt personnel, servi par n'importe quel procédé, mensonge, fourberie ou crime, constitue le principe essentiel de l'impérialisme. Si par un hasard prodigieux, irréalisable, on nous servait des documents intacts, sous quelle forme nous les servirait-on ? Il faut n'avoir jamais lu une ligne du maréchal Foch (membre de l'Académie française) pour croire qu'on nous offrira des documents clairs, rédigés en langue française naturelle, plus ou moins raffinée (peu nous importe, car nous ne chicanerons pas sur le purisme littéraire), mais précise, lumineuse, intelligible à tous. Qu'on ne s'y trompe pas, on nous servira la logomachie spéciale des états-majors, les incohérences embrouillées à plaisir

(1) *Annales révolutionnaires*, Marengo, Waterloo, numéro de mai-juin 1918. p. 355.

des œuvres officielles et administratives, un jargon d'allure algébrique qui représente l'art militaire réel avec autant de fidélité qu'un exploit d'huissier représente l'équité et la véritable justice. Rappelons-nous la littérature des bourreurs de crâne (voir M. Hanotaux, de l'Académie française), les rocades, les martèlements, le jeu complet des rasoirs techniques. Est-il besoin d'attendre vingt ans pour être bernés une fois de plus ? Depuis 1914, ce petit jeu de société, ce casse-tête chinois, ont fait leurs preuves. Assez de bluff. Parlons français.

Nous avons d'autant moins besoin de la syntaxte compliquée de M. Messimy (de M. Messimy nouveau jeu) que c'est lui qui, avant 1911, prit soin de nous mettre en garde contre ce qu'il nous a raconté depuis. Avant d'être ministre, avant d'être touché par une grâce spéciale, comme tant d'autres, comme les René Besnard, les Renoult, etc., avant de rencontrer son chemin de Damas au cours de sa marche à l'étoile, de l'étoile en carton doré qui reluit sur sa manche, M. Messimy afficha très haut des opinions radicalement inverses. Inutile d'entrer dans le détail des appellations politiques. Mais pour détruire les arguments de M. Messimy néophyte d'impérialisme, avocat pontifical du G. Q. G. prêchant la foi aveugle, la prosternation, l'anéantissement de la critique et du contrôle, il suffit de se rappeler les articles et les discours de M. Messimy ancien jeu. Lequel est le vrai ? Lequel est le bon ? Comment se renseigner ? Il nous suffit de constater qu'un peuple ne peut vraiment pas régler sa conduite d'après les avis d'un prédicateur si mobile, attendre patiemment une vingtaine d'années que la girouette se fixe.

Puisqu'il s'agit de documents intéressant au plus haut degré la défense nationale, pourquoi se perdre dans les méandres de la politique ? Ne convient-il pas, pour voir clair dans l'organisation et la préparation des armées de 1914, qu'une enquête relève du secret professionnel (encore une invention impériale) les membres du conseil supérieur de la guerre qui assistèrent aux séances de 1911 ? D'où vint le mot d'ordre, l'inspiration, la combinaison, qui renversa le général Michel, partisan des réserves, et lui substitua le général Joffre, qui n'y connaissait rien ? Ne serait-il pas curieux, presque amusant, si un pareil sujet pouvait prêter à rire, de reconstituer les expressions naïves du général Joffre quand on lui offrit le commandement en chef ? N'avoua-t-il pas sa complète ignorance de la haute stratégie ? N'a-t-il pas réédité presque mot à mot le couplet d'opérette : « J'en suis tout à fait incapable » ? Ne fallut-il pas, pour le rassurer, déterminer son acceptation, que M. Messimy lui parlât du général de Castelnau comme chef d'état-major, c'est-à-dire, dans ce cas spécial et étrange, comme instructeur et précepteur technique ? Quelques jours après, le général Joffre n'essayait-il pas de se défendre de tout reproche en disant : « C'est l'affaire d'un an pour qu'il me mette au courant, après » je le balaierai ». ?

Au temps des guerres dynastiques, du moyen âge jusqu'au xviiie siècle, il arriva que les armées furent commandées par des princes incapables, non sortis de l'enfance ou y retombant. On leur donnait un tuteur. Napoléon continua naturellement cette méthode. Au prince Eugène, vice-roi d'Italie, il adjoignait Macdonald. La République actuelle ne s'inspirera-t-elle longtemps encore que de principes et d'exemples monarchiques ? A qui la faute ? Quel document officiel nous renseignera là-dessus ? Qu'on ne s'imagine pas, d'ailleurs, que je mette le général de Castelnau sur le même plan que Macdonald. C'est la question de méthode que je traite ici. Plus tard viendront les faits.

En définitive, sur la question des documents, il est bien entendu que, quel que soit le sujet traité, qu'il s'agisse de MM. Millerand, Baquet, des pontifes imprévoyants de l'artillerie et du génie, des généraux vaincus, des Berthelot, des Franchet d'Espérey, des vaincus de 1915, les généraux Foch et Castelnau, des responsables des « attaques inutiles... dans lesquelles le haut » commandement a sacrifié le meilleur de notre armée », suivant les expressions de M. Abel Ferry et du général Verraux, qu'il s'agisse des orgies honteuses auxquelles se livraient de nombreux officiers d'état-major fort éloignés des troupes du front, de l'arrivisme, du népotisme impérialiste, des boucs émissaires, de la discipline sanglante, nous ne tomberons pas dans le piège que nous tendent naïvement les Messimy, les bourreurs de crâne, les profiteurs de la guerre, les mercantis de la haute pègre. Nous voulons que justice soit faite. Nous n'attendrons pas le bon plaisir du G. Q. G. et des généralissimes. Nous ne patienterons pas vingt ans pour nous saturer de documents préparés à l'aise, truqués et faussés. Nous n'admettrons que les faits, les faits authentiques, vécus, constatés par des centaines de mille, des millions de témoins.

CHAPITRE III

Un nouvel obstacle se dresse devant nous. A quoi bon entreprendre une démonstration quelconque sur la guerre, si cette démonstration ne poursuit qu'un but stérile, désuet, si la discussion ne constitue qu'un fait de dilettantisme archaïque, s'il ne doit plus jamais y avoir de guerre ? Beaucoup de braves gens, d'opinions politiques diverses, le pensent ainsi. Est-ce vrai ?

Nous pourrions répondre, en maintenant l'exposé des arguments contenus dans le chapitre précédent, que le règlement de comptes de la guerre représente à lui seul un but honorable, suffisant pour légitimer notre œuvre. Mais, d'autre part, si vraiment la guerre ne doit plus jamais se reproduire, on me ripostera que plus tôt on commencera l'œuvre de paix, l'œuvre d'oubli et d'universelle pacification, de total embrassement des peuples et des individus, mieux cela vaudra pour tout le monde. Soit. Alors la question générale se trouve ramenée à celle-ci : oui ou non, n'y aura-t-il plus de guerre ?

Nous pensons qu'actuellement, exception faite de quelques rares humanitaires perdus dans leurs rêves personnels, d'une douzaine de pseudo-philosophes résignés d'avance au pires capitulations, il n'est pas un homme de bon sens qui puisse envisager l'avenir avec une confiance calme et joyeuse. En fait de progrès, la mentalité humaine a rétrogradé de pas mal d'années. On pourrait affirmer, en examinant les abominations de la guerre scientifique, que le progrès des sciences représente en réalité un recul intellectuel et moral de plusieurs siècles. La guerre de 1914-1918 dépasse en horreur, en sacrifices humains, les invasions des Barbares et la guerre de Cent ans. En sera-t-il jamais autrement ?

Sera-t-il jamais possible d'équilibrer les races, les passions, les intérêts, les antipathies instinctives ou acquises, les colères, les ambitions, les intérêts des peuples ?

Toutes les religions s'y sont essayées. Toutes ont échoué. Bien pire. Elles ne furent souvent que des prétextes de haine, de rage et de guerre (voir les croisades et les guerres de religion — celles du xvie siècle notamment).

Ne reculons pas devant l'examen poussé à fond. La sincérité de notre étude l'exige. La religion la plus nouvelle est celle qui prétend remplacer les autres sous des vocables dont nous ne dissimulerons pas les néologismes. Au purisme académique de s'incliner. Internationalisation, positivisme scientifique, ententes pures et idéales des démocraties, congrès, cartels fédéraux ou interfédéraux, nous admettons tout ce qu'on voudra. Après ? Des prophètes, des illuminés, nous avaient juré en 1914 que les socialistes allemands ne marcheraient jamais sous les ordres de leurs hobereaux. Ont-ils marché, oui ou non ? A quoi bon nous jeter à plat ventre devant la social-démocratie de 1920 ? Cet agenouillement n'inspirerait qu'un peu plus de mépris au peuple de proie, ne servirait qu'à augmenter sa confiance en sa force, donc à hâter la guerre. Au-dessus des rêves humains, des mots proférés par les hommes, il y a la nature des choses. L'homme changera-t-il jamais la nature, la sienne et celle des autres ? Par quelle aberration de naïveté aurions-nous plus de confiance dans le positivisme scientifique que dans les essais antérieurs de philosophie idéale et de religion ?

Mais l'objection de nos contradicteurs se reproduit sous une autre forme, la forme purement, exclusivement scientifique, laissant de côté tout élément psychologique, philosophique ou social. Vous voulez, nous dit-on, exposer la faute stratégique des généraux en chef, instruire les peuples en ce qui concerne la puissance de conception militaire, empêcher le recommencement des désastres produits par le système napoléonien. C'est encore parfaitement inutile, et pour un motif très simple : la stratégie est morte. Que venez-vous agiter cette vieille loque, ce débris préhistorique ? La science et (ici encore un néologisme dont je prie les lecteurs de m'excuser) « l'industrialisation » de la guerre ont tué la stratégie. Nous ne voulons même plus savoir ce que c'est. Cette vieillerie nous intéresse moins que le squelette du mégathérium. En effet, le mégathérium a existé. Tandis que la stratégie..., ce ne fut jamais que de l'empirisme, pas autre chose. Donc si vous tenez à écrire là-dessus, installez-vous au Muséum, mais laissez-nous travailler à un but réel et pratique.

Il paraît — ce sont les négateurs de la stratégie qui l'affirment — que les Annibal, les César, les Turenne, les Hoche, les Napoléon, les Davout de l'avenir seront tout bonnement, en guise de tenue militaire et de panache, revêtus d'une blouse blanche de laboratoire, qu'en guise de cartes pour étudier le sens des attaques, à la place des masses d'infanterie, de cavalerie, artillerie, fusils et canons, ils ne manieront que des fioles, des bactéries, des acides, sels, corps simples et composés, qu'en fait de directives, ils établiront des formules chimiques longues, très longues, qu'on ne pourra prononcer sans reprendre haleine, et que ces formules représenteront des gaz foudroyants capables d'anéantir un peuple en cinq minutes.

La cinquième arme, l'aviation, constitue le seul instrument de bataille admis par les novateurs transcendants de l'art militaire. On chargera quelques obus remplis du gaz national sur des milliers d'avions — et la guerre commencée à midi sera terminée à midi cinq au plus tard. Le combat finira faute de combattants, puisque les ennemis seront infailliblement asphyxiés, brûlés, empoisonnés, dissous, évaporés dans l'espace aussi rapidement que par une étincelle électrique.

Vous voyez comme c'est simple. Cette découverte mirifique nous rassure au moins sur deux points : la durée de la guerre et la suppression de la souffrance chez le vaincu. Les grincheux ne pourront pas dire qu'on a laissé traîner les opérations. La déclaration de guerre, un vol d'avion, l'ennemi disparaît. Le vainqueur pourra ensuite respirer largement. Il n'aura pas besoin de doubler la dose. Inutile de recommencer.

Ah ! permettez ! Ici, ce système des marchands d'orviétan, des débitants de panacée universelle, commence à faiblir. Peut-être cette fulgurante extermination d'un peuple, supposons, si vous le voulez, du peuple français, par l'Anilin-Fabrik et les chimistes allemands, ne laissera-t-elle pas indifférentes d'autres nations ? Peut-être l'Angleterre, l'Amérique, auront-elles le mauvais goût de trouver l'expédition trop sommaire ? Si nous attribuons une immense prépondérance à la puissance chimique, nous n'avons pas le droit de supposer que les chimistes de ces deux peuples seront tellement nuls qu'ils n'auront pas, eux aussi, en réserve dans leurs laboratoires, dans leurs usines, un gaz, un acide, une formule mystérieuse, et, pour les transporter, des avions aussi prodigieux que les susdits objets *made in Germany*. Alors, toujours d'après les mêmes prophètes, la guerre reprendra à midi 15, et, à midi 20, il n'y aura plus de peuple allemand. Comme on le voit, ce sera une véritable bénédiction pour les gens pressés. En continuant de ce train-là, l'humanité entière réglera ses comptes en trois quarts d'heure au maximum. Est-ce là ce que certains prophètes entendent par la pacification universelle ? Evidemment, quand tout le monde sera mort...

Ne me dites pas que j'exagère. Nous avons tous lu des récits de ce genre sous la plume de novateurs scientifiques, fils de Jules Verne, anciens stratèges, stratèges en bottes ou stratèges en chambre repentis, savants diplômés, généraux éminents. L'adjectif éminent s'impose en pareil cas. Notez que je n'ai pas mentionné les prophéties de Jérémies modernes qui prévoient l'infection généralisée par les microbes de tuberculose, diphtérie, empoisonnement des puits, sources, fleuves, rivières, diffusion d'autres indispositions légères.

C'est probablement ce que les esprits scientifiques modernes entendent par le progrès moral de l'humanité. Le système s'inspire visiblement des principes affirmés par les généraux allemands : plus on tue de gens, plus vite on les tue, et moins la guerre dure. Par suite, ces tueurs sont des philanthropes au premier chef. Décidément, les sophismes sont immortels. Quand le bon sens s'évanouit, le raisonnement patauge dans l'absurde.

Ce système scientifique ne pèche que par la base, seulement — léger défaut — la base est inexistante. On suppose que la science chimique, que les découvertes scientifiques, sont la propriété exclusive d'un seul peuple. Si les Allemands sont à eux seuls les détenteurs exclusifs de la chimie universelle, alors le monde est perdu. Mais est-ce vrai ? Non. Alors ?

Dira-t-on que seuls les Allemands sauront mettre à profit les découvertes, les exploiter sur une grande échelle et les appliquer à propos ? Cela revient à dire qu'eux seuls sont pourvus d'activité intellectuelle et d'énergie virile. Mais, dans ce cas, ils n'ont pas besoin de la chimie. Si les autres peuples sont dépourvus d'activité et de ressort, c'est qu'ils sont dégénérés, donc vaincus d'avance. Est-ce encore ce que veulent dire les novateurs en art militaire ? Alors, mettons-nous tout de suite à genoux. Inutile de se battre pour sauver un peuple qui n'a plus d'énergie, une pauvre loque de nation condamnée d'avance à l'irréparable défaite.

Les novateurs en l'art de la guerre nous servent-ils une prophétie macabre de désespérés, ou un simple enfantillage ?

Prétendra-t-on qu'on ne doit entendre par « industrialisation » de la guerre que la multiplication des machines et engins, canons lourds, de portée monstrueuse, avions géants ? Mais alors de quel droit prétend-on que les lois suprêmes du bon sens en matière directive, c'est-à-dire que les lois de la stratégie, en seront bouleversées ?

L'ignorance crasse en matière d'histoire militaire peut seule transformer en naïvetés empiriques les méditations, les décisions des hommes de guerre qui ont vraiment, réellement, prouvé leur génie par des victoires réparatrices et fécondes, des victoires positives ayant apporté le calme et la joie dans leur patrie.

La stratégie, ce n'est au fond que du bon sens, agrandi par l'étude et la réflexion. Etudier l'ennemi, le terrain, les contingences diverses, climat, saison, état moral et matériel des troupes, caractère des chefs en sous-ordre, des généraux ennemis, tenir compte des impondérables, se renseigner à fond sur les ressources de tout ordre, matériel, ravitaillement, juger et décider rapidement, voilà l'œuvre d'un vrai « grand chef ». Y a-t-il rien de plus positif, de plus pratique que la stratégie ? Qu'est-ce que l'empirisme vient faire là-dedans ?

Parler d'empirisme à propos de stratégie, c'est prouver tout simplement qu'on ne comprend pas, qu'on ne connaît pas le premier mot du problème. La négation pure n'est qu'un aveu d'ignorance — ou d'impuissance.

Si formidables, variés, innombrables, que soient les engins, machines de guerre, matériels de toute espèce, croit-on par hasard que les machines seront mues toutes seules, par l'effet de leur seule puissance industrielle, de leur masse d'acier, dans la direction convenable ? Rêve-t-on que les compétents en science industrielle, les techniciens de laboratoires et d'usines, auront suffisamment médité les directives de l'action, les modalités du terrain, la force et les ressources de l'ennemi, sa valeur, sa résistance, les circonstances de temps et de lieux et les impondérables de la guerre, qui jouent un rôle immense, parfois prépondérant, comme je le démontrerai pour la guerre soi-disant scientifique de 1914-1918 ? S'imagine-t-on que les directeurs de chantiers et les contrôleurs de fabrication se révéleront comme stratèges ? Suppose-t-on que l'étude des mathématiques ouvre toutes les portes, détienne tous les secrets de la pensée humaine ? Décrétera-t-on que, parce qu'un ajusteur, un mécanicien, aura su forer, préparer, façonner un fusil, un canon, une grenade, un explosif, un outil quelconque de la guerre, il saura l'utiliser au mieux, en obtenir le maximum de rendement sur le champ de bataille ?

Alors, inutile d'avoir des chefs, quelle que soit leur valeur. D'après nos contradicteurs et les théoriciens d'usines, les armées sont aveugles, en principe, par définition et par but. La stratégie ou conduite des armées étant supprimée et morte, ces armées marcheront toutes seules, par la simple raison qu'elles existent, munies des appareils les plus compliqués et les plus monstrueux. Un ingénieur diplômé — n'oublions pas les diplômes et la sacro-sainte autorité des mandarins scientifiques — lancera les flottes d'avions sur le territoire ennemi...., et il ne restera plus qu'à lui élever des arcs de triomphe. A quoi bon discuter ces théories simplistes, enfantines, qui rejettent à l'arrière-plan, comme vieille rengaine désuète, la pensée humaine et la méditation des véritables principes de guerre ? Il s'agit de la vie ou de la mort d'un peuple. Est-ce un mécanicien qui en décidera ?

Le plus curieux de l'affaire, c'est que ces empiriques ne voient pas qu'ils se contredisent eux-mêmes, qu'ils aboutissent forcément à l'absurde. Puisqu'il ne sert à rien d'avoir médité la guerre, l'histoire et les données multiples de la bataille, comment sauront-ils diriger leurs machines et leurs flottes d'avions ? Sur les villes ennemies ? Sont-ils donc assez naïfs pour croire que la destruction d'une, dix, vingt villes décidera l'ennemi à capituler ? Les lanceront-ils sur les camps, les usines de guerre ? S'il s'agit des camps, est-ce que les ennemis, paralysés de terreur, attendront leurs coups ? S'il s'agit des usines, ne peut-on prévoir une défense ? Ah ! évidemment, si l'ennemi ne possède pas un avion, pas un canon, la victoire sera facile. Mais s'il en possède, comme c'est probable, qu'en résultera-t-il ? Si la tempête sévit, que deviendront la cinquième arme, la gloire des as, le triomphe des mécaniciens ? Nos contradicteurs, qui ne veulent pas entendre parler de stratégie et l'excommunient sans la connaître, lui jettent le reproche d'empirisme. Y a-t-il rien de moins certain, de moins réfléchi, par conséquent de plus aléatoire et de plus empirique que le lancement d'un moteur dans l'espace ?

Eh quoi ! depuis que le monde existe, il s'est trouvé des cerveaux de premier ordre, des hommes qui ne furent pas seulement des stratèges, des conducteurs d'armées, des chefs militaires, mais aussi des penseurs, des administrateurs à vues larges et profondes, de nobles cœurs pétris d'humanité, on pourrait dire plus encore, des philosophes et même des sociologues de premier plan — Vauban par exemple, — et il se trouverait que les pensées immortelles de cette élite doivent être rejetées dans les vieilleries hors d'usage, au rebut. Et cette exécution sommaire dépendrait d'ignorants bouffis de vanité, s'imaginant que le monde date du jour de leur naissance, que rien n'exista sur terre avant que leur petit cerveau n'entrât en ébullition, en mal d'arrivisme, que seuls ils sont capables, avec un peu de matière et des choses inanimées, de remplacer la grandeur de la pensée et la profondeur des méditations ! Quel sophisme ! Quelle exagération ! Quelle naïveté puérile !

Remettons les choses au point, afin que les données du bon sens, enfin mises en lumière, satisfassent la foule des braves gens qui cherchent avidement cette lueur de vérité. Ecartons d'une part les mensonges des pontifes officiels, le bluff intéressé des vaniteux dogmatiques, et, d'autre part, les exagérations haineuses de certains novateurs, éblouis par l'apparence d'infaillibilité et l'énormité brutale de la matière.

Au cours d'une de mes pétitions, il m'est arrivé de discuter la fameuse boutade : « Le matin d'une bataille, on met en pré- » sence deux imbéciles, et le soir il y a un grand général. » Pour cette phrase, comme pour bien d'autres pensées originales et humoristiques, il s'est présenté des circonstances où le critique le plus bienveillant est forcé de s'incliner devant la rudesse du mot juste. Solférino, Magenta, notamment, furent des victoires dues uniquement à l'initiative et à la bravoure du soldat. L'impéritie, l'ineptie de Napoléon III dépassèrent les bornes connues. De graves études, celles du général Bonnal, par exemple, ne laissent place à aucun doute. Pour 1914-1918, notre étude actuelle démontrera quelle part les généralissimes sont libres de revendiquer dans la victoire finale. Mais il serait exagéré et faux de considérer une boutade comme une éternelle vérité.

L'histoire impartiale, l'étude attentive des documents et des faits démontrent que de multiples guerres se terminèrent par des victoires dues au génie du chef, qu'il se rencontra, notamment aux époques glorieuses de la Révolution française, des hommes de guerre d'une intelligence assez haute, assez désintéressée, pour terminer rapidement les horreurs d'une guerre par des opérations justes et bien conçues, des manœuvres d'une vitesse foudroyante, imaginées par leur concept personnel. N'est-ce pas l'histoire de Hoche après Frœschwiller et le Geisberg, de Moreau après Hohenlinden(1) ? Pour rester rigoureusement impartial, ne devons-nous pas faire valoir que, lorsque Napoléon suivit loyalement les inspirations, les enseignements de la Révolution, lorsque la fougue de son génie militaire fut maintenue par une modestie correcte et sage, comme en 1806, au cours de la manœuvre d'Iéna-Auerstædt, alors qu'il n'était pas encore égaré par une folle jalousie contre Davout, un mépris insensé de ses meilleurs lieutenants, une partialité aveugle pour les courtisans agenouillés, des événements fort heureux se produisirent ? Peut-on parler d'Iéna et d'Auerstædt sans reconnaître que ces victoires furent l'œuvre personnelle des chefs, de Napoléon et de Davout (2) ? Si, plus tard, la folle ambition de l'Empereur ne s'était déchaînée, quelle paix magnifique, quelle paix joyeuse et féconde, quelle véritable gloire n'eussent-elles pas été définitivement assurées à la France ?

Les généralissimes qui commandèrent de 1914 à 1918 eussent pu agir de même. Comme nous le démontrerons, il a dépendu d'eux que la guerre fût terminée en 1916, avant la dislocation de la Russie, l'épuisement des alliés, leur ruine, la mort et la mutilation de deux millions de Français.

Cette question ne peut être élucidée que par l'étude patiente des manœuvres naturelles et sages. Que les négateurs de la stratégie veuillent bien se donner la peine de méditer les discussions qui vont suivre. Alors ils comprendront la guerre.

(1) V. *Annales révolutionnaires*, Hoche à l'armée de la Moselle, numéro de juillet-septembre 1919, pp. 459 et suiv.
(2) V. général BONNAL, *La manœuvre d'Iéna*.

CHAPITRE IV

La première question qui s'est posée depuis 1914 à tout esprit réfléchi, question qui fut émise maintes fois, même par les hommes les plus respectueux des formes hiérarchiques, est celle-ci : Comment se fait-il qu'après quarante-quatre ans de préparation à la guerre, après avoir dépensé tant de milliards pour l'organisation de nos armées, forteresses, arsenaux, le haut commandement français se soit révélé incapable de barrer les routes d'invasion ? Pourquoi cette impuissance ? Pourquoi ces multiples offensives qui échouèrent toutes presque à la même minute, depuis l'Alsace jusqu'à la Sambre ? Pourquoi ce recul formidable jusqu'à la première bataille de la Marne ?

Qu'il soit bien entendu d'abord qu'en réponse à cette question nous ne voulons rééditer aucune des controverses qui se sont produites jusqu'à ce jour, aucune allégation plus ou moins fondée, aucune enquête parlementaire. Nous supposons ces discussions antérieures connues de tout le monde. Pour que le grand public voie clair, écartons résolument l'innombrable fouillis de détails, racontars, reportages et affirmations tendancieuses. Il importe que la discussion actuelle reste à la fois précise, neuve, absolument neuve, et logique. La haute stratégie n'étant qu'une affaire de raison et de bon sens, restons sur ce terrain.

Examinons en premier lieu si le terme de « surprise » est exact. Tout le monde l'a employé. Généraux, gouvernements, journalistes officieux, en ont usé et abusé. Soit. Mais ont-ils dit la vérité ? Y eut-il vraiment surprise ? Si faible que soit notre admiration pour le maréchal Joffre et pour le G. Q. G. qui conduisit les opérations sous son couvert nominal, il nous semble impossible d'admettre que ces hauts personnages se bouchaient les oreilles jusqu'à ne pas entendre un mot de ce qui se criait à tue-tête, et qu'ils s'enfonçaient les poings dans les yeux pour ne rien voir. Un enfant de douze ans tant soit peu averti connaissait les projets d'invasion par la Belgique, les forces énormes de nos ennemis, la constitution de leurs réserves. Cette « surprise » représente-t-elle un fait exact, ou une excuse inventée pour les besoins de la cause, pour pallier les fautes antérieures à 1914, les erreurs d'organisation, les fautes stratégiques et tactiques du haut commandement ?

Tout le monde savait que les Allemands devaient attaquer par la Belgique. Leurs écrivains, tant militaires que civils, s'en sont assez vantés. C'était le secret de Polichinelle.

J'admets parfaitement que nos chefs n'en aient pas parlé. Il faut être prodigieusement naïf, quand on est responsable du salut d'un peuple, pour crier sur les toits ce qu'on va faire. La fanfaronnade brutale des Allemands ne m'inspire donc aucune admiration. C'est une ineptie de plus à leur débit. Mais entre le fait de garder un silence prudent, tout en agissant derrière la coulisse, et le fait de ne trouver aucune parade efficace à l'agression allemande, il existe une marge, une fameuse marge.

L'impartialité exige que, pour juger une opération de guerre, nous nous placions rigoureusement au point de vue objectif, d'abord au point de vue français, puis au point de vue allemand. Substituons-nous donc aux deux G. Q. G. pour analyser leur mentalité exacte. Jugeons la valeur des arguments développés par leurs avocats, officiels ou officieux. Il est évident, en effet, que, si nous examinons la question au point de vue purement patriotique, il nous sera facile de faire vibrer la corde chauvine, d'émouvoir nos lecteurs par des effets sentimentaux, mais que la puérilité de l'intérêt personnel, la vision rétrécie des notions subjectives enlèveront toute valeur à la discussion et ne nous permettront pas de conclure. Il est essentiel également de faire ressortir les questions de principe, les arguments théoriques, même de théorie pure, car, sans principes et sans système, il n'existe pas de guerre possible, et la guerre ne se résumerait qu'en une tuerie stupide. Toutefois ces données doivent être mises en lumière sans jamais perdre de vue le côté pratique des choses, la part de l'exécution, qui est capitale à la guerre, et par suite les éléments positifs. On voit combien le problème est complexe, avec quelle sage méthode il doit être abordé, avec quelle rigueur de logique il doit être poursuivi.

Au point de vue du G. Q. G. français, l'argument suivant peut être mis en valeur pour sa défense : Si le généralissime est

averti que l'ennemi se propose telle ou telle manœuvre, que
cette manœuvre constitue une faute, mais que rien ne certifie
qu'il la commettra, qu'il lui soit encore possible de rectifier
ses plans, que l'événement dépende d'une lueur de bon sens
chez un de ses hommes de guerre, un de ses diplomates ou l'un
de ses gouvernants, sera-t-il sage de tabler sur cette faute, de
préparer un plan de concentration orienté uniquement d'après
cette faute ? Evidemment, si l'on dispose de forces très supérieures à celles de l'ennemi, il est loisible de s'organiser pour
la poursuite d'un tel but. Mais si, au contraire, nos forces sont
limitées, à peu près égales ou même inférieures, devons-nous
jouer la partie terrible du début sur un coup de dé ?

Nous n'avons pas le droit de rejeter cet argument et d'esquiver la discussion. Le problème se pose donc ainsi : l'invasion
par la Belgique représente-t-elle une opération juste et sagement conçue, ou bien, au contraire, une faute ?

Ici, par la même loi d'impartialité, nous devons nous substituer au G. Q. G. allemand. Sa confiance dans la préparation et
l'organisation de ses armées, dans ses moyens matériels et de
transports, l'inflexibilité de ses principes de guerre, ses notions
de tactique générale, ses habitudes acquises en ce qui concerne
les zones de marche, de ravitaillement, en un mot la routine
scientifique des Hindenburg, des Ludendorff et des Mackensen
déterminèrent l'invasion de la Belgique. Les généraux allemands
ont-ils été très forts, très savants, très judicieux ? Ont-ils été
absurdes ?

Cette invasion constituait-elle un procédé intelligent, capable
de servir les intérêts bien entendus de l'armée allemande, ses
intérêts à longue échéance ? Ne représentait-elle que l'intérêt
du moment, grossier, brutal et à courte vue ?

Etait-ce vraiment l'intérêt de l'Allemagne de mentir à sa
parole, à ses serments, de déchirer un traité considéré comme
un vulgaire chiffon de papier, de tourner contre elle l'opinion
morale, le sentiment unanime des peuples civilisés, la notion
instinctive de droit et de justice qui palpite encore chez les
nations indépendantes ? Etait-ce son intérêt bien entendu que
de se mettre sur les bras, dès le début de la guerre, deux adversaires de plus, la Belgique et l'Angleterre ? Que le rêve parti-
culariste de certains « flamingants » l'ait encouragée pour la
Belgique Soit. Et encore, ce point reste fort discutable. Mais
l'Angleterre ?

Quel diplomate, quel historien, quel lettré, tant soit peu au courant des affaires générales de l'Europe ignorait que l'invasion de la Belgique déchaînerait fatalement la guerre à fond avec l'Angleterre ? A moins de signer sa déchéance, sa radiation de la liste des puissances de premier rang, l'extinction définitive de sa puissance navale, la disparition de sa puissance financière, la ruine de son commerce, de son industrie, l'Angleterre devait lutter jusqu'au dernier homme, au dernier navire. L'installation de l'Allemagne à Anvers, c'était la fin de l'Angleterre. L'empirique le plus ignorant en matière d'histoire connaît ce principe. Alors, pourquoi l'Allemagne commit-elle la folie de passer outre ?

Admettons tout ce qu'on voudra en matière de diplomatie secrète et de convention militaire entre la France et l'Angleterre. Nous n'irons pas nous perdre dans le détail des mystérieuses incohérences dues aux Pichon, Hanotaux et de Margerie. Admettons la convention. C'est entendu. Mais si l'Allemagne avait respecté la Belgique, si le militarisme germanique avait su borner ses appétits, jusqu'à quelle limite aurait joué cette convention ? Eût-elle déterminé la lutte à mort, le vote de la conscription, de cette conscription qui représente une détestable abomination, un objet de dégoût et d'horreur pour le citoyen anglais, l'effort immense et irrésistible ? Certes non. Donc, on ne doit pas considérer que cette convention seule eût imprimé à la lutte le caractère acharné qu'elle a pris dans la suite des temps. Si le gouvernement allemand avait été moins aveuglé par l'orgueil brutal et féroce des hobereaux, s'il n'avait pas déchaîné ses avions chargés de torpilles sur Londres, ses flottes de sous-marins sur les transports, s'il n'avait pas exaspéré la nation anglaise, jamais celle-ci n'eût accepté d'un consentement unanime la transformation de la guerre en des procédés extrêmes, en des mesures de salut public, et jamais par suite le résultat décisif n'eût été atteint. La convention, quels qu'en fussent les termes, eût déterminé l'envoi de quelques divisions, de quelques corps d'armée au plus. Là se serait limité l'effort anglais. Par conséquent, — et c'est là que réside la démonstration essentielle, — les méthodes suivies par le haut commandement allemand, méthodes qui dérivent de l'invasion de la Belgique, représentent une faute colossale. Telle est la conséquence à laquelle nous sommes forcés d'aboutir si nous nous plaçons au point de vue objectif, au point de vue particulier des intérêts de l'Allemagne. Impossible de séparer la haute stratégie de la haute politique et des données psychologiques.

On voit quelle fut la profondeur de la faute allemande. On voit aussi combien il eût été facile au peuple germanique d'éviter cette faute, puisqu'il suffisait d'une lueur d'intelligence chez un ministre ou un diplomate pour éclairer le précipice où la puissance de nos adversaires devait s'engouffrer.

Par conséquent, était-il bien intelligent de notre part, si nous nous reportons au point de vue français, de nous emballer sur l'aléa d'une manœuvre hypothétique ? Devons-nous, pour ce seul motif, et quels que soient d'ailleurs nos sentiments pour le G. Q. G. français, lui appliquer l'excommunication majeure ?

Mais, dira-t-on, la manœuvre allemande était superbe et ne mérite pas l'ombre d'un reproche, attendu qu'elle amenait nos adversaires en plein cœur de la France, à Paris, par le chemin le plus court, la vallée de l'Oise. Il résulte de ce raisonnement que nos contradicteurs, qui eurent le rare mérite, à la suite d'Hindenburg, Ludendorff et Mackensen, de découvrir la vallée de l'Oise, route d'invasion insoupçonnée avant eux, trouvent que cette prodigieuse vallée devait faire passer le haut commandement allemand par-dessus les légers inconvénients ci-dessus mentionnés : opinion morale du monde entier, résistance belge, armée et flotte anglaises ! Est-ce qu'en 1870 les vallées de la Seine et de la Marne ne furent pas des chemins d'invasion suffisants ? La supériorité énorme du matériel allemand en 1914 ne lui permettait-elle pas d'écraser les loques de forteresses qui nous restaient dans l'Est, grâce à nos généraux du génie, grâce au général Joffre notamment ? Devaient-ils redouter un champ de bataille ? S'en sont-ils mal trouvés à Dieuze, Morhange, Lorquin et Sarrebourg, grâce aux généraux de Castelnau et Foch ? S'ils avaient concentré leurs masses à l'Est, et attaqué alors que notre mobilisation n'était pas terminée, grâce à notre grand état-major, le résultat eût-il été plus douteux qu'en 1870 ? Non. Ce qui a décidé les Allemands à attaquer par la Belgique et la vallée de l'Oise, c'est le goût des manœuvres colossales, des effets de bluff monstrueux acquis par les écoliers de l'académie de guerre de Berlin, c'est le déchaînement d'orgueil brutal, la confiance exagérée dans leur force, le mépris de l'ennemi, la vanité stupide et aveugle qui accompagne les concepts autocratiques. Ce fut une faute, une faute énorme, pas autre chose.

A propos de cette invasion, de nombreux généraux français, illustrations militaires actuelles, des critiques influents, possédant la faveur du public, se sont vantés de leurs remarquables prophéties, ont solennellement plastronné en étalant la profondeur de leurs renseignements et l'originalité de leurs concepts. Ces vénérables pontifes ont-ils réfléchi une seconde qu'ils avaient simplement enfoncé une porte ouverte, puisqu'il s'agissait du secret de Polichinelle ? De plus, ont-ils réfléchi qu'en prêchant la résistance violente et immédiate, par une attaque brusquée, au projet allemand du côté de la Belgique, en proposant de jeter toutes nos forces de ce côté pour accentuer une offensive à bride abattue, ils tombaient par cela même dans une des plus formidables erreurs que notent les principes éternels de la haute stratégie, ceux de la logique et du bon sens ?

Le général Maitrot croit-il qu'il ait découvert quelque chose en prédisant ou plutôt en s'imaginant prédire cette invasion ?

Le général Ruffey, dont je ne discuterai d'abord que les vues générales concernant les manœuvres avant le 22 août, réservant sa bataille de Virton pour plus tard (1), le général Ruffey, qui s'intitule pompeusement « général napoléonien », croit-il qu'il ait proféré un axiome de bon sens et innové une méthode remarquable, en criant que, puisque les Allemands se jetaient sur la Belgique, il fallait nous y précipiter au galop et surtout les attaquer à fond ? Croit-il qu'il ait noté avec une précision indiscutable le chiffre des forces allemandes à telle ou telle date, pour avoir le droit d'affirmer avec aplomb qu'il eût disposé de forces supérieures ? Pousse-t-il la naïveté jusqu'à croire que les Allemands l'eussent paisiblement attendu, en supposant que ses calculs d'effectifs fussent exacts ? Sait-il seulement comment il les aurait forcés à la bataille, comment il les eût empêchés de rompre, en cas de circonstances défavorables pour eux ?

Les nombreux stratèges qui préconisèrent des attaques de flanc par le Luxembourg, les Ardennes belges ou toute autre direction analogue ont-ils jamais contemplé une carte de cette région ? Se sont-ils jamais rendu compte des difficultés inouïes du terrain, des transports, du ravitaillement, de la facilité prodigieuse où se trouvaient au contraire les Allemands pour organiser des positions défensives formidables, surtout en raison de leur supériorité écrasante en matériel, supériorité indiscutable au début de la guerre ?

Attaque de flanc ! Voilà qui est facile à dire. Un général

(1) V. p. 73.

« napoléonien » qui s'endort dans la foi absolue en son étoile, un journaliste bien pensant, un nouveau-né même, sont parfaitement libres de rêver des attaques de flanc ! Croient-ils que ce soit une nouveauté ? Croient-ils que leur idole, que l'Empereur lui-même ait découvert cette mirifique manœuvre ou une manœuvre quelconque ? Attaque de flanc ! menace sur les communications de l'ennemi ! rupture stratégique ! Mais au temps de l'*Iliade*, au temps du bon Homère, ces trucs-là, car ce ne sont que des trucs et des mots, étaient déjà connus, archiconnus, vieux de milliers d'années.

L'essentiel, le point capital, le suprême de l'art, c'est de préparer et de développer la manœuvre de telle sorte que l'ennemi soit contraint de subir votre volonté et de tomber dans le piège que vous creusez sous ses pas. La voilà, la marque du génie. Voilà pourquoi Iéna représente une manœuvre géniale, et pourquoi le Charleroi de 1815, suivi de Waterloo, représente une absurdité, une faute énorme, une ineptie. C'est qu'en 1806 la manœuvre fut développée avec un art si prodigieux que les Prussiens furent contraints de la subir, tandis qu'en 1815 le piège était éventé depuis deux mois, et que tout manqua, s'effondra, depuis le début jusqu'à la fin (1).

Quant au Charleroi de 1914, nous en parlerons plus tard.

Nous désirerions connaître les procédés par lesquels MM. Maitrot, Ruffey et autres s'y seraient pris pour fixer l'armée allemande, la forcer à se battre, l'empêcher d'organiser le terrain où elle se trouvait absolument libre, maîtresse de ses directions et manœuvres.

Assez de bluff ! assez de battage ! assez de poudre aux yeux ! N'en déplaise aux empiriques, il existe des lois en matière de stratégie, lois fondamentales, règles éternelles. Il ne s'agit nullement de dogmes d'école, mais du bon sens. Il est impossible de manœuvrer un ennemi sans l'avoir fixé. Comme MM. Ruffey, Maitrot et autres inventeurs d'attaques de flanc, de front ou par derrière, sur la rive droite de la Meuse, la Sambre, le Luxembourg et les Ardennes, ne disposaient d'aucun moyen pour fixer les armées allemandes d'invasion, leurs concepts de manœuvre ont tout juste la valeur d'une hypothèse d'école de guerre.

Autre raison. Les Allemands veulent attaquer par la Belgique et la vallée de l'Oise. Le général Ruffey et ses collègues en stratégie théorique nous proposent de courir au rendez-vous

____

(1) V. la *Solution des énigmes de Waterloo*.

qu'ils nous fixent. Qu'il me soit permis de poser une simple question. M. Ruffey, général « napoléonien », et qui le prouve... par son orgueil, a-t-il lu les *Mémoires* de son « Empereur », tome VII, page 97 (1) : « 1° N'attaquez pas de front les posi- » tions que vous pouvez obtenir en les tournant; 2° ne faites » pas ce que veut l'ennemi, par la seule raison qu'il le désire; » évitez le champ de bataille qu'il a reconnu, étudié, et encore » avec plus de soin celui qu'il a fortifié et où il s'est retran- » ché. » Que le général Ruffey veuille bien méditer ces maximes dont il n'a évidemment conçu aucun soupçon. Qu'il médite l'ad- miration que Napoléon affirme pour le génie de Turenne, en raison de ce que celui-ci observa toujours ces principes, et il jugera ensuite son hypothèse personnelle. Peut-être m'objectera- t-il que Napoléon a souvent contrevenu à son principe. C'est vrai, notamment dans la campagne d'automne de 1813, puis à Leipzig, dans la moitié de la campagne de 1814, enfin à Water- loo. Mais aussi, il a échoué, et j'ai démontré qu'il échoua par sa faute, uniquement par sa faute, par son oubli complet des prin- cipes posés par lui-même, et que les trahisons de la légende n'y furent pour rien (2). Le général Ruffey tenait-il à confectionner en 1914 un nouveau Leipzig ou un nouveau Waterloo ? Les généraux Joffre, de Castelnau et Foch s'en sont chargés en 1914, depuis Charleroi jusqu'à Sarrebourg, et ensuite pendant plu- sieurs années. Il eût été bien inutile que M. Ruffey complétât la démonstration.

Il s'est trouvé d'autres généraux d'artillerie pour alléguer que l'échec des offensives d'août 1914 provient non pas d'une na- vrante insuffisance d'artillerie lourde, mais d'une insuffisance d'effectifs. C'est une erreur. Le nombre permettait de résister. Ce qui ne le permettait pas, c'était l'armement. Mais les géné- raux qui plaident cette cause comptent parmi les responsables du manque d'artillerie lourde. Ils plaident pour leur saint. Sur ce point, leur insuffisance stratégique s'est révélée notoire.

Le fond de la guerre, ce que pas un de nos généralissimes n'a compris, c'est de faire toujours le contraire de ce que veut l'en- nemi, de ne jamais céder à la tentation de le suivre sur le ter- rain où il vous invite. Pour clouer au pied du mur les généraux napoléoniens, le maréchal Foch compris, pour démontrer la contradiction écrasante qui existe entre leurs propos, leurs fan-

(1) V. la *Solution des énigmes de Waterloo*, p. 576.
(2) *Id.*, pp. 225 et suiv., 545 et suiv.

faronnades de 1914, 1915, etc., et leurs actes, je ne puis mieux faire que de rappeler l'axiome si juste de Napoléon cité ci-dessus. Et que ces messieurs veuillent bien remarquer que ces principes ne datent pas de Napoléon, mais que celui-ci avoue les constater chez Turenne, que de plus Turenne lui-même ne les a pas inventés. « Ne faites jamais ce que veut l'ennemi », c'est vrai de toute éternité, ce sera toujours vrai. Profitez de ses fautes, c'est entendu, mais d'une façon intelligente, et sans tomber vous-mêmes dans une faute plus grave. Contrariez sa manœuvre. Soit. C'est parfait, mais en lui imposant un autre point de vue, votre point de vue personnel. Ne subissez jamais son attraction. Ayez une idée à vous, un principe personnel, un système. Qu'il ne soit pas la copie du système adverse, l'imi-tation servile de ses procédés et de ses méthodes, ce qui eut malheureusement lieu dans le cours de la guerre 1914-1918.

Nous ne saurions trop insister sur ces principes. Les événe-ments humains sont presque toujours fonction de leurs débuts. La technicité exagérée des états-majors, la prépondérance in-sensée des dogmes d'écoles produisirent dans les deux camps des effets lamentables au point de vue du bon sens et des ré-sultats. Du côté français, impréparation et ignorance, l'offensive posée en principe d'attaque folle, le dogme du sacrifice devant tenir lieu d'artillerie, de nombre et de matériel. Du côté alle-mand, une telle exagération de moyens matériels qu'une pensée unique ne pouvait plus diriger, du moins en raison de la valeur cérébrale des chefs qui commandaient à cette date. Les cir-constances sont plus fortes que le commun des mortels. Les éléments de la puissance germanique avaient atteint un tel déve-loppement qu'ils nécessitaient dans la direction des opérations une puissance intellectuelle adéquate, c'est-à-dire un homme de génie. Dans le cas où cet homme de génie ne se rencontrerait pas, il était clair que les choses mèneraient les hommes, que les éléments conduiraient les chefs, que la tête ne serait plus maî-tresse du corps. Comme aucun génie transcendant ne se révéla, que la direction des opérations fut confiée à de vulgaires techni-ciens d'état-major, à des spécialistes d'académie de guerre, il s'ensuivit que les fautes les plus monstrueuses s'accumulèrent sans que personne y comprît quoi que ce soit, ou fût en mesure de réagir.

Mais alors, dira-t-on, que fallait-il donc faire pour arrêter la ruée allemande ? Puisque le haut commandement allemand était à peu près nul et commettait une faute initiale susceptible de

compromettre la campagne, de quelle manière devait-on mettre
à profit cette faute ? A première vue, pour l'homme de guerre
superficiel, il ne semblait pas que ce fût difficile. C'est là que
les théoriciens se sont donné libre carrière en s'abandonnant
au lyrisme des attaques de flanc, aux effusions d'offensives. Le
lecteur sait maintenant ce que valaient ces rêves. Nos pauvres
soldats ont connu la valeur des offensives suivant la méthode
des de Castelnau, Foch, à Dieuze, à Morhange, et celles des
Joffre à Charleroi. Contrairement à l'opinion des stratèges à
courte vue, étant donné l'état dans lequel se trouvait la préparation militaire de la France, ce n'était certes pas facile d'agir
avec efficacité et énergie. Nos généraux d'artillerie, du génie,
nos spécialistes du G. Q. G. avaient accumulé les pires inepties
et gaspillé en pure perte les milliards de la défense nationale.

La détermination de l'offensive au début est théoriquement
juste, mais à condition que le nombre et la puissance matérielle
la permettent. Supposons que le général Ruffey ait eu raison
dans ses calculs d'effectifs. Nous avons le droit d'en douter,
puisqu'il n'a jamais fourni aucune preuve. Or, il ne faut pas
oublier que, du moment qu'il s'agit du calcul des nombres, il
convient d'établir la réalité positive des données. Là il ne s'agit
pas de faits constatés par des millions de témoins, de faits irré-
cusables et qui se passent des documents écrits. La logique écrasante et le bon sens n'ont rien à voir dans un tableau de ce
genre. Le général Ruffey n'ayant produit aucun texte, nous
avons le droit de considérer son affirmation comme inexistante.
Mais, cependant, admettons-la. Suffit-elle ? Lui-même nous a informés qu'il avait réclamé en vain des quantités suffisantes
d'artillerie lourde. Ces quantités n'existaient pas : MM. de Castelnau, Foch, et bien d'autres, les avaient jugées inutiles. Avec
700.000 hommes d'armée de métier, ces éminents stratèges se
chargaient de faire le tour du monde. Ils n'ont même pas fait,
le 22 août 1914, le tour de Sarrebourg. De plus, les chiffres d'obus
et de cartouches ne permettaient pas davantage de se lancer
dans une série ininterrompue de batailles, comme risque d'en
exiger l'offensive au début (1). Aucun appui ne pouvait être
fourni par les loques de forteresses que nos généraux du génie
avaient organisées, ou plutôt désorganisées. Places déclassées

____

(1) V. les quarante-deux jours de batailles ininterrompues livrées par Hoche
dans sa conquête de l'Alsace (*Annales révolutionnaires*, numéro de juillet-
septembre 1919, pp. 459 et suiv.).

ou à la veille d'un déclassement, forts vieillots, pas d'approvisionnements, pas de munitions, Belfort même incapable d'une défense sérieuse, des canons portant au maximum à 9 kilomètres en face des pièces allemandes portant à 18, voilà de quelle manière l'ineffable Joffre, lumière de l'Ecole polytechnique et du génie, avait compris notre système défensif. Alors, que faire ?

Un seul système était praticable : la défensive, comprise dans un sens juste, sans exagération, en tenant compte de l'aide qu'il convenait d'apporter à la Belgique. Cette défensive stratégique se trouvait naturellement imposée par le manque d'organisation de l'armée française, notamment des réserves, du matériel d'artillerie et des forteresses.

Rien à faire comme offensive sur le front français. En dépit de l'acharnement de nos contradicteurs, nous ne pouvons pas répéter les preuves à satiété. Ce serait fatiguer inutilement le lecteur. Puisque nos forteresses étaient démantelées ou impuissantes, la défensive sur le front français ne pouvait s'organiser que grâce à la fortification de campagne. Les stratèges et les écrivains du Café de la Paix, et des millions de braves gens séduits par la littérature de ces messieurs, se sont imaginé que la guerre de tranchées constituait une nouveauté inouïe, que jamais on n'avait connu cette façon de se battre avant 1914. Voilà où mène l'ignorance crasse en matière historique ! La vérité, c'est que les Romains avaient pratiqué la guerre de tranchées pendant une courte période de huit à neuf cents ans. Je pourrais remonter plus loin, mais ces chiffres suffisent. Et la guerre turco-russe ? Et Plevna ? Et la guerre russo-japonaise ? Nos officiers d'état-major ne lisent donc que les communiqués officiels et les dépêches de l'agence Havas !

Quoi qu'il en soit, organisation de centres fortifiés par les procédés de la fortification de campagne, occupation de ces systèmes défensifs par des colonnes mobiles, réduites au strict minimum, en même temps concentration d'une masse de manœuvre sur la frontière belge, voilà le premier but qu'on devait atteindre. Mais, en raison de la supériorité du matériel allemand, ne pas recommencer l'ineptie de 1815, ne pas risquer une attaque tardive, décousue, isolée, qui ne frappait pas l'ennemi dans ses œuvres vives, qui ne l'atteignait pas en plein cœur, qui ne visait aucun but essentiel.

Les ordres du généralissime auraient dû se résumer ainsi : défensive active. Aucune inertie, mais aucune imprudence. Riposter aux attaques de l'adversaire par de vives contre-attaques, mais en aucun cas ne s'engager à fond de manière à risquer l'enveloppement et à se mettre dans l'impossibilité de rompre le combat.

Il y avait lieu aussi de rappeler les commandants de groupes défensifs aux principes de Villars, celui qui sauva la France à Denain. Aucune capitulation n'est permise, ni en rase camgne, ni dans une forteresse. Un chef qui sait commander et prévoir est toujours maître d'éviter l'encerclement et de se faire jour les armes à la main. Au chef qui capitulera, on appliquera la loi de guerre, telle que la Révolution française a su la comprendre. Ce chef paiera sa défaillance de sa vie. On eût évité ainsi les honteuses aventures de certaines places fortes et forts, et combien d'autres, en plein champ de bataille !

Maintenant, que pouvait-on faire de la masse de manœuvre concentrée sur la frontière de Belgique, entre Lille et Maubeuge ? C'est là qu'il fallait la concentrer, puisque d'une part nous ne voulions pas abandonner la malheureuse Belgique, et que, d'autre part, nous ne voulions pas nous compromettre dans une folle aventure. Nous ne cédions pas à l'attraction allemande, puisque nous réservions le coup de force, et choisissions notre terrain et notre jour. Les armées allemandes exécutaient une immense conversion dont l'aile marchante débordait les lignes de la Meuse et de la Sambre et s'infiltrait en Belgique. Partout ailleurs, la possibilité d'une attaque réelle et efficace se heurtait à des positions difficiles, reconnues, repérées, fortifiées par l'ennemi, donc à un échec certain. Sur tout autre terrain qu'entre Lille et Maubeuge, il n'existait pas dix chances sur cent pour la réussite d'une offensive quelconque, c'est-à-dire d'une poussée violente dépassant les limites d'une offensive locale. Comment donc se servir de cette masse ?

Si l'on cédait aux questions de sentiments, à la courtoisie chevaleresque qui nous poussait à courir au secours de l'armée belge, la tentation, bien grande pour le tempérament français, inclinait le haut commandement français à pénétrer en Belgique, recueillir l'armée belge, foncer sur les masses allemandes dans la direction de Mons, Senef, Wavre. C'eût été moins absurde que d'attaquer à Charleroi. On pouvait alléguer que notre devoir consistait à encadrer les forces belges, à lutter pied à pied contre l'invasion, à résister sur les lignes de défense successives, notamment sur la Dyle, jusque vers Louvain. C'eût été le renversement du Waterloo de 1815. L'armée belge installée en avant de Bruxelles, l'armée anglaise amenée grand train par Boulogne, Calais, Dunkerque, Anvers, la masse française, venant de Lille, Valenciennes et Maubeuge eussent défendu les pentes du Mont-Saint-Jean contre les hordes germaniques. En théorie, c'était séduisant. Mais en pratique ? A quel chiffre s'élevait l'armée belge ? Et l'armée anglaise ? Et que serait-il resté des 700.000 hommes auxquels le général de Castelnau avait voulu réduire la puissance d'action de la France, après l'organisation des groupes défensifs depuis Belfort jusqu'à Maubeuge ? Et leur armement ? Et leurs munitions ? Et leurs bases, leurs points d'appui ? Que pouvaient Lille, Valenciennes, et autres places abandonnées, déclassées ou mal organisées ?

C'est ici le cas de se demander — non sans une réelle stupéfaction — à quoi servirent, après la disparition du général Seré de Rivière, les 12 colonels, 37 lieutenants-colonels, 97 chefs d'escadron, 427 capitaines, 70 sous-lieutenants, 498 officiers d'administration, 140 contrôleurs d'armes, 210 ouvriers d'état, 500 gardiens de batteries, soit l'état-major particulier de l'artillerie ? A se prosterner devant le 75 et à rejeter tous les autres calibres ? A quoi servirent les 30 colonels, 30 lieutenants-colonels, 117 chefs de bataillon, 281 capitaines, soit l'état-major particulier du génie ? A laisser tomber en loques les systèmes de défense préparés après le désastre de 1870, c'est-à-dire à en préparer un autre, un autre désastre, non un autre système.

Quel jour se produira l'enquête concernant les chefs de ces états-majors particuliers, des comités techniques, les inspecteurs généraux d'artillerie et du génie ?

Sans canons lourds, sans l'ombre d'un appui solide pour enfoncer une position fortifiée, sans approvisionnement, sans obus, sans cartouches, sans bases et sans points d'appui, comment voulait-on que notre armée se lançât dans une offensive quelconque ? C'eût été folie. Rétablissons les faits exacts : ce fut la folie de Charleroi.

Folie pure, folie d'orgueil, qui fait songer à Crécy, à Poitiers, à Azincourt. La caste des hobereaux qui mène le militarisme français depuis l'arrivée au pouvoir du général de Curières de Castelnau, la caste des Franchet d'Espérey, des de Maudhuy, des d'Urbal, des de Mitry, raisonna sur les champs de bataille avec autant d'intelligence que ses nobles ancêtres. Du bluff, des fanfaronnades, le mépris absolu pour le simple soldat, son sacrifice et sa mort, et comme résultat l'écrasement et la défaite totale, telle fut leur œuvre. Par quelle aberration en vint-on à considérer comme une théorie digne d'examen les rodomontades grotesques du colonel de Grandmaison ?

Aucune excuse ne saurait être invoquée pour les responsables des défaites de 1914, y compris les généraux Joffre et Foch (1), sortis des écoles savantes et des armes savantes. La technicité absolue aboutit au même niveau que l'ignorance. Ces techniciens d'état-major et de cabinet n'ont su raisonner ni une manœuvre ni une bataille. Quel principe d'autorité et de compétence osa-t-on invoquer pour des généraux qui, avant 1914, n'avaient jamais vu un ennemi sérieux face à face, et chez qui l'orgueil oblitérait le bon sens ?

La masse de manœuvre concentrée entre Lille, Valenciennes et Maubeuge ne pouvait servir qu'à recueillir l'armée belge se réfugiant en territoire français, à permettre à l'armée anglaise d'accourir, aux réserves françaises de s'organiser. Comme les autres groupes défensifs, elle devait se borner, tout au moins dans le début des opérations, à une lutte pied à pied. Mais alors, m'objectera-t-on, pourquoi lui donner le nom de masse de manœuvre ? Toute offensive de grande étendue ne lui était-elle pas interdite ? Nullement. Une fois la bataille engagée, l'aléa des luttes, poussées, reculs et contre-attaques permettait toutes les hypothèses, aussi bien celle d'une heureuse contre-attaque que celle d'une retraite plus ou moins réussie. On l'a bien vu lors de la manœuvre de Galliéni, dans l'attaque sur l'Ourcq.

La différence entre cette masse et les groupes défensifs consistait en ceci : par son importance et sa force numérique, il était permis à cette masse de s'engager à fond pour profiter d'une circonstance favorable, à la seule condition d'éviter l'encerclement par les réserves ennemies. En matière de guerre pratique, on ne saurait prévoir au delà de la première bataille.

En résumé, le G. Q. G. allemand commit une faute impardonnable en s'aiguillant sur la Belgique pour permettre aux savants techniciens, aux compétents en directives gigantesques et en graphiques de marches, de développer les exercices de mémoire préparés sur les bancs des écoles.

Ineptie analogue du G. Q. G. français. Rage d'offensives sans réflexion, sans préparation. Là encore, exécution d'un programme dogmatique qui avait fait merveille sur le tableau noir,

---

(1) V. examen textuel et documentaire des *Principes de guerre* de Foch, p. 195 et suiv.

dans les « colles » de l'Ecole de guerre, mais qui, sur le terrain, aboutit à Morhange et à Charleroi.

En pleine guerre, le bon sens est maître suprême. Ce qui est fort intéressant sur un terrain d'exercice devient une absurdité dans la pratique. Pas de manœuvre sans but positif et sans la sanction d'un résultat tangible. Tout ce qui est inutile est nuisible. La seule manœuvre possible consistait dans une préparation de défensive active, s'appuyant sur ce qui nous restait de forteresses, mais en conservant la liberté d'action et de manœuvre.

Pratiquons l'analyse consciencieuse des actes du G. Q. G. français, considérés au point de vue synthétique, des principes qui l'inspirèrent, afin de déterminer sa mentalité exacte. Au début, le 2 août 1914, l'état-major français ne s'oppose pas à l'invasion par la Belgique, non parce qu'il a médité la fragilité du plan allemand, non parce qu'il en redoute la transformation éventuelle, non parce qu'il se réserve la faculté de profiter de ses fautes de manœuvre, le cas échéant, mais uniquement parce qu'il est lui-même hanté, absorbé, figé dans une conception personnelle et subjective, l'offensive à tout prix, l'offensive à bride abattue et dans toutes les directions. Cette manie d'offensive généralisée revêt une forme étrange, stupéfiante, pour celui qui a médité la guerre et les conditions nécessaires d'une offensive pratique : les armées françaises sont placées coude à coude, presque en face des armées adverses, et si maladroitement que la supériorité numérique apparaît nettement du côté allemand, en territoire belge, à l'endroit où précisément l'ennemi veut produire son effet dominant. La discussion des dates précises où cette supériorité se produisit ne signifie rien, attendu qu'une différence de vingt-quatre heures ne permet pas d'édifier l'hypothèse d'une manœuvre qui embrasse plusieurs groupes d'armées — ceci pour le général Ruffey. Personne n'a jamais été et ne sera jamais en mesure de préparer et déclencher en vingt-quatre heures ou quarante-huit heures une manœuvre de plusieurs groupes d'armées pour aboutir à une bataille mondiale. Nous sommes forcés de reconnaître que le G. Q. G. allemand est inspiré par un principe positif, principe discutable, que nous avons jugé absurde au point de vue de ses intérêts, mais qui n'en représente pas moins une directive réelle, nette, claire, susceptible d'application sur le terrain. Il veut agir offensivement par sa droite seule, en Belgique, et se maintenir sur la défensive partout ailleurs.

Bien au contraire, le G. Q. G. français ne se donne aucune peine pour réfléchir, pour méditer un plan quelconque, bon ou mauvais. S'abandonnant à une vulgaire impulsion, il aligne ses armées en cordon sur la frontière, puis il les lance. Pourquoi ici plutôt que là ? Pourquoi toutes à la fois ou, à peu de chose près, en même temps ? Aucune réponse sérieuse. Pourquoi vise-t-il Mulhouse, Sarrebourg ? Pourquoi s'enfonce-t-il entre Metz et Strasbourg ? Pourquoi Virton ? A Charleroi, un semblant d'excuse apparaît : il se jette au secours de nos alliés. Mais pourquoi ne réfléchit-il pas que l'écrasement de l'armée française ne sauvera pas l'armée belge ? Pourquoi ment-il en disant qu'il a été « tout près de réussir », qu'il a touché au triomphe ? Jamais une seconde, nulle part, un atome de succès ne fut atteint. Mulhouse, Morhange, Virton, Charleroi, tout échoua dès le début. Raisonnons en hommes et non en enfants. Le succès d'une heure ou d'une matinée ne signifie rien en matière de bataille. C'est pur enfantillage que de faire valoir pareils arguments.

On m'objectera qu'en tout cas le G. Q. G. français ne se résigna pas à une défensive passive, qu'il ne subit pas en victime inerte la poussée germanique, qu'il réagit. Mériterait-il donc d'être loué pour avoir affirmé une action personnelle, une initiative réelle, un principe, un système ?

Pour le juger définitivement, substituons-nous à lui, plaçons-nous dans la situation exacte où il se trouvait à cette date. Le G. Q. G. français veut déclencher une violente offensive. Soit. En théorie pure, admettons la justice du prétexte. Mais nous ne pouvons faire abstraction des possibilités d'exécution, donc des moyens. Nous avons déjà fait valoir la faiblesse matérielle de ces moyens. Les effectifs permettaient-ils de remédier au manque de préparation ? Certes, ils permettaient de résister, mais permettaient-ils l'offensive ? Notre haut commandement avait-il derrière les troupes de choc, réuni, ou seulement préparé, de puissantes réserves ? Six millions de Français, patriotes ardents, admirablement disposés à marcher sur l'adversaire, se tenaient prêts à la lutte. Qu'a-t-on su tirer des disponibilités énormes de cette masse ? Hélas ! l'armée active, très peu de réserves, un mince rideau d'armée territoriale, fort mal armée d'ailleurs, rien de plus. Nos magasins n'avaient même pas de quoi habiller les réservistes. Donc, les effectifs permettaient de résister, mais non d'attaquer.

Sur quelle question capitale insistera-t-on si l'on ne précise

à outrance celle-ci ? Nous cherchons une excuse au G. Q. G.,
une explication. Rien. Nous défions l'avocat le plus partial du
G. Q. G. de présenter un semblant de défense sur l'état de nos
armées et de nos arsenaux au 2 août 1914, par conséquent sur
les offensives d'août 1914. Ce n'est pas encore, notez-le bien,
de la faute capitale du haut commandement qu'il s'agit. Cette
faute-là, nous la déterminerons quand le moment sera venu. Il
ne s'agit ici que du début, des événements du début, des responsabilités du grand état-major et de l'Ecole de guerre, celle qui
fut formée, ou plutôt déformée (1), par le général Foch. Nos
armées sont parties sur un mot, un vocable vide de sens, comme
tous les termes techniques quand aucune réalité positive ne les
appuie, le mot : offensive.

On conviendra qu'il n'est pas inutile d'insister, à l'heure où
l'on veut nous maintenir le même état-major et une Ecole de
guerre identique.

Que les braves gens qui veulent voir clair dans une manœuvre
écartent un moment de leur vision la logomachie nuageuse et
les sophismes intéressés qui firent fureur pendant la guerre.

C'est très joli, l'offensive, mais à condition qu'on réfléchisse
au lieu de s'emballer, et qu'on n'applique pas le geste plutôt
maladroit du fou furieux qui se jette tête baissée sur un mur,
dans une impasse ou dans un précipice. La « tête baissée »
notamment, c'est l'ordre insensé de Napoléon lançant Ney aux
Quatre-Bras (2).

Un mot superbe, l'offensive, à condition qu'avant de rêver
la manœuvre de l'adversaire, on se soit occupé de le fixer.
Auriez-vous la naïveté de supposer *a priori* que votre ennemi
est inerte, paralytique, qu'il vous attendra patiemment sans bouger, qu'il restera paisible et confiant à la même place, qu'il vous
laissera, sans trouver de parade ou d'échappatoire, développer
vos idées personnelles tout à votre aise ? Ces naïvetés-là, ces
monstruosités d'orgueil, ont conduit Napoléon à l'inspiration
de Gross-Beeren, Kulm, Dennewitz, Leipzig, en 1813, à Laon, en
1814, aux Quatre-Bras et à Waterloo, en 1815.

Supposons que l'ennemi soit bien posté, concentré, pourvu
de moyens d'action suffisants, il fondra sur vous, ayant quatre-
vingt-dix chances sur cent de vous surprendre en flagrant délit
de manœuvre tactique, et vous battra à plates coutures avant

(1) V. chap. ix, p. 193.
(2 V. *Solution des énigmes de Waterloo*, pp 158 et suiv.

que vous ayez eu le temps de vous reconnaître. C'est l'histoire
de Rosbach et de Salamanque. S'il est trop faible pour agir, il
se dérobera à votre étreinte (voir les marches de Blücher avant
Leipzig). S'il est à peu près de force, il appliquera contre vous
la manœuvre identique. Vous rêvez de le surprendre ? C'est lui
qui vous surprendra. C'est l'histoire de Lutzen. Vous et votre
adversaire ressemblerez à deux enfants qui cherchent à s'at-
traper en courant autour d'un arbre. Ce n'est plus de la stratégie, mais la bataille décousue, imprévue, sans but profond
et généralement sans résultat, comme à Lutzen.

Comment voulez-vous réussir une attaque quelconque, de
front, de flanc, sur les communications, n'importe comment
et n'importe où, si vous n'avez pas su transformer l'ordre de
marche de vos corps d'armée ou de vos armées en système de
manœuvre à longue portée, si vous n'avez pas su agencer vos
moyens d'action de telle sorte que l'ennemi soit serré à la
gorge, brisé dans sa volonté, contraint de subir la vôtre. Il faut
que votre concentration soit si juste, si mûrement réfléchie, si
profondément méditée, qu'elle contienne en germe la manœuvre
future et aboutisse forcément à la bataille-manœuvre que vous
voulez imposer à l'adversaire.

Notre G. Q. G. a-t-il compris un seul mot de cette question en
août 1914 ? Un cordon de troupes tout le long de la frontière,
puis un seul commandement : en avant marche. On croirait
assister à la manœuvre d'une escouade sur le plateau de Satory !
Et c'est là-dessus que les bourreurs de crâne ont entassé des
volumes de bluff et de vaniteuses inepties !

Que les braves gens soient bien convaincus que les manœuvres
les plus compliquées, à propos desquelles les pontifes prennent
des airs inspirés et mystérieux, avec d'horrifiques roulements
d'yeux, le doigt sur la bouche et parlant à voix basse, comme
s'il s'agissait des arcanes d'un sanctuaire, des oracles de Del-
phes, ces manœuvres prestigieuses et affolantes se résolvent en
opérations fort simples et connues de toute éternité.

Pénétrons dans le détail des « surprises » du début. Ce n'est
plus un secret pour personne que l'opération sur Mulhouse fut
engagée dans des conditions d'effectif dérisoires. Le général
auquel le G. Q. G. donne l'ordre de bondir en avant et de marcher sur Mulhouse se trouve à la tête de trois brigades d'infanterie, de trois groupes de 75, et, en plus, d'un énorme....
paquet de proclamations à afficher dans la ville conquise. Ce
paquet, c'est le but secret de la manœuvre, un effet de bluff,

comme on voit, ce qui est tout à fait dans la méthode napoléonienne. En face de lui, placées en cercles enveloppants de
grande envergure tout autour de la ville, des forces allemandes
très supérieures, au moins triples des nôtres, avec artillerie
lourde. L'écrasement est certain, l'encerclement ne fait aucun
doute. Comment échapper à cette étreinte de défaite et de
mort ? Le général se récrie, essaie de discuter, téléphone, fait
valoir qu'il connaît le pays depuis plusieurs années comme
commandant du 7e corps, qu'il a organisé un service d'espionnage qui fonctionne à merveille, que ses renseignements sur
l'énorme supériorité des Allemands au point de vue des effectifs, du matériel, de la portée des pièces, ne permettent pas de
concevoir la plus minime espérance de réussite. Rien n'y fait.
L'ordre est maintenu. Pour faire son devoir jusqu'au bout, ce
général ne se contente pas de téléphoner. Il écrit. Il met sous
les yeux du général Joffre et du G. Q. G. la preuve écrite de ce
qu'il sait. Nouvel ordre, cette fois absolu, de marcher. Le général obéit et part. Heureusement, pour mieux tendre le piège,
les Allemands ont exagéré le recul. Quand ils veulent se rabattre
pour l'enveloppement, leurs soldats sont exténués par une cha-
leur intense et la durée de la marche. Le commandant du corps
français tente une contre-attaque. Elle réussit. Naturellement
il n'aboutit qu'à la retraite. Mais les trois brigades sont sauvées.
En raison de l'incohérence du G. Q. G., le savantissime G. Q. G.
de l'Ecole de guerre, une fraction des troupes françaises, envoyée de Belfort au moment même de l'attaque, s'y réfugie, mais
en résumé les effectifs sont à peu près intacts. Comment s'étonner de l'insuccès ? A qui l'attribuer, sinon au seul responsable
réel, au général Joffre, dont la haute inspiration transforme un
commandant de corps en colleur d'affiches. Toutefois, qui paie
l'insuccès ? Cet infortuné commandant. Le lendemain de son
retour, il est salué à son réveil par... son remplaçant. Ce fut le
premier « limogé ».

Nous comprenons, par ce premier exemple, que les « grands
chefs » se proclament généraux napoléoniens. C'est parfaitement exact, à condition qu'on sépare l'œuvre de Napoléon tant
qu'il suit les principes de la Révolution et les données du bon
sens (Austerlitz, Iéna, Friedland), de la seconde manière, la vraie
manière purement impérialiste, celle qui va de 1808 à 1815.
Ordre brutal d'offensive, d'attaque coûte que coûte, puis, après
l'échec, application non moins grossière et inepte du principe
des boucs émissaires. Il est certain que, comprise dans ce sens

positif, l'affirmation de MM. de Castelnau, Joffre et Foch ne saurait être mise en doute. L'idéal du système apparut autrefois, en 1813, notamment dans les manœuvres de Kulm et Leipzig. Depuis A jusqu'à Z, les fautes énormes sont l'œuvre textuelle de l'empereur. Mais le but de la légende ne consiste pas à s'occuper des faits. Sa mission sainte est bien différente. Les faits et les résultats, qu'est-ce que cela pèse à côté de la gloire du « grand chef » ? N'est-il pas plus simple d'annoncer aux peuples ahuris que les lieutenants Oudinot, Macdonald, Ney sont des médiocres, Vandamme un écervelé, un demi-fou, Marmont et Gouvion Saint-Cyr presque des traîtres ? De 1914 à 1918, MM. Joffre et Foch ont dépassé par la dimension les procédés de la légende impériale.

Transportons-nous à Dieuze, Morhange, Lorquin et Sarrebourg. Ici, l'erreur des généraux de Castelnau et Foch apparaît tellement stupéfiante qu'on se demande comment il s'est trouvé assez d'aplomb dans la cervelle des grands politiciens à la mode pour chanter le génie stratégique de ces deux hommes de guerre, et comment il s'est rencontré assez de naïfs et de dupes crédules dans le peuple français, qui passait autrefois pour si spirituel, pour avaler la proclamation de ces « génies ».

En 1912, revenant d'étudier en Italie la psychologie du peuple et ses véritables sentiments pour la France, songeant à la guerre prochaine, que je sentais proche, bien proche, je ne pus m'empêcher de dire à l'un de mes vieux camarades d'Afrique : « Je
» ne possède pas le moindre « tuyau » concernant les projets
» de notre G. Q. G. Comme les Allemands écrivent beaucoup,
» disent carrément ce qu'ils pensent et ce qu'ils veulent, mais
» que les officiers français n'écrivent que par ordre, par force,
» et seulement des choses agréables à leurs grands mandarins,
» ils est certain que l'opinion du G. Q. G. sur les opérations de
» début reste un mystère. De quelles forces dispose-t-on ?
» On l'ignore. Espérons toutefois qu'il ne se trouvera dans le
» haut commandement français aucun général assez aveugle
» pour lancer nos corps d'armée entre Metz et Strasbourg. » Eh bien, il ne s'en est pas rencontré un, mais deux : MM. de Castelnau et Foch.

En 1915, après la publication de ma *Solution des énigmes de Waterloo*, à la suite d'une lettre fort élogieuse du général Bonnal, je fis sa connaissance et discutai naturellement sur la guerre. Là encore, je ne pus m'empêcher de lui exprimer ma stupéfaction à propos de la fantaisie macabre et monstrueuse de Dieuze. Le général Bonnal, qui pourtant n'était pas très démonstratif, abonda dans mon sens. Il m'expliqua qu'il avait exécuté plusieurs voyages d'état-major dans cette direction, qu'il avait acquis la conviction que le terrain était préparé, truqué comme un piège, et qu'il avait toujours déconseillé une entreprise aussi folle. Malheureusement Bonnal était simplement général de brigade et sous-chef d'état-major de l'armée. Aussi, MM. Curières de Castelnau et Foch, généraux de division, pourvus de grades et titres supérieurs au point de vue hiérarchique, se crurent plus forts que Bonnal et n'écoutèrent ou ne comprirent pas un mot de ses sages conseils.

Quel est le motif qui a bien pu les déterminer à se jeter tête baissée dans un traquenard aussi facile à éviter ? Inutile d'alléguer qu'ils n'ont fait qu'obéir aux ordres du G. Q. G. C'est naturellement l'explication officielle. On a même essayé de nous faire croire que le G. Q. G. était en opposition avec les principes enseignés à l'Ecole de guerre par le général Foch. C'est un mensonge de plus à porter au débit de nos pontifes. Pour eux, le mensonge à jet continu représente un principe de gouvernement et d'autorité. Cette explication vaut exactement ce que valent les mensonges de même origine (1). C'est l'argument de Tartuffe. Mais tout le monde ne possède pas la naïve patience d'Orgon. Le G. Q. G. s'incarnait précisément, depuis la guerre, dans les personnalités de MM. de Castelnau, Foch et autres personnages *ejusdem farinæ*. L'étiquette Joffre servait de prêtenom au syndicat. La bataille de Lunéville-Sarrebourg réalisa l'aboutissement de la doctrine impérialiste de l'Ecole de guerre. Ce fut la grande pensée initiale du syndicat. Pourquoi ?

Toujours en vertu du dogme sacro-saint de l'offensive à l'aveuglette. Cependant il y a, dans cette manœuvre de Morhange, quelque chose de particulier, et qui vient s'ajouter aux charges personnelles pesant sur le général de Castelnau.

Son dogme de l'offensive avait aussi prescrit le sacrifice éventuel du chef conduisant l'opération. A la fin d'une manœuvre de cadres, peu de temps avant la guerre, le général de Castelnau avait carrément posé la question suivante en terminant la critique de la manœuvre. S'adressant à un colonel, qui était supposé, d'après le schéma de l'opération, commandant en chef, il lui avait jeté à brûle-pourpoint cette apostrophe : « Et vous, où vouliez-vous mourir ? » Puis il insista : « Où aviez-vous choisi

(1) V. les explications détaillées, pp. 195 et suiv.

» votre place pour mourir ? » Le colonel ahuri resta coi. S'il avait
possédé plus de présence d'esprit, il aurait dû riposter qu'une
bataille ne se livre pas avec l'intention d'y mourir, mais d'y faire
mourir l'ennemi, ce qui est bien différent comme but, comme
mentalité et comme effet, que la pensée du chef doit être d'a-
boutir au succès, à la destruction de l'adversaire, en économi-
sant le sang de ses hommes, que la guerre ne constitue pas un
exercice de piété mystique, de résignation ultra-sainte, de préparation à la « bonne mort », suivant la formule d'un marguillier ou d'un bedeau. Mais ce raisonnement de bon sens ne fut
pas produit, et M. de Castelnau put plastronner à l'aise en com-
mentant sa théorie saugrenue sur le sacrifice du chef.

Seulement, il était chef à Dieuze, Morhange et autres lieux,
et malheureusement pour sa gloire réelle, qui ne ressemblera
pas aux images d'Epinal dessinées par MM. Barrès, Polybe,
Hanotaux, il prouva sur les champs de bataille que s'il s'entendait à merveille dans l'art (?) de faire tuer le plus de monde
possible, il s'entendait au moins aussi bien dans la sage précaution de mettre à l'abri sa précieuse personne. Nous posons
nettement la question : puisque le général de Castelnau avait
posé, affirmé le dogme absolu et intangible que le chef doit
choisir sa place pour mourir, en vertu de quel autre principe
n'a-t-il pas choisi cette place à Dieuze, Morhange ou Lorquin ?
Les places n'y ont pas manqué pour les autres. Eh bien, pourquoi n'a-t-il pas choisi la sienne ? Puisque le sacrifice du chef,
d'après la théorie spéciale au général de Castelnau, faisait partie
de ses devoirs essentiels, pourquoi se déroba-t-il à ses devoirs,
pendant que quatre corps d'armée, conduits dans un traquenard
inepte, y étaient foudroyés et à moitié anéantis ? La stratégie
de ce « grand chef » nous paraît procéder de la mentalité
d'Ugolin, qui dévorait ses enfants pour leur conserver un père.

Après tout, pour qui connaît l'histoire, y a-t-il lieu de s'étonner ? On se rappelle la fameuse phrase du bulletin impérial,
dans lequel Napoléon annonçait à « ses peuples » la retraite
de Russie. « La santé de Sa Majesté n'a jamais été meilleure. »
Qu'était-ce que 300.000 Français morts de froid et de faim ?
La santé de Sa Majesté, voilà ce qui intéressait vraiment « ses
peuples » !

Nous sommes en pleine mentalité impérialiste. Derrière
l'orgueil insensé, poussé au paroxysme, il se produit toujours
une étrange résultante.

Notez que je trouve absurde le dogme prescrivant le sacrifice du chef. Il y a quelque chose d'odieux, de révoltant pour le bon sens, dans l'inutile et sanglant holocauste. Ce n'est pas un raisonnement d'homme de guerre, mais une aberration de sacristain. Mais si cet étrange prédicateur de « bonne mort », si ce marguillier déguisé en général de division fait d'abord tuer les autres, et part ensuite, il est assez naturel que l'édification d'un arc de triomphe ne représente pas le jugement définitif de l'histoire vraie.

C'est l'histoire exacte du général de Curières de Castelnau à Dieuze, Morhange, Lorquin, en Champagne. Le raisonnement s'applique d'ailleurs à toute la coterie qui préconisa la guerre mystique et le sacrifice ininterrompu. Les délateurs occultes qui fonctionnaient dans les campagnes, sous les yeux bienveillants de MM. Briand, Viviani, Painlevé, Clemenceau, traduisaient le glorieux mysticisme des « grands chefs » par la vulgaire maxime : « On ne fait pas d'omelette sans casser des » œufs. » Les de Mitry, les Franchet d'Espérey, les d'Urbal et autres seigneurs de même valeur cérébrale appliquaient à leurs soldats la théorie du sacrifice le plus sanglant que permettaient les circonstances. Nous verrons plus loin (1) le bienveillant appui que prêtait le maréchal Foch à ces aberrations.

Il fallait vraiment reculer les limites de la médiocrité permise (nous disons permise, parce qu'on ne peut exiger que le génie stratégique s'accorde toujours avec les trois étoiles d'une manche), pour supposer qu'il y avait quoi que ce soit de sérieux à obtenir entre Metz et Strasbourg. En guerre comme ailleurs, il convient de s'habituer à voir plus loin que le bout de son nez, ne pas se payer de mots, d'illusions. La carte, la plus vulgaire carte, la simple lecture de cette modeste géographie, suffisait pour comprendre le danger auquel il était impossible de parer, à moins de disposer de forces énormes, très supérieures à celles des Allemands, ce qui n'était pas le cas. A quoi bon encombrer les cours des Ecoles militaires d'études topographiques, levés de plans, d'une foule d'exercices qui ne satisfont en somme que les médiocres intelligences, si l'officier sorti de Saint-Cyr ou de Polytechnique, parvenu aux grades suprêmes de l'armée, ne comprend plus le terrain ? Nous savons, il est vrai, que notre G. Q. G. avait promulgué, entre autres articles de sa charte sainte, que la fortification n'existait plus. Un décret du G. Q. G. l'avait supprimée. Le général Joffre, issu du corps du génie,

______
(1) V. chap. ix, p. 193 et suiv.

avait applaudi à cette théorie, frappant joyeusement dans ses mains quand on lui demandait de déclasser Lille, La Fère, Reims, Verdun, Toul, Langres, prêt à raser nos forteresses avec ces mêmes mains qui signaient les radieuses offensives de Mulhouse, Dieuze et Charleroi. Mais la France entière sait maintenant quelle est la valeur intellectuelle du maréchal Joffre. Von Klück et l'Académie française, MM. Marcel Prévost, Frédéric Masson et Lavedan sont les seuls qui croient encore dans le génie de l'inoubliable « grand-père ».

En supprimant par la parole et la plume la valeur des fortifications, nos « grands chefs » avaient oublié que si la lutte entre la cuirasse et le canon paraissait devoir tourner à l'avantage de ce dernier, ce n'était qu'à la condition expresse que le canon serait de taille à démolir la cuirasse. Or, en vertu d'un double phénomène désastreux pour la France, nos artilleurs ne voulaient pas de canons lourds susceptibles de démolir une cuirasse, et nos officiers du génie ne voulaient pas de cuirasses ou d'un système quelconque de fortification capable de résister aux pièces lourdes. Les Allemands possédaient les deux. En dépit des affirmations du général Pellé (autre lumière étincelante du G. Q. G.), dont les renseignements fournis en 1914 annonçaient que l'armée allemande n'était « qu'une armée de parade » et « n'existait que » sur le papier », nos ennemis possédaient à Metz, Strasbourg et Thionville un ensemble de forteresses contre lesquelle nous étions absolument impuissants, et en plus des obusiers lourds capables de broyer toutes nos attaques.

Pour rencontrer une ineptie aussi prodigieuse que celle de nos pontifes d'état-major, d'artillerie et du génie en 1914, il faut remonter au maréchal Lebœuf (encore un qui sortait des armes savantes) et à sa déclaration de 1870, constatant que notre armée était magnifiquement prête, et qu' « il ne lui manquait pas un » bouton de guêtre ». Pour peu que cette mentalité d'orgueil aveugle, d'illusion subjective, persiste sous l'impulsion du maréchal Foch, et qu'on n'admette plus que des officiers sortant de l'Ecole polytechnique, on voit quel joyeux avenir, quelle confiante sécurité, menacent les armées françaises de demain.

C'est avec les obusiers lourds dissimulés derrière les crêtes et les mouvements de terrain parfaitement utilisés que les Allemands maintinrent la vertu des fortifications bétonnées sur lesquelles vinrent se briser les corps d'armée commandés par les généraux de Castelnau et Foch. C'est avec ces mêmes obusiers qu'ils éparpillèrent et hâchèrent ces corps. Quant à nous, nous ne possédions que des 75. Qu'est-ce qu'ils sont devenus en cette journée, les pauvres 75 ? Ah ! Dieuze, Morhange, Lorquin et Sarrebourg constituent des titres de gloire à conserver précieusement pour l'aigle de l'état-major, M. de Castelnau, et pour l'aigle des armes savantes, M. Foch. On ne peut s'imaginer à quelle aberration conduisent la suffisance vaniteuse d'une part, et d'autre part la foi aveugle d'un mathématicien engagé dans un syllogisme faux et un sophisme d'exécution !

Nous avons vu que la seule explication produite par le gouvernement et l'état-major pour pallier l'écrasement de Dieuze fut naturellement l'application de la théorie sainte des boucs émissaires. Elle remonte loin, au temps des Hébreux. En 1914, elle consista dans le cri que nous sommes forcés de relater : « Ce sont les troupes du Midi qui ont lâché pied. » Que ceux qui ont vécu ces jours de honte se rappellent les mots d'ordre mystérieux lancés par des chefs d'orchestre invisibles, colportés jusque dans les campagnes par les délateurs occultes, les bienheureux auxiliaires du gouvernement exemptés de partir au front et soldés par de mystérieux crédits. En laissant de côté le génie des chefs et l'action sournoise des fonds qu'on appelle secrets, probablement parce qu'ils sont répandus à flots dans le public, on reconnaîtra qu'il était difficile de trouver une explication plus consolante et plus adroite. On se sentait fier d'être Français et confiant dans l'avenir en apprenant que le Midi se composait de lâches. On se demande à qui appartient dans cette guerre la palme de l'ineptie. Mais passons. Ce n'est encore qu'un détail.

Cette explication fut jugée insuffisante par M. de Castelnau. Battu, vaincu, il exigea la gloire. Les débitants d'images d'Epinal s'en chargèrent. On le transforma du jour au lendemain en héroïque défenseur de Nancy. Au Grand Couronné de Nancy appartint la tâche de faire oublier Morhange. En ce dernier lieu, et malgré « le Midi », on ne pouvait vraiment pas persister dans la construction d'un arc de triomphe. C'est dans la vieille capitale lorraine qu'on en transporta les matériaux. Je ne me donnerai même pas la peine de citer l'article du journal où fut rapporté l'incident du commandant d'état-major faisant comprendre au général de Castelnau la nécessité et la possibilité de défendre Nancy. Je ne me donnerai même pas la peine de discuter si l'organisation du Grand Couronné revient au général Pol Durand ou bien au général Dubail, ni quelle part revendique en cette circonstance le général Foch. Ce sont les détails où nous guettent les multiples incohérences du G. Q. G. C'est là qu'il espère triompher. Son erreur est grande, mais elle sera courte. Pas plus sur ce terrain-là que sur les champs de bataille, il ne triomphera jamais. Il nous suffit de juger l'ensemble, de regarder la carte.

Après l'écrasement de Dieuze, le général de Castelnau n'eut qu'une pensée : partir... assez rapidement, donc abandonner Nancy. Vu sa mentalité, vu la mentalité particulière au G. Q. G. de 1914, il ne pouvait pas en avoir d'autre. Après une offensive inepte et folle, il subit la dépression morale qui accompagne fatalement les actes démesurés, excessifs. Après un choc absurde, la retraite précipitée et non moins absurde. C'est une action réflexe, fatale, incoercible. Avant, il n'avait rien raisonné. Après, il ne raisonna pas davantage. La défense du Grand Couronné appartint-elle à l'initiative de A., de B. ou de C. ? Peu importe. Ce qui est hors de doute, c'est qu'elle fut l'œuvre d'un sous-ordre, l'œuvre d'un hasard... heureux.

Vu la carte, il faut d'ailleurs reconnaître qu'avec des corps d'armée à moitié démolis, il n'était pas facile de songer à Nancy. De plus, en regardant encore avec plus d'attention cette carte, en songeant à la manière dont se livra la bataille et aux suites, on est en droit de se demander si les Allemands tenaient à prononcer à cette date une offensive violente, poussée à fond, et à courir le risque de compromettre leur succès. Pour juger, plaçons-nous au point de vue des chefs allemands qui commandaient à Dieuze, en tenant compte de l'orientation générale des armées germaniques. En somme, ces chefs n'avaient livré qu'une bataille défensive, réussie grâce aux mesures prises à l'avance, à la faiblesse stratégique du haut commandement français, à la puissance du matériel allemand. Le plan général du G. Q. G. allemand consistait, au milieu d'août, à donner à l'ensemble de ses armées la forme d'un immense arc de cercle exécutant, une gigantesque conversion, l'aile marchante se trouvant en Belgique. D'après ce plan, Nancy devait tomber fatalement entre leurs mains, et il faut avouer que sans Galliéni... Mais n'anticipons pas. A la date du 23 août, après Morhange, il est clair que les généraux ennemis commandant sur ce point n'avaient, vu les ordres généraux, aucun intérêt à risquer de suite une seconde bataille, et une bataille offensive, dans une région où la défensive seule leur était prescrite et leur avait parfaitement réussi. Qu'ils n'eussent pas été fâchés d'exécuter une entrée triomphale à Nancy, je n'en disconviens pas, mais pour obtenir

ce résultat, il leur était inutile — je ne me place toujours qu'au
point de vue des ordres donnés par le G. Q. G. allemand — de se
presser et de rien compromettre. Le progrès de l'aile marchante
devait leur livrer, à coup sûr, sans aucun risque, Nancy, Toul,
les Hauts de Meuse et Verdun. Et je suis contraint de le répéter,
parce que l'importance du fait l'exige, peu s'en est fallu...

Les Allemands ont-ils eu raison d'être si patients et prudents ?
Ceci est une autre affaire. Ici, je n'examine plus si les chefs allemands qui commandaient à Dieuze ont bien ou mal compris
les instructions de leur G. Q. G., mais je juge ces instructions
elles-mêmes. J'estime que la prudence avant et après Dieuze fut
absurde, que le haut commandement allemand fut aussi nul en
cette circonstance que le haut commandement français dans
ses manœuvres. Au lieu de se mettre à dos la Belgique et, par
suite, l'Angleterre, il convenait pour les Allemands d'attaquer
à fond en Lorraine et en Alsace. Le fait de Morhange prouve
qu'il eût été extrêmement facile aux armées germaniques de
recommencer la manœuvre de 1870. Si, en effet, grâce au général Bonnal, la technique des états-majors français avait été
portée, pour ce qui concerne les calculs de marche, d'échelon-
nement des colonnes sur route, des spécialités et détails d'état-
major, à un réel degré de perfectionnement, par contre l'arrivée
au pouvoir de la coterie de Castelnau-Foch avait réduit l'intelligence stratégique des chefs à un niveau aussi faible que celui
de 1870. On ne devait plus revoir, grâce à Bonnal (car les
autres, y compris le général Foch qui vint dix-huit ans après,
ne furent que des copistes) (1), les impuissances navrantes
d'un Bazaine, incapable de faire marcher une armée. On ne devait plus revoir les peurs lamentables d'un maréchal de France
s'abritant sous le canon d'une forteresse. Mais, en fait d'offensives monstrueuses, de massacres sanglants et inutiles, on devait
voir pire qu'on n'avait jamais vu. Au fond, comme intelligence,
les deux G. Q. G. se valaient. Pas l'ombre d'intuition. Deux théories d'école. Rien autre.

On conçoit que les deux G. Q. G. se soient complimentés réci-
proquement depuis l'armistice, se soient inclinés avec défé-
rence l'un vers l'autre, se soient délivrés des certificats mutuels
de génie stratégique. Il était dans la tradition des guerres en
dentelles, entre hauts fonctionnaires impérialistes, que Chantilly
et Charleville, après s'être tant ménagés personnellement pen-

____

(1) V. la démonstration détaillée, pp. 193 et suiv.

dant les hostilités, continuassent après la paix les salamalecs officiels. Mais le bon sens des peuples n'a que faire de ces procédés vieillots, et les certificats signés Joffre ou von Klück auront devant la postérité la valeur de certificats de complaisance. L'intérêt y perce trop et le bluff... C'est une parade pour la galerie.

Admettons tout ce qu'on voudra nous raconter sur les terribles assauts subis par le Grand Couronné de Nancy, car, en fait de légende, il faut s'attendre à tout. A quel homme de bon sens fera-t-on croire, étant donnés les effectifs en présence, que si les Allemands avaient attaqué à fond, au lendemain des désastres de Morhange, avec la puissance de leurs pièces lourdes, nos 75 auraient pu tenir ? Nos officiers du génie ne connaissaient pas encore le premier mot de la fortification de campagne en surface et en profondeur. Ils ne connaissaient que le point et la ligne. Nos organisations de mitrailleuses étaient dans l'enfance. Que restait-il donc ? La poitrine de nos fantassins, là comme ailleurs. Les Allemands ont attaqué. Soit. Ils ont tâté le terrain. Soit encore. Mais — et c'est fort heureux pour nous — ils n'ont pas attaqué en gens qui veulent emporter le morceau coûte que coûte. Les ordres lancés d'en haut, l'ineptie de leur G. Q. G., les ont empêchés de vaincre, eux aussi. Tant mieux pour nous. Le génie de nos généraux n'y est pour rien. L'intelligence des sous-ordres et le courage du soldat entravèrent l'occupation du Grand Couronné de Nancy.

L'aplomb infernal de la légende doit être démasqué, parce que ses conséquences furent désastreuses et contribuèrent aux massacres qui suivirent. Mais si l'on examine la question au point de vue philosophique, purement objectif, on doit reconnaître que les fabricants de légende auraient été bien sots de se gêner. Un Parlement à plat ventre, dont une grande partie de la majorité ne songea guère qu'à présenter les adjudicataires aux bureaux omnipotents, à enlever la forte commande en vue de la forte commission, des ministres de la guerre qui, depuis M. Millerand jusqu'à MM. Painlevé et Clemenceau, n'accédèrent au pouvoir qu'après avoir juré hommage et fidélité au G. Q. G. suzerain, un peuple inerte, ahuri, hébété, avalant les communiqués officiels comme une manne de vérité, — franchement, il eût fallu une dose de conscience et de loyauté peu commune, loyauté et conscience dont nos partis politiques ont perdu jusqu'au souvenir, pour ne pas traiter l'opinion publique en fille soumise avec laquelle on ne se gêne pas. Puisque, dans notre vieux pays de France, l'argent est devenu le seul étalon du mé--

rite et de l'honneur, pourquoi ne pas en ramasser le plus possible, jusque dans la boue et le sang ?

Il paraît que Charleroi représente aussi une « surprise » du début. Du moins, c'est la fable que les deux frères siamois, gouvernement et G. Q. G., nous ont autrefois apprise par cœur. Nous serons malheureusement forcés de la désapprendre. Il n'y eut aucune surprise à Charleroi, absolument aucune. Ce fut tout simplement la réédition, mais non revue et non corrigée, d'une manœuvre napoléonienne, la manœuvre de 1815. Il a paru aux admirateurs étroits de la stratégie impériale que le Charleroi d'il y a cent ans n'avait pas suffisamment raté. Ils voulurent ajouter un corollaire au déplorable théorème de l'empereur Napoléon, théorème devant lequel s'extasient le colonel Grouard et nombre de pédants scientifiques, qui se refusent à comprendre la guerre positive. De même que Napoléon, au lieu de frapper en plein cœur l'armée prussienne ou l'armée anglaise, s'était fourvoyé à Charleroi, pont et défilé, donc endroit absurde pour le lancement d'une armée, centre géographique et illusoire où il heurtait à peine un corps de Blücher sur ses gardes depuis deux mois (1), de même le G. Q. G. français, en 1914, s'imagina qu'il allait surprendre les armées allemandes par une géniale et foudroyante attaque de flanc (songez comme c'est neuf : une attaque de flanc !) et dans une position admirablement choisie et tout à fait commode pour la manœuvre, à cheval sur un cours d'eau. On sait combien la séparation d'une armée par un cours d'eau important rend les communications faciles.

En 1815, c'est en partant de la ligne Valenciennes-Bavay-Maubeuge que Napoléon eût accumulé les plus grandes chances de réussite, en aboutissant à Lens-Soignies-Braine-le-Comte et frappant sur le centre des cantonnements anglais.

Le raisonnement pour 1914 est identique. Il était absurde de se jeter dans un défilé étroit, presque impraticable, de se contraindre à des passages de rivière, à des occupations de cours d'eau sur deux rives. Rien de plus naturel au contraire, si l'on se décidait à riposter, que de choisir la base de Lille-Valenciennes-Maubeuge. On obtenait ainsi le maximum de rapidité, on évitait les principaux obstacles à la marche, on s'assurait contre les risques d'encerclement. Enfin, en cas d'insuccès, on se ménageait la plus commode des lignes de retraite.

Là encore, le G. Q. G. français n'a rien compris à la ma-

(1) V. la démonstration, *Solution des énigmes de Waterloo*, pp. 97 et suiv.

nœuvre pratique. Une impulsion irréfléchie, une hantise, une maladresse : voilà le résumé de Charleroi. L'impulsion, c'est la rage naïve qui consiste à se jeter partout où l'ennemi se jette, à le suivre dans ses évolutions, à subir son ascendant, à lui laisser la direction, l'initiative des mouvements, toutes choses qui démontrent jusqu'à l'évidence la faiblesse cérébrale, l'impuissance du haut commandement français. La hantise, c'est le souvenir de 1815, le fait de mémoire dominant la réflexion, emportant le sang-froid, annihilant les velléités du bon sens. Pour qui connaît les procédés d'enseignement de l'Ecole de guerre, dirigée par le général Foch ou ses imitateurs, les Debeney par exemple, l'inflexibilité des dogmes napoléoniens, le mot d'ordre implacable d'obéissance et de sujétion aux commandements de la petite paroisse, la haine aveugle pour l'esprit de critique et la libre discussion, il n'y a rien d'étonnant à voir le G. Q. G. procéder par instinct d'imitation, se ruer sur Charleroi par suite d'un phénomène de mémoire abolissant la pensée. Avec un tel enseignement, on obtient des Franchet d'Esperey, mais on n'obtient jamais des Davout ou des Masséna. Tant pis pour les gouvernements impérialistes qui s'accrochent à la légende d'un Foch. Malheureusement, ce sont les peuples et les soldats qui paient l'aventure.

Quant à la maladresse, elle apparaît éclatante. Les techniciens du G. Q. G. s'en défendent. Ils citent au contraire cette manœuvre comme un prodige de technique. Parbleu ! là encore ils sont dans leur rôle. Songez que le mouvement qui consiste à ramener les masses françaises de l'Est et du Sud-Est pour les jeter au Nord leur fournit l'occasion de développer leurs qualités de sous-ordres dans la confection d'innombrables, d'interminables graphiques de marche, zones de marche, de ravitaillement, transformation, adaptation des services de l'arrière, chemins de fer, hôpitaux, etc., bref toute la kyrielle des services subalternes d'état-major. Ces messieurs du Grand Etat-Major, y compris les généraux Foch et de Castelnau, qui ne connaissent que cette partie de la guerre, s'imaginent qu'en cette circonstance fut accompli un travail inouï, herculéen, miraculeux. Je sais que MM. de Castelnau et Foch se trouvaient à cette date sur d'autres terrains (j'en ai suffisamment parlé) (1). Mais si je les cite, c'est qu'il s'agit des membres du G. Q. G. formés par eux, par leurs ordres, sous leur haute direction, à leur image.

(1) V. pp. 58 et suiv.

A quoi sert-il d'entasser un travail inutile et néfaste ? A quoi bon accumuler des montagnes de papier, lancer des milliers de coups de téléphone, noircir des centaines de rapports, ahurir des corps d'armée, bouleverser des chemins de fer, si ce travail herculéen doit aboutir à un Charleroi ? Est-ce que l'armée est faite pour l'état-major ? N'est-ce pas plutôt l'état-major qui est fait pour servir la patrie et l'armée ? La bureaucratie malsaine, les Lebureau et les Quidedroit, parce qu'ils sont pourvus de galons et d'insignes spéciaux au collet, peuvent-ils donc impunément broyer des centaines de mille hommes dans le plus inepte sacrifice ?

La guerre se résout-elle dans un labeur stérile de techniciens ou ne consiste-t-elle pas plutôt à comprendre, à prévoir, à calculer, à diriger ? Le bon sens n'est-il plus maître ? Du moment que le bon sens, la seule lecture de la carte et l'analyse de nos moyens d'action démontraient que l'attaque de l'aile marchante allemande ne pouvait donner aucun résultat favorable, que nos ressources en effectifs, canons, munitions, ne nous permettaient pas d'aborder l'ennemi dans des conditions heureuses, n'était-ce pas une folie que de s'acharner sur Charleroi ? Pouvait-on choisir un plus piteux terrain d'attaque, une direction plus absurde? Alors, que nous importe le travail technique des bureaux d'état-major ? En sommes-nous réduits à cet état de décadence, de perversion du sens militaire, que nous devions nous borner à admirer une machine compliquée, horriblement compliquée, qui moud à vide ? Et encore, si elle se bornait à moudre à vide, ce ne serait que du temps et de l'argent perdu ! Mais, hélas ! c'était le sang des Français, la chair et le sang des meilleurs que cette odieuse machine devait moudre pour aboutir au désastre de Charleroi !

C'est là que se forgea le premier anneau de la gloire de Joffre, général politicien, maréchal de France et académicien par la vertu des communiqués officiels.

La légende ne recule devant rien. En présence de la stupeur muette des populations, elle aurait eu vraiment tort de se gêner. Elle osa proclamer que Charleroi avait été « bien près de réussir ». Où ? quel jour ? à quelle heure ? Voilà ce que la presse officielle et l'Agence Havas ont oublié de préciser. La vérité, comme pour Mulhouse, Dieuze et Morhange, Virton, c'est que l'affaire était manquée d'avance, c'est qu'il appartenait à la vanité la plus exorbitante, à la nullité la plus obtuse en matière de guerre positive, de se créer des illusions sur un résultat favorable, et que Charleroi fut un désastre depuis le commencement jusqu'à la fin.

Les quelques succès partiels obtenus en des points restreints, par des unités quelconques, de cavalerie, d'infanterie ou d'artillerie, ne signifient rien en ce qui concerne le jugement total de la manœuvre. Nous faisons de la guerre, de la vraie guerre. Nous ne faisons pas du roman. De ces piteux et insignifiants succès partiels, les bourreurs de crâne et littérateurs romantiques ont tiré bien des volumes et... bien des larmes d'orgueil et de joie chez les personnes sensibles. Pauvres gens ! Ils connaissent la guerre d'après une page de Maurice Barrès, une retraite militaire de M. Millerand, une parade de M. Clemenceau, un défilé de M. Berdoulat. Jamais leur peau n'y subit le moindre accroc. Peut-être même leur portefeuille s'est-il fort bien trouvé de la guerre, ce qui constitue un argument de plus en faveur des « grands chefs ». Beaucoup de nos contemporains ne jugent généralement que d'après leur intérêt du jour et leur précieuse individualité. La ruine et la mort des autres ne les touchent guère. Si l'on tient à ce que la France n'y meure pas, il est grand temps de réformer ces mœurs et de revenir à l'étude des véritables principes de guerre.

Fait curieux, digne d'être noté à chaque fois que les faits se déroulent sous nos yeux. Les deux G. Q. G. commettent la même faute. Les Allemands ne pouvaient aboutir à aucun résultat décisif, capable d'influencer la solution rapide de la guerre. Leur immense mouvement tournant par la Belgique ne constituait nullement le coup de masse rêvé. En effet, les armées françaises n'étant pas fixées, l'aléa des batailles permettait au commandement français d'esquiver ce coup de massue et de choisir son heure pour la bataille-manœuvre qui représentait la décision. D'autre part, l'attaque française sur Charleroi n'avait pas plus de signification et de portée contre la puissance germanique que l'invasion allemande par la Belgique contre la puissance française et alliée. Quel corps, quelle armée, quel groupe d'armées fixait la masse allemande pendant qu'on essayait de la manœuvrer par Charleroi ?

En réalité, les deux G. Q. G. continuaient à lutter d'ineptie sur le dos de leurs troupes. Qu'y a-t-il de plus facile au monde que d'imaginer une attaque de flanc ? Un enfant auquel on montrerait la carte, la direction suivie par l'ennemi, serait à même d'indiquer, de tracer avec son doigt la direction d'une attaque de flanc, menace sur les communications, enveloppement. Atta-

quer, couper, envelopper, ce ne sont que des mots, pas autre
chose. Les membres du G. Q. G., qui plastronnent en jetant ces
mots sonores à la foule ébahie, ne se doutent pas qu'ils descen-
dent en droite ligne, non pas de Turenne, de Villars, de Hoche
ou de Napoléon, mais tout bonnement du général Boum (voir *la
Grande-Duchesse de Gérolstein*), de celui qui résumait la stratégie en cette formule : couper et envelopper. Parbleu ! n'importe
qui serait capable d'en dire autant.

La difficulté essentielle de la guerre, le fond du problème,
c'est d'étudier le terrain à l'avance, de préparer la concentration des troupes de telle sorte que, le jour où l'attaque de flanc
doit être déclenchée, l'ennemi soit d'une part tenu à la gorge,
de l'autre saisi par les tenailles des corps d'attaque, et qu'il ne
puisse se dérober. Mais, pour cela, il faut que la méditation
profonde de la manœuvre ait disposé le mécanisme avec une
telle souplesse, articulé les armées avec une ingéniosité si
réussie, que le coup droit et le coup de flanc soient assénés en
même temps, par une sorte de mouvement réflexe, inévitable.
Une opération de guerre est contenue en germe dans le dispositif
qui la précède. Si nous ne voulions pas avoir l'air de rédiger
une instruction militaire, nous prouverions que la concentration elle-même n'est qu'une conséquence de la mobilisation. En
définitive, les évolutions successives de la manœuvre se tiennent comme les anneaux d'une seule chaîne, chaîne indissoluble.
La moindre erreur initiale produit des conséquences inouïes,
que ne prévoient pas les esprits médiocres. Penser à l'avance,
imaginer les diverses hypothèses, les résoudre par une décision
à la fois mûrie et rapide, ne jamais perdre de vue les origines,
les principes de la manœuvre, coordonner les actions multiples
des forces en action, concilier la sage économie des forces avec
la vigueur de l'attaque, telle est la grande difficulté de la haute
stratégie.

La voilà, la difficulté que du 18 au 22 août 1914, sur le champ
de bataille de Dieuze, Morhange et Lunéville, comme dans les
batailles de l'Artois de 1915, le maréchal Foch fut incapable de
résoudre. Il ne l'a résolue à partir du 18 juillet 1918 (1) que
parce que les Allemands crevant de faim, un seul sur dix con-
sentait à tenir, et que 650.000 Américains entraient en première
ligne. Alors la partie devint tellement facile à jouer que le plus
médiocre technicien d'état-major jouait sur le velours.

(1) V. pp. 114 et suiv.

Aucune raison ne militait en faveur de Charleroi, non plus que pour les autres directions d'offensives. Les raisons matérielles ne se présentaient pas plus brillantes que celles de stratégie. En ce point, comme ailleurs, les Allemands étaient prêts à la riposte, parfaitement renseignés par leur service de reconnaissance et de renseignements. Plusieurs de nos officiers de cavalerie se sont vantés d'avoir forcé à la retraite de nombreux escadrons ennemis. Peut-être n'ont-ils pas compris, vu la mentalité spéciale de la cavalerie française en général, que les Allemands avaient en vue bien autre chose que les souvenirs des croisades et des tournois moyennâgeux, les prouesses accomplies par les preux des xive et xve siècles, notamment à Crécy, Poitiers et Azincourt, que nos adversaires ne s'hypnotisaient plus sur les randonnées, les poursuites échevelées d'un Murat, d'ailleurs si souvent inutiles et folles (1), que le rôle de la cavalerie enne mie consistait surtout à observer, à voir juste et vite, et que par suite, lorsque ce rôle était accompli, elle agissait plus sagement en se repliant à l'abri de l'infanterie et de l'artillerie qu'en restant à parader pour agiter ses sabres dans l'espace et user ses chevaux. Pour ce qui concerne la fatigue inutile des hommes et l'usure des chevaux, la cavalerie française en est encore à suivre le noble exemple du prince et roi Murat. Sur cet article-là, elle est de première force.

Les masses allemandes se trouvant prêtes, bien renseignées, sur leurs gardes, occupant d'excellentes positions repérées avec soin, préparées, aménagées, fortifiées, munies d'une formidable artillerie, commandant les nœuds de routes, ponts et défilés, pourvues à l'excès des moyens de communications les plus sûrs et les plus rapides, pourvues également en abondance de munitions et de vivres, qu'est-ce que pouvait donc leur faire craindre une attaque sur un point quelconque de leurs lignes ? Qu'est-ce que signifiait une attaque sur Charleroi ? Qu'aurait signifié une attaque sur la rive droite ou la rive gauche de la Sambre ou de la Meuse, ou sur les deux rives, ou par les Ardennes, ou par le Luxembourg ? Peut-on oublier, quand il s'agit d'attaque et de bataille, avec quelle folle imprévoyance nos grands chefs d'artillerie avaient démuni de provisions d'obus nos batteries de 75 ? A quel chiffre infime de munitions nos canons étaient-ils ré-

---

(1) V. les discussions avec Ney et Davout. Murat était parfaitement nul en stratégie et tactique générale. V. Général BONNAL, THIERS. V. *Solution des énigmes de Waterloo.*

duits ? Et la question des cartouches, peut-on aussi la méconnaître ? A moins qu'un général en chef ne soit inepte ou fou, peut-il engager une bataille avec 50 cartouches par homme ?

Qu'on retourne la question sous toutes ses faces, on aboutit forcément à cette conclusion : sur toute la ligne, depuis l'Alsace jusqu'à la Belgique, les armées allemandes étaient certaines de briser net n'importe quelle attaque, d'arrêter n'importe quel coup de boutoir, le plus violent comme le plus timide. La seule issue des offensives ordonnées par le G. Q. G. français et signées par le chef nominal Joffre, c'était le désastre.

Le général Ruffey est convaincu que, si ses ordres personnels avaient été suivis, il eût gagné, le soir du 22 août, la bataille de Virton. Nous avons contemplé avec stupeur l'emballement d'un littérateur expliquant avec force détails, qu'il essayait de rendre techniques, que cette victoire hypothétique de Virton aurait dépendu simplement de deux divisions qui manquèrent à Mouaville (?) (1). Eh quoi ! c'est à cela que tint l'effondrement de la puissance française, à la date du 22 août, depuis l'Alsace jusqu'à la Sambre ! Ce littérateur doit être prodigieusement myope. Sa vue est certes très limitée. Evidemment, il n'a pas l'habitude de voir plus loin que son article de journal. Admettons que le général Berthelot ait été absurde en arrachant ces deux divisions au général Ruffey. Soit. Ce n'est certes pas moi qui me ferai l'avocat de l'intelligence stratégique du général Berthelot, l'homme de la Roumanie. Admettons encore que le général Ruffey disposant de ces deux divisions eût enfoncé les troupes allemandes qu'il avait en face de lui. Après ? Est-ce que par hasard le littérateur ci-dessus mentionné s'imagine que le général Ruffey était seul à se battre ? Ne restait-il plus d'Allemands à sa droite et à sa gauche ? Son nom et ses corps d'armée emplissaient-ils l'espace de la Sambre aux Vosges ? Est-ce que cette date du 22 août ne rappelle pas Charleroi ? Ne s'est-il rien passé non plus vers cette date entre Lunéville et Sarrebourg ? Avant de causer stratégie, les littérateurs agiraient sagement en se documentant quelque peu. Je ne suppose pas que le général Ruffey ait poussé l'inconscience ou la naïveté jusqu'à croire qu'un succès local lui eût procuré, vu les événements de Charleroi et de Morhange, autre chose qu'une honorable retraite. Quand on étudie la guerre mondiale, il ne faut pas raisonner d'une manière rétrécie et considérer l'univers avec le petit bout de sa lorgnette de poche.

(1) Je cite textuellement d'après la page du journal.

La question de Briey est grave, mais ne représente pas toutefois la faute capitale du haut commandement français. Bien loin de là. Les Allemands pouvaient trouver du fer ailleurs qu'à Briey. De nombreux parlementaires, journalistes, écrivains, se sont jetés sur le nom de Briey, comme si ce vocable représentait le « Sésame ouvre-toi » de la vérité suprême. Erreur complète. Il est inutile de s'appesantir sur les détails, qui furent compendieusement exposés dans de multiples journaux. Le fait essentiel est le suivant : la destruction des hauts-fourneaux de Briey eût gêné les Allemands, mais ne les eût nullement empêchés de continuer la guerre, de la poursuivre à fond. Ce qu'il y a lieu de retenir de plus grave dans la question de Briey, c'est l'intervention dominante d'égoïsmes financiers lorsqu'il s'agit du salut de la patrie. Il est temps de briser sans retour ces mœurs inouïes, résultant de la puissance odieuse de l'argent. Poursuivons le problème de haute stratégie.

Cette universelle défaite, subie depuis la Sambre jusqu'aux Vosges, inspira au G. Q. G. l'excuse de la « surprise ». Comment un grand état-major, qui doit être au courant des nouveautés les plus mystérieuses, des projets les plus cachés, des manœuvres les mieux dissimulées, qui, dans tous les cas, quelles que soient la sûreté de ses renseignements, l'étendue de sa vision, doit avoir prévu les diverses formes de la lutte, les variations de l'action adverse, préparé une riposte à n'importe quelle opération de l'ennemi, comment ce G. Q. G. suppose-t-il le peuple français assez naïf, ignorant, crédule, pour lui proposer l'explication d'une « surprise » ? Le seul fait qu'il ait affiché ce terme indique qu'il avoue son manque absolu de préparation et de discernement. Or c'était le G. Q. G. voulu par le général Joffre, donc par son tuteur le général de Castelnau. C'était le G. Q. G. formé par les *Principes* de Foch. Après cela, qu'on ose donc nous parler des hautes qualités stratégiques de ces hommes de guerre et de leur irresponsabilité dans le désastre de 1914 !

La preuve certaine, absolue, écrasante que le terme de « surprise » représentait un mot d'ordre, invariable et monotone, c'est que les écrivains et publicistes, directement inspirés par le G. Q. G., usèrent encore du vocable « surprise » pour atténuer le désastre subi par la Roumanie, dirigée par l'inepte Berthelot. Or la folle offensive du général Berthelot date de la fin d'août 1916, c'est-à-dire deux ans après Charleroi. Combien de temps dura sa brillante équipée ? Là encore, pour excuser son recul, l'écrasement produit par les attaques combinées de

Mackensen dans la Dobroudja et de Falkenhayn en Transylvanie, on nous servit le roman de « surprise ». Combien de siècles faut-il donc aux généraux formés par les *Principes* de Foch pour comprendre et être avertis ?

La vérité, c'est qu'il n'y eut aucune surprise, mais simplement un effet d'orgueil démesuré, de vanité subjective et obtuse. Lorsque le général Pellé, bien peu de temps avant la guerre, écrivait que l'armée allemande n'était « qu'une armée de pa- » rade, qu'elle n'existait que sur le papier », il écrivait ce qu'il pensait réellement. Sa vision était oblitérée par le sentiment démesuré de sa valeur personnelle, qu'il mettait au-dessus de tout, par le souvenir de ses études à l'Ecole de guerre, de ses travaux d'état-major. Convaincu qu'il était héritier direct de Napoléon et de sa méthode, il ne pensait qu'à la bataille d'Iéna. Nous ne sommes pas sûrs qu'aujourd'hui encore lui et ses collègues ne se croient pas de bonne foi les gagnants de la guerre par la vertu de leur science technique.

Cette vanité fantastique et absorbante fut d'ailleurs la caractéristique de nos pontifes de la guerre. Diplomates, administrateurs, ministres se contemplaient chaque matin avec délices dans la glace de leur cabinet et confessaient ingénuement que personne n'était mieux qualifié qu'eux pour occuper une si belle fonction. Tandis que l'ambassadeur Bompard (les Turcs, même nos amis de Turquie, prononçaient « bonne poire ») compromettait, perdait la partie à Constantinople, le diplomate Paléologue à Saint-Pétersbourg écrivait, huit jours avant la chute du tzar, que jamais sa puissance, son autorité et l'amour de ses sujets pour Sa Majesté Impériale n'avaient été plus solides. Voilà quelles étaient la force, la valeur intellectuelle des pontifes titrés, chamarrés et galonnés qui représentaient la France. Tous furent surpris, parce que personne ne fut capable de comprendre un mot de la situation. Mais ce n'est pas un motif pour que nous acceptions le vocable « surprise ».

Depuis 1918, le G. Q. G. s'est rendu compte que ce vocable ne tenait plus debout et s'est efforcé de trouver mieux. Cette évolution à elle seule prouverait l'immensité de sa faute. Mais, toutefois, comme nous ne voulons pas lui laisser l'ombre d'une excuse, comme les deux millions de morts et de mutilés se dressent devant nous pour exiger la vérité et la justice, il importe que la nouvelle explication des mandarins soit mise au point. La voici, telle qu'elle fut reproduite par d'innombrables exemplaires de la publicité officielle et officieuse. Je n'invente rien. Trente-cinq millions de Français ont encore les yeux emplis de cette prose.

Le général Joffre et le G. Q. G. n'ont pas ignoré, paraît-il, l'invasion de la Belgique. Ils étaient beaucoup mieux renseignés qu'on ne croit. Mais ils n'ont cru d'abord qu'à une invasion partielle, à des opérations restreintes aux bassins de la Sambre et de la Meuse. A cette manœuvre allemande, ils avaient imaginé de suite, sans que personne leur eût suggéré quoi que ce soit, une riposte géniale, l'attaque du Sud au Nord, renforcement formidable de la gauche française, écrasement dans les Ardennes belges de la droite allemande, par suite arrêt total de son mouvement débordant. Bien plus, — on ne saurait trop insister sur la profondeur de vision du G. Q. G. français, toujours d'après les avocats de la presse bien pensante, — ce G. Q. G. fertile en imagination et merveilleusement renseigné avait longuement réfléchi à une invasion encore plus vaste, poussée encore plus loin. C'eût été, paraît-il, un immense bonheur pour les armées françaises, la certitude du succès encore bien plus accentuée. Non pas que le général Joffre se fût placé au point de vue de la guerre mondiale et compris la faute monstrueuse où risquait de s'engouffrer la puissance germanique en provoquant gratuitement l'opinion morale du monde entier, cette force gigantesque des peuples, et la nation anglaise. Non. Rien de tout cela. Le G. Q. G. n'y a même pas pensé une seconde. Il ne se plaçait qu'au point de vue stratégique — entendons-nous bien — de sa stratégie personnelle. Il considérait l'invasion de la Belgique comme une faute militaire, une erreur technique. On n'osait l'espérer, cette invasion bienfaisante. On n'osait s'en prévaloir, on n'osait escompter une pareille erreur de l'adversaire. Pourquoi ? Oh ! c'est bien simple, et vous allez juger tout de suite la profondeur des stratèges napoléoniens. Si le mouvement débordant des armées allemandes s'exagérait au delà de la Sambre et de la Meuse, alors l'attaque du Sud au Nord à travers les Ardennes belges devenait une magnifique attaque de flanc, aux conséquences incalculables. Le moindre résultat qui pouvait intervenir, c'était la rupture des communications entre les masses adverses qui s'épanchaient à l'Ouest, toujours plus à l'Ouest, et l'Allemagne. Voyez-vous maintenant le superbe résultat ? Quel magnifique coup de filet ! Les envahisseurs, au delà de la Meuse, étaient coupés, enveloppés...

Eh bien, je le demande à tout homme de bon sens : ai-je forcé la note, exagéré, en parlant du général Boum et de *la Grande-*

Duchesse de Gérolstein ? « Couper et envelopper », chantait-on dans l'opérette. « Je coupe et j'enveloppe », répétait en sourdine le généralissime Joffre.

Avec quoi coupez-vous ? Avec quoi enveloppez-vous ? Avec quoi fixez-vous l'ennemi pour qu'il laisse placidement s'effectuer les petites opérations rêvées dans votre cabinet d'état-major ? Inutile d'insister. J'ai répondu par avance (1).

Vous ne vous apercevez donc pas, ô stratèges galonnés et bottés, qui avez travaillé trente, quarante ans dans les écoles militaires ou de guerre, appris par cœur les dogmes inspirés par vos chefs, les théorèmes à la Jomini ressassés par les Grouard, les Foch et les Debeney, qui avez paradé dans les manèges, les terrains de défilé, les manœuvres de cadre, les grandes manœuvres prévues et confectionnées sur mesure, qu'au lieu d'imposer votre volonté à l'ennemi, vous subissiez en réalité sa toute-puissante attraction, qu'au lieu de lui asséner un coup imprévu et mortel, c'est vous qui vous jetiez au devant de ses canons lourds et de ses positions retranchées, qu'au lieu d'être des maîtres et des dominateurs, vous n'étiez que des écoliers allant quêter une leçon... et quelle rude leçon !

Les explications successives inventées par le G. Q. G. ne tiennent pas debout. Voilà le motif profond pour lequel cet organe de l'autocratie rêvait de nous faire languir tant d'années après les précieux documents, c'est-à-dire après une trentaine de volumes emplis d'un fouillis de détails. C'est pourquoi les exploiteurs de la crédulité populaire, qui ont partie liée avec le G. Q. G., nous servaient les plaidoiries usitées en matière historique. Mais ce n'est pas seulement de l'histoire que nous faisons. C'est surtout de la guerre. Les faits historiques dont nous parlons sont connus du monde entier. A la logique, au bon sens, il appartient d'en faire jaillir la vérité utile au salut des peuples. Quand les mandarins civils et militaires, quand la séquelle des profiteurs intéressés à la longue durée des guerres seront démasqués et cloués au mur, la guerre redeviendra ce qu'elle fut à l'époque de la Révolution française : affaire de logique et de bon sens.

On ne saurait m'accuser de procéder uniquement à des critiques négatives, de ne pas produire les solutions qui eussent dû

____

(1) V. pp. 44 et suiv. Que le lecteur se rende bien compte du motif profond de mon insistance. Il s'agit de détruire une méthode qui a failli tuer la France.

intervenir à la place des absurdes manœuvres réalisées par le G. Q. G. et ses oracles bien-aimés. Dès le début (1), j'ai indiqué le seul parti qui restait à prendre, étant donné les conditions lamentables dans lesquelles l'administration militaire, les fantaisies subjectives de l'état-major, de l'artillerie et du génie avaient placé la malheureuse armée française au 2 août 1914.

Quelques points sont encore intéressants à fixer pour préciser la mentalité des grands chefs — la question des réserves notamment. Pendant longtemps, le parti du G. Q. G. s'efforça de maintenir les malentendus les plus étranges, les mystères compliqués qui représentent sa principale force. Le système de l'équivoque fut poussé à tel point qu'au moment de la discussion des lois de deux ou de trois ans de services, une masse considérable de braves gens — de ceux qui ne peuvent fouiller dans les coulisses du Parlement ou qui répugnent aux ténébreuses opérations, à la charade des mots d'ordre occultes — s'imaginèrent que la seule différence entre les deux principes, deux ans ou trois, consistait en ceci : les partisans du service de deux ans ne permettaient que deux classes d'armée active, tandis que ceux qui préconisaient le service de trois ans en exigeaient trois. La troisième classe fournissant 150.000 hommes de plus, la majorité du bon public non renseigné, qui voulait la plus grande et la plus forte France, admit trois ans. Au point de vue des réserves, les mêmes braves gens tombèrent dans l'erreur la plus complète, en s'imaginant que les deux systèmes les acceptaient intégralement, que réserve d'active, territoriale, réserve de l'armée territoriale subsistaient sur le même pied. Or c'était complètement faux. La question parlementaire, suivant l'habitude reçue dans cette mystérieuse enceinte, avait été embrouillée à plaisir. Tandis que les partisans du service de deux ans acceptaient, demandaient les réserves (voir l'*Armée nouvelle* de Jaurès, où se trouvent certaines erreurs historiques et stratégiques, mais d'admirables envolées philosophiques et des vues fort justes en général), bien au contraire, les partisans de trois ans ne voulaient que l'armée active seule, et dédaignaient, méprisaient les réserves.

C'était précisément le système du G. Q. G., de l'école des généraux Foch et de Castelnau. Aucune confiance dans les réserves. On n'en voulait pas, en cas de guerre, pour servir au début, pour ouvrir le premier bal de l'effroyable danse macabre. C'est

(1) V. pp. 47 et suiv.

à peine si on en acceptait quelques portions triées sur le volet, commandées par des généraux marqués à l'encre sympathique pour aider en seconde ligne.

Le G. Q. G. et l'école de Foch avaient enseigné, professé, proclamé ce principe : notre armée active, munie de 75, devait marcher seule, légère, non gênée par des pièces lourdes. Elle devait marcher à fond, sur l'ordre absolu d'offensive poursuivie d'une manière implacable, sacrifier tous les hommes qu'exigerait la bataille, enfoncer l'armée allemande (armée de parade, n'existant que sur le papier, d'après les renseignements du général Pellé), et procéder à l'entrée triomphale sous les tilleuls de Berlin dans un délai maximum de cinq à six semaines. Aucune initiative ne devait être tolérée de la part d'aucun sous-ordre. L'esprit d'obéissance, la rage du dévouement au chef, la passion du sacrifice et de l'immolation suffisaient pour écraser toute résistance,

Voilà tout ce que le professeur Foch avait compris dans la guerre et appris pour lui-même et ses élèves après trente ans d'études stratégiques et tactiques. La manœuvre napoléonienne qui lui avait paru idéale, caractéristique du génie de l'Empereur, c'était le lancement de la colonne massive, de la monstrueuse colonne de Wagram. Notez que les plus fougueux napoléoniens, les ultras eux-mêmes, comme le général Colin, ont manifesté une telle horreur, on pourrait dire une telle honte, de cette manœuvre, qu'ils ont essayé de prouver qu'elle s'était accomplie hors de la vue de Napoléon. Mais le professeur Foch n'y va pas de main morte. Un massacre inutile, totalement inutile, — car Wagram n'a réussi que par le mouvement tournant de Davout, auquel il ne fait pas la plus légère allusion, — un massacre total, sans portée et sans but, un holocauste, un sacrifice de vingt-cinq mille hommes exécuté en vertu d'une impulsion du « dieu de la guerre », lui paraît la plus sublime des créations. Qu'on lise les *Principes de la guerre,* et l'on sera édifié sur la mentalité de ce « grand chef » et sur la façon dont il a compris et appliqué le principe de la Révolution française, le principe de Carnot, de Hoche, de Moreau, de Masséna, l'économie des forces (1).

Impossible de comprendre Dieuze, Morhange et Charleroi si l'on ne comprend ce que je viens d'écrire. La voilà saisie sur le vif, la psychologie de nos généralissimes. Et maintenant,

(1) V. la discussion approfondie, avec les preuves de texte, pp. 193 et suiv.

qu'on s'étonne des deux millions de Français morts ou mutilés !

Si nous établissons le bilan de nos forces au début de la guerre, nous sommes forcés d'insister à fond sur la question des forteresses. Ici encore, nous constatons un absolutisme identique, un orgueil intangible, le dogme d'affirmation tranchante, la négation du bon sens pratique. Les Allemands s'étaient efforcés de mettre leur système de fortification en harmonie avec les engins et la science moderne. Ces systèmes leur rendirent de grands services, surtout sur le front oriental où les Russes vinrent se briser, et sur le front occidental en tant que points d'appui et bases de résistance ou d'offensive. Mais nous ? En quel état se trouvaient nos fortifications ? Les armes savantes, artillerie et génie, imbues probablement des certitudes d'omniscience puisées rue Descartes dans leur prime jeunesse et accrues par l'âge, affirmèrent que le canon était tellement certain d'enfoncer la cuirasse qu'on devait considérer les forteresses les plus formidables comme inexistantes. Et qu'est-ce que ces prodigieux savants avaient produit comme canon ? Le 75, c'est-à-dire un engin excellent pour battre les troupes en marche, mais aussi impuissant contre un obstacle solide ou une tranchée de fortification de campagne qu'un joujou d'enfant. Quant aux 155, leur portée, leur rapidité de tir, en 1914, n'auraient même pas permis d'aborder Metz ou Strasbourg. Les autres calibres se trouvaient en si minime quantité qu'il est inutile d'en parler.

Peut-être trouvera-t-on que j'exagère la mentalité fantastique des grands chefs. Qu'on en juge par cette visite à Belfort accomplie par le général Joffre deux mois avant la déclaration de guerre : le commandant en chef du 7ᵉ corps lui exposa qu'au point de vue des actions de l'artillerie, il se trouvait dans une infériorité navrante. Comme il disposait d'un excellent service de renseignements, il lui montra l'emplacement choisi à 18 kilomètres par les Allemands pour l'installation de leurs pièces lourdes, la certitude où se trouvaient les ennemis de broyer la ville et la défense, attendu que lui-même ne disposait pas d'une seule pièce dont la portée fût supérieure à 9 k. 500. Il lui montra l'emplacement du magasin unique servant au ravitaillement de toute nature, lui expliqua la facilité qui s'offrait aux Allemands d'anéantir ce magasin, d'empêcher qui que ce soit et quoi que ce soit d'en approcher, la nécessité de répartir les réserves et les munitions en plusieurs abris et en des abris plus solides, capables de résister à un bombardement intense. Le général

Joffre resta impassible et muet. Enfin, au moment de repartir, il fut illuminé par une lueur subite dont on peut juger l'éclat. Il se tourna vers le commandant'en chef du 7ᵉ corps et lui dit : « Eh bien, construisez des caponnières dans les fossés ? » !! Voilà ce que le généralissime français, deux mois avant la guerre, trouva pour assurer la défense de Belfort. Sans commentaires. Si. Deux mots de commentaires : au cas où ce fait serait jugé exagéré ou douteux, qu'on en décide par une comparution qui demandera cinq minutes.

Les avocats du G. Q. G. oseraient-ils prétendre, comme l'ont tant de fois répété les feuilles bien pensantes à leur dévotion, que le Parlement républicain refusa les crédits nécessaires ? Certes, je ne suis pas suspect de tendresse pour l'inertie, le formalisme, l'incohérence et les marchandages parlementaires. Mais il faut s'entendre sur les mots et sur les actes. Quel jour la majorité parlementaire a-t-elle refusé un crédit militaire quelconque pour les services d'infanterie, cavalerie, artillerie, génie, services accessoires, canons, forteresses, pour n'importe quel objet se rapportant à l'armée, depuis 1871 jusqu'en 1914 ? Jamais. Jamais un centime de crédit ne fut refusé. Ceux qui ne les demandèrent pas, qui se refusèrent à les demander en ce qui concerne les forteresses et les canons, furent les généraux d'artillerie et du génie.

Autre argument, implacable et irréfutable : qu'on établisse parallèlement les totaux des milliards dépensés de 1871 à 1914 par la France et par l'Allemagne. Qu'ensuite on produise les résultats obtenus au 2 août 1914 : effectifs des armées, armement d'artillerie, état des forteresses. On verra de quel côté furent le gaspillage, le plus honteux gaspillage, l'incapacité, l'inertie, le laisser aller et le laisser faire.

Pauvre général Seré de Rivière ! Quand il s'occupait avec tant de soin et de talent d'assurer la défense de la patrie, quand il étudiait avec une si minutieuse et si remarquable compétence le tracé admirable des réseaux de forteresses qui devaient, si on l'eût compris et suivi, assurer l'inviolabilité du sol national, il ne se doutait guère de ce qu'un Joffre laisserait subsister de son œuvre, en quelles loques vermoulues ce généralissime politicien transformerait son plan grandiose. Certes, il ne se serait jamais douté qu'un jour on récompenserait cet étrange successeur par le bâton de maréchal de France, le bâton de Vauban, qu'un bluff inouï de politique, de coterie et d'arrivisme essaierait de l'imposer comme un homme de génie, lui et d'autres de même acabit ! Des caponnières dans les fossés, comme défense de Belfort ! Quel est le caporal, le plus humble caporal, le plus modeste soldat du génie, qui oserait proférer sans rire une pareille bourde ?

Avec des généralissimes et des grands chefs de grand état-major ne comprenant que l'offensive à bride abattue, le sacrifice monstrueux à la mode napoléonienne de 1809 à 1815, des généraux d'artillerie qui ne voulaient pas entendre parler d'un canon lourd, des officiers du génie qui ne voulaient pas de forteresses et ne connaissaient même plus la fortification de campagne, qu'est-ce que la France pouvait devenir ? Les morts, les centaines de mille morts et de prisonniers d'août 1914 sont là pour répondre.

CHAPITRE V

POURQUOI LA PREMIÈRE VICTOIRE DE LA MARNE
NE FUT PAS DÉCISIVE

Après les désastreuses batailles d'août 1914 se produisit la conséquence fatale, retraite précipitée sur toute la ligne, baptisée par les communiqués officiels et la presse officieuse du nom superbe et technique de « retraite stratégique ».

Dans la vie ordinaire, alors qu'il s'agit d'entreprises peu importantes, de faits insignifiants, il est rare qu'un homme avoue qu'il a échoué par sa faute, ou simplement qu'il a échoué. Son premier mouvement, fortifié d'ailleurs par la réflexion, le pousse à rejeter l'échec et la responsabilité sur ceux qui l'entourent et le servent. Peu importent la valeur, la portée des excuses et le choix des boucs émissaires. Transportez ce fait psychologique sur la scène grandiose des armées, et vous obtiendrez l'explication de la mentalité particulière aux généraux en chef après d'écrasantes défaites. L'imagination la plus fantastique, servie par l'aplomb, l'autorité du grade, la hauteur insolente du titre, ne connaît pas de limites. En fait d'exemples fournis par le passé, le plus inouï à citer est resté classique. C'est le discours de Napoléon, idole de nos généralissimes actuels, attribuant les désastres de la retraite de Russie, trois ou quatre cent mille morts, la ruine à peu près totale de la puissance militaire de la France, les dangers, les angoisses atroces qu'inspirait la situation, à « l'idéologie ». En pleine séance solennelle, réception du Sénat et du Conseil d'Etat, il proclama textuellement : « C'est à l'idéologie qu'il faut attribuer tous les » malheurs de la France » (1). L'excellent Thiers lui-même constate que les fautes, et surtout les grandes fautes, « ont pour » résultat d'ôter le sens à celui qui les a commises ».

(1) V. Thiers, t. III, p. 298, col. 1.

On aurait généralement pensé qu'après l'accès de demi-folie survenu à Napoléon, il n'y avait plus qu'à tirer l'échelle. Le G. Q. G. de 1914 perdit le sens encore plus que son idole. Celui-ci avait au moins découvert, inventé, l'idéologie. Le G. Q. G. ne trouva rien qu'un souvenir des cours d'histoire professés à l'Ecole de guerre. La retraite de douze jours à bride abattue, du 23 août au 3 septembre, l'abandon de la Belgique, d'une fraction de la patrie française, la perte immense en prisonniers, canons, matériel et ressources de toutes sortes, se transforma en « retraite stratégique », c'est-à-dire en une simple évolution de manœuvre. Le G. Q. G. plastronna avec ensemble, criant à tue-tête qu'il appliquait un des plus admirables principes de la stratégie napoléonienne, celui qui produisit les victoires de 1809 : « Prendre du champ et voir venir l'ennemi. »

Etant donné le parti pris dès le début et prouvé à Mulhouse, Dieuze, Morhange, Virton, Charleroi, le parti de l'offensive universelle, il est clair que la recherche du principe de 1809 ne constitue qu'un mensonge de plus. La retraite après les offensives manquées, après Charleroi, fut imposée non par l'application réfléchie d'un axiome de guerre, mais par l'inexorable fatalité des défaites.

Mais cette explication du principe de 1809 ne donne pas encore la mesure de l'exorbitante vanité affichée par les généraux vaincus et impuissants de 1914. Ne croyez pas que la retraite se produisit sans méthode. Nos fabricants de graphiques — je parle de nos états-majors — furent éblouissants de précision. N'allez même pas croire que ce merveilleux recul stratégique se produisit sans victoires. Relisez les communiqués et les feuilles officielles qui parurent à la fin d'août. Vous ne pouvez vous faire une idée des succès que les armées françaises ont remportés à cette date. Evidemment, on ne parle pas encore des « avances » et des « progrès ». C'eût été dépasser la limite de ce que la crédulité populaire permettait d'avaler. Mais, sauf cela, le bluff y règne en maître. On nous chanta que le 28 et le 29 août, au-dessous de Mézières, à Lannoy, Signy-l'Abbaye, Novion-Porcien, nos efforts clouèrent l'ennemi sur place. Combien de temps les Allemands restèrent-ils cloués ? Voilà ce qu'on oublie de nous dire. Mais le 29 et le 30, la bataille de Guise fut, paraît-il, une véritable victoire à notre actif. On insiste à outrance sur « d'éclatants succès partiels ». Résultat de ces éclatants succès et de ces victoires : le 2 septembre, les Allemands entraient à Chantilly, à 40 kilomètres de Paris.

Toujours le même système : noyer le lecteur ou l'auditeur dans un déluge de détails, qui n'ont aucune action sur l'ensemble de la manœuvre, qui ne signifient absolument rien. En dépit de ces arrêts locaux, l'infiltration allemande déborde et annihile les essais successifs de résistance.

Jusqu'à quand ? Juqu'à la première victoire de la Marne.

Avant que le général Bonnal n'eût révélé, dans son fameux article de *la Renaissance,* les initiatives énergiques, admirablement justes, du général Galliéni, avant qu'on n'eût connu également la résistance du général Sarrail aux ordres formels, écrits, répétés, lui prescrivant d'abandonner Verdun, il fut admis que le général Joffre et le G. Q. G. avaient seuls médité, ordonné et pratiqué la manœuvre qui aboutit à la première victoire de la Marne.

Depuis l'article de Bonnal s'est produit l'effondrement du mensonge, du bluff, du formidable bluff, et de tous les petits mensonges de détail qui essayèrent de sauver la légende.

Pour que le peuple français voie clair, il est utile de s'attacher à l'explication raisonnée de la haute stratégie, mais il est complètement inutile de rééditer les explosions de littérature sentimentale qui sont venues se greffer sur la manœuvre. Libre à un littérateur aux abois de se faire « tuyauter » par un technicien, et de se tailler un succès de librairie avec les plumes du paon. La vérité limpide suffit à notre œuvre. Ce qu'il faut, c'est que le peuple voie clair et soit mis à même de juger à fond la stratégie des généralissimes.

Quant aux documents, il était aussi parfaitement inutile d'y revenir après Bonnal. C'est un fouilleur de documents si net et si solide que ceux qui essayèrent de mordre sur le bloc de ses textes y usèrent leurs dents, leur envie et leur aveugle haine. La preuve est faite que Joffre et le G. Q. G. n'ont rien compris à la situation, rien imaginé, rien découvert, rien inventé, qu'ils n'ont fait que suivre de force l'initiative de Galliéni et, d'autre part, que tolérer, également de force, la résistance de Sarrail.

Appliquons à la manœuvre notre méthode objective et discutons à fond.

Le 2 septembre, les Allemands sont à Chantilly. La question qui se pose est de savoir si von Klück va continuer sa marche sur Paris, ou s'il restera étroitement lié avec les autres groupes d'armées allemandes, pour aboutir à l'encerclement des armées françaises, à leur défaite irrémédiable, leur capture ou leur mise hors jeu après un total écrasement. Plusieurs auteurs ont émis

l'opinion que von Klück hésita à poursuivre la marche directe
sur Paris, et l'approuvent d'avoir reculé devant cette opération
pour le motif suivant : d'après ces auteurs, il aurait commis
une grave imprudence en venant se heurter contre le camp
retranché de Paris, organisé par le général Galliéni, et contre
les excellentes troupes commandées par le général Maunoury.
Ces auteurs insistent en nous montrant à peu de distance les
armées françaises intactes, nullement entamées.

Vous voyez le tableau — d'après ces stratèges — un camp
retranché incomparable, achevé, une armée (Maunoury) toute
prête à l'attaque, et, non loin de là, les armées de Joffre (celles
de Dieuze de Virton, de Charleroi) parfaitement intactes ! Les
défaites, la hâte de la retraite, les pertes, le nombre énorme de
prisonniers, ces couleurs sombres ont disparu du tableau. Evidemment, dans de telles conditions, von Klück eût été fou de se
jeter sur Paris !

Mais ces conditions étaient-elles remplies ? Le malheur, pour
l'hypothèse en question, c'est que l'explication est fausse depuis
A jusqu'à Z. Le camp retranché était si peu achevé le 3 septembre 1914 qu'en réalité il ne l'a jamais été, qu'étant donnée
la mentalité de nos généraux d'artillerie et du génie, il ne pouvait l'être, pas plus au 3 septembre que dans la suite des temps.
Pour qu'il pût l'être, il eût fallu changer les chefs, bouleverser
leurs méthodes, ce qui n'eut jamais lieu, à aucun moment de la
guerre. Certes, on travailla. De fort honnêtes gens s'en occu-
pèrent avec zèle et firent de leur mieux. Mais quant à prétendre
que ce camp retranché eût été capable de s'opposer aux masses
allemandes, aux formidables engins dont elles disposaient, surtout à la date du 3 septembre 1914, quant à soutenir que Paris
eût résisté avec le petit nombre et la faible portée des canons
dont la défense était munie à cette époque, il n'est pas un seul
officier qui puisse affirmer une telle absurdité, à moins qu'il ne
parle par ordre, pour obéir à une consigne formelle.

La vérité, c'est que Paris se trouvait à la merci de la première
attaque violente non seulement brusquée, mais poussée à fond.
C'est précisément parce que le général Galliéni conçut la seule
manœuvre capable d'esquiver le danger de cette attaque qu'il a
droit à l'admiration des hommes de guerre, à la reconnaissance des Français. Il eut encore d'autres mérites, mais celui-là,
à lui seul, suffirait pour immortaliser sa mémoire.

Par quelle étrange contradiction, par quelle incohérence, le
G. Q. G. ose-t-il faire soutenir par certains de ses avocats que

la capitale eût résisté au choc ? Comment ! d'une part, il pose
en principe indiscutable que la fortification n'existe plus, que
le canon en est maître, que des places fortifiées, parfaitement
organisées, approvisionnées, comme Metz et Strasbourg, n'auraient jamais tenu — si on les avait attaquées (?) — et, d'autre
part, parce qu'il s'agit de couvrir une de ses multiples erreurs
dans l'organisation et la préparation de la défense, il oserait
prétendre que Paris, démuni d'artillerie lourde, sans approvisionnement, presque sans munitions, avec des vieux remparts
datant de Louis-Philippe et des forts soi-disant modernes qui
étaient déjà passés à l'état de débris préhistoriques, eût résisté
aux obusiers allemands ! Cette plaidoirie ne résiste pas à l'examen.

Le fait indiscutable qui prouve l'évidence de ma dialectique,
c'est la fuite immédiate, éperdue, du gouvernement et de la
population, l'exode des gouvernants et des Parisiens en masse
à travers les provinces ébahies et terrifiées. Ah ! les mandarins
civils n'y ont pas été par quatre chemins. Ils ont filé jusqu'à Bordeaux. Reconnaissons d'ailleurs que si le gouvernement avait
totalement manqué de perspicacité, d'énergie, de vigueur, dans
la préparation de la guerre, par contre il développa des qualités
inouïes d'intelligence spéciale et de soins minutieux dans la
fuite. S'il n'avait guère songé autrefois à organiser, munir, sauvegarder les armées françaises, il n'oublia, au 3 septembre,
aucun des objets précieux si chers à ses jouissances et à ses
vices. Le gouverneur militaire de Paris veilla à fournir d'auto-
mobiles, de moyens de transport et d'ordonnances en uniforme
jusqu'aux pensionnaires de l'hospitalière maison qu'on appelait
autrefois la maison de Molière, et qui depuis...

Fort heureusement pour nous, le G. Q. G. allemand commit
une faute analogue à celle qu'avait commise le G. Q. G. français
et que nous avons signalée. Il s'absorba dans l'exagération des
méthodes scolaires de la guerre, dans l'admiration des dogmes
fatidiques professés à l'académie de Berlin, dans le formalisme
étroit poussé jusqu'à la dévotion. Pendant que nos généraux en
chef rabâchaient la manœuvre d'Abensberg, le souvenir vieillot
et pénible de 1809 : « prendre du champ et voir venir l'en-
» nemi », les feld-maréchaux allemands radotaient avec non
moins d'entrain sur un des principes de Clausewitz préconi-
sant, par-dessus tout, la destruction des forces armées et organisées de l'ennemi. On comprend les compliments que le maréchal Joffre et von Klück se sont décernés dans la suite des

temps les éloges gracieux, les bouquets de fleurs qu'ils se sont envoyés par la voie de la presse officieuse après le traité de Versailles, leurs congratulations réciproques sur leur génie militaire. Certes, ils furent exactement à la même hauteur intellectuelle à la date du 3 septembre 1914. Pendant que Joffre poursuivait la retraite indéfinie, lançait des ordres répétés pour l'abandon de Verdun et de la Marne, projetait son établissement derrière la Seine, en attendant la Loire, criait textuellement que Paris « était une ville comme les autres », — toutes formes d'ineptie indiscutables, — son antagoniste von Klück abandonnait la proie pour l'ombre et lâchait Paris pour obéir à un aphorisme posthume de Clausewitz.

Excellent, Clausewitz, mais quand on sait le comprendre, le mettre au point, séparer le bon grain de l'ivraie, l'entêtement et la morgue brutale du professeur des principes logiques et des vérités du bon sens. Chez Clausewitz, comme chez Napoléon, comme dans tout système militaire, il y a de l'excellent... et du détestable. Méfions-nous toujours d'un principe dogmatique, vrai dans son essence, mais soumis aux nécessités de la vie, aux évolutions du mouvement, aux circonstances; méfions-nous des dangers que risque de provoquer la transformation de ce dogme en loi sacro-sainte et intangible, en création pontificale. C'est l'application littérale des principes de Clausewitz qui perdit l'armée allemande. Les dogmes ne présentent aucun rapport avec les vérités éternelles de la logique et du bon sens.

Certes, la crainte des redoutables (?) retranchements organisés dans le camp de Paris, la terreur inspirée par l'armée Maunoury, ne furent pour rien dans la détermination du G. Q. G. allemand. Sur ce point, nos bourreurs de crâne et stratèges en chambre se sont lourdement trompés. En plus des raisons déjà fournies, nous devons faire valoir que les Allemands, s'ils se fussent inspirés du bon sens et non du texte de Clausewitz, eussent facilement évité tout danger pouvant provenir de Paris en protégeant leur flanc droit par deux ou trois corps solidement postés, sur un terrain repéré, fortifié, muni d'artillerie lourde. Or, bien au contraire, la rapidité de marche pour aboutir à l'enveloppement des armées de Joffre en retraite fut la seule directive du G. Q. G. allemand. Il prescrivit une marche enveloppante, sorte d'immense conversion vers le sud-est, conversion où la gauche allemande, située dans la direction de Verdun, représentait le pivot, et la droite, dirigée par von Klück, l'aile marchante.

Inutile de discuter la version des littérateurs parlant d'après d'autres mots d'ordre que ceux déjà cités, — les mots d'ordre, à cette date, se succédaient comme les coups de fusil d'un tir à volonté, — version qui concluait à l'ignorance absolue des Allemands concernant l'armée Maunoury. Les Allemands étaient mieux renseignés que ne le supposent ces littérateurs. Ce qui est certain, c'est qu'à moins d'être devenus subitement fous, les dirigeants du G. Q. G. allemand devaient supposer que Paris n'était pas absolument dégarni de troupes.

L'erreur allemande consiste nettement dans une erreur de haute stratégie. Ils savaient que nos principales forces organisées se trouvaient sous les ordres de Joffre. Ils savaient par l'expérience de tous les jours, par les prisonniers et les canons qu'ils ramassaient à chaque pas, que celui-ci poursuivait, accélérait la retraite. Par suite, eux-mêmes s'acharnaient dans la poursuite, pour envelopper et détruire la principale force de l'adversaire, ce qui représentait la stricte obéissance au principe de Clausewitz, principe appris par cœur.

Ce dont les Allemands ne se doutaient pas, c'est qu'il se trouvait un général français capable d'initiative, de résistance aux ineptes doctrines du G. Q. G. français, aux ordres du généralissime Joffre, c'est-à-dire d'une initiative tellement rare dans les rangs de l'état-major tel qu'il était formé, instruit et dressé, que je n'hésite pas à la qualifier de géniale. C'est de Galliéni que je parle. Nous ne devons pas oublier d'ailleurs qu'à Verdun le général Sarrail opposa une résistance absolue aux ordres de retraite, que là encore se produisit une heureuse désobéissance qui vint puissamment en aide à l'initiative de Galliéni. Mais pour être absolument impartial, rigoureusement juste, nous devons attribuer le principal honneur de la manœuvre et du triomphe à l'attaque sur l'Ourcq, donc à Galliéni. Il est évident en effet que, si l'attaque sur l'Ourcq ne s'était pas produite, le général Sarrail n'eût pas disposé de forces suffisantes pour tenir seul, et que, pour éviter l'encerclement, il eût été contraint à suivre la retraite générale des armées de Joffre.

La question envisagée dans son ensemble, dans l'immensité de la synthèse, apparaît très claire. Les Allemands, considérant que les armées de Charleroi étaient disloquées, à moitié anéanties, voulurent les achever par un choc suprême. Dans tous les cas, ce qui est certain, vu la direction de la retraite conduite par le généralissime Joffre en personne, c'est que l'ennemi n'envisagea même pas une seconde la possibilité d'une désobéissance au plan déterminé par le G. Q. G. français. Les Allemands songèrent aux surprises que les troupes de Galliéni leur réservaient le lendemain du jour où se produisit l'attaque sur l'Ourcq, mais pas avant. Ils supposèrent évidemment qu'une fois les armées de Joffre mises hors jeu, détruites ou encerclées, il leur serait extrêmement facile de se retourner vers Paris, de détacher une ou deux armées dans cette direction, que l'entrée dans la capitale française ne représentait plus qu'une marche de parade, sans aucun danger. Ils y comptèrent comme sur une conséquence inéluctable de leur victoire en rase campagne.

Aucun rapport à établir entre la justesse de l'attaque de flanc déclenchée par Galliéni et la fausseté des attaques analogues rêvées par MM. Maitrot, Ruffey et autres stratèges au début de la guerre vers les Ardennes ou le Luxembourg. La raison en est bien simple. Au mois d'août, les Allemands n'étaient fixés par personne et nulle part. Quel qu'ait été l'héroïsme de l'armée belge, il est impossible de considérer que sa résistance fixait les énormes effectifs allemands. Impossible, vu ces effectifs et le terrain, de songer à les fixer. Au 3 septembre 1914, au contraire, ce sont les Allemands eux-mêmes qui se fixent par leur offensive contre les armées de Joffre. D'eux-mêmes, ils prêtent le flanc à l'attaque, ils viennent s'enferrer sur l'épée de l'adversaire. Seulement il fallait le comprendre. C'est ce que n'ont pas fait le G. Q. G. et le chef nominal Joffre. C'est ce qu'a fait Galliéni.

Nous sommes forcés d'insister sur l'erreur des Allemands, qui fut aussi celle du haut commandement français (1). Paris, quoi qu'aient ressassé les manuels de guerre, les cours d'école et d'académie, les professeurs théoriques, les examinateurs triés sur le volet et exécutant la consigne napoléonienne de MM. les académiciens Joffre, Foch et Pétain, Paris n'est pas « une ville » comme les autres ». Comme nous ne voulons pas embrouiller les problèmes, nous ne traitons pas du tout la question de savoir si cette prépondérance énorme de Paris dans l'existence de la patrie, dans la vie du peuple français, constitue un bien ou un mal. Cette discussion-là est en dehors de notre cadre, et nous ne l'esquisserons même pas. Le fait existe, voilà tout ce qu'on en peut dire ici. L'intelligence psychologique du haut commandement français et du haut commandement allemand, qui se valent sur ce point comme sur tant d'autres, éclate aux yeux

____

(1) Je ne parle pas encore de la faute capitale. La discussion essentielle viendra à son heure.

de tout homme de bon sens et doit être signalée, puisque je veux transformer les méthodes actuelles de guerre. Il est faux, absolument faux, de prétendre que la prise de Paris, son occupation par l'armée allemande, n'eût déterminé aucun événement sensationnel dans la guerre. C'eût été la catastrophe finale pour notre malheureuse patrie. Au point de vue moral, politique, financier, économique et militaire, la question ne se discute même pas. Maîtres des incalculables richesses de la capitale, les Allemands eussent dicté les conditions qui leur eussent plu. Nos arsenaux étaient vides, nous ne possédions même pas de quoi armer ni habiller nos réservistes. La conquête des côtes, depuis Calais jusqu'au Havre, n'eût pas demandé un mois. En quel terrain la bataille eût-elle désormais assuré la moindre espérance ? La lutte sur les bords de la Loire ou dans le plateau central n'eût constitué qu'un soubresaut d'agonie.

Si le G. Q. G. allemand avait médité la situation exceptionnelle de Paris, but géographique pour les stratèges superficiels et les copistes de mémoire, but profond et définitif pour les esprits réfléchis, si von Klück eût continué sa marche logique sur la capitale, laissant aux autres armées allemandes le soin de marcher sans perdre de temps, mais sans compromettre leurs approvisionnements, l'arrivée de leurs parcs de munitions, de leur artillerie lourde, sans affaiblir la liaison solide entre les armées et, de plus, avec les services de l'arrière, en sacrifiant au besoin la rapidité de la marche à la sûreté de la manœuvre, si les corps de von Klück eussent manœuvré Paris et l'armée Maunoury, dès le 3 septembre — n'oublions pas que, le 2, ils se trouvaient à Chantilly, — la situation eût été transformée radicalement. Evidemment, il restait l'aléa d'une bataille, mais (nous nous plaçons ici au point de vue objectif, nous substituant au G. Q. G. allemand) cette bataille eût été livrée dans des conditions infiniment moins pénibles. Au lieu d'une surprise éclatante, d'une attaque foudroyante sur le flanc droit, attaque où l'artillerie de campagne française obtint d'admirables résultats avec le 75 contre le 77 allemand, au lieu de subir une menace sur les communications, une rupture avec les services de l'arrière, ravitaillement et parcs, les masses de von Klück eussent conservé les avantages considérables résultant de l'initiative prise par elles, initiatives de l'attaque, des points choisis, des positions repérées. A supposer que la première offensive brusquée n'eût pas réussi d'emblée, la supériorité ultérieure, qui eût résulté des apports d'artillerie lourde et des formidables obusiers, eût assuré la suprématie de von Klück. Dans tous les cas, ce n'était pas la surprise, élément inouï de succès à la guerre. Ce n'était donc pas la défaite honteuse ni le recul. C'eût été la bataille.

Notons avec insistance, pour que la question soit nettement éclairée, que la première bataille de la Marne fut livrée par les Allemands dans des conditions détestables pour eux, sur toute la ligne, attendu que leurs principales qualités se trouvèrent annihilées. Au lieu de lutter sur des positions reconnues à l'avance, repérées et fortifiées, munies d'une puissante artillerie de position, les masses germaniques furent contraintes de subir le choc français sur des terrains à peu près inconnus, en butte à une artillerie manœuvrière excellente, d'une supériorité écrasante en rase campagne. Le G. Q. G. allemand commit la faute immense de vouloir moissonner avant d'avoir achevé les semailles. Il se crut tellement fort, tellement maître de la situation, qu'il en perdit la vision nette des faits et accumula les fautes. Sa directive eût dû être : continuation de l'action offensive par von Klück sur Paris, par les autres armées contre les armées de Charleroi, maintien étroit des liaisons sur une ligne oblique de Paris à Verdun, offensive enveloppante sur la capitale, bombardement intensif, rupture des communications et voies ferrées autour de Paris, d'autre part, marche prudente et sans rien compromettre jusqu'à Verdun.

Nous devons aboutir à la détermination des trois éléments qui dominent l'épopée de 1914-1918.

1° La valeur psychologique des peuples en présence : d'une part, l'envahisseur, le soldat allemand, organisateur patient et méthodique, mais impropre à la guerre d'initiative et de surprise, s'efforçant d'y atteindre, mais apportant dans ce système la lourde et lente empreinte de sa race, ne supportant pas d'être bousculé ou hâté, maladroit dès que la rapidité des combinaisons le déroute et l'arrache à ses habitudes ; d'autre part, en face de l'envahisseur, l'instrument principal de la résistance, le soldat français, enflammé de courage, essentiellement combatif, de courage vif et hardi, pétri d'héroïsme, souple, intelligent, capable des initiatives les plus étourdissantes, instrument admirable dans les mains d'un Turenne, d'un Villars, d'un Hoche, d'un Davout, merveilleusement discipliné quand le grand chef le comprend et l'aime, mais doué d'un esprit critique et frondeur qu'explique justement sa qualité d'initiative, prompt à se décourager et à se rebuter quand il se sent mal guidé, étouffé, brutalisé dans son élan et l'essor de ses forces par le formalisme étroit et la routine, exaspéré par la discipline hautaine et arrogante des castes et des coteries, l'égoïsme féroce, l'insolence haineuse des arrivistes. Par ce tableau, où rien n'est outré, vous comprenez la physionomie générale de la guerre, ses incidents, ses contradictions, ses lenteurs, ses étranges résultats. Ces résultats, si médiocres qu'ils soient, vous ne les obtenez avec le soldat français conduit maladroitement qu'au prix de sanglants sacrifices, hors de toute proportion normale. Encore, dans ce cas, est-il besoin que son courage se retrempe par les arrivées successives des alliés.

2° Nous arrivons au deuxième élément : les alliés. Les peuples comprennent d'instinct qu'il s'agit de l'esclavage définitif sous la botte allemande, et se portent au secours de la France, en 1914, au moment de la première bataille de la Marne. Malheureusement, l'effort est-encore très insuffisant. La Belgique est à moitié écrasée, l'Angleterre n'est pas prête. Toutefois, en dehors des premiers renforts de l'armée régulière, l'Angleterre jette dans la balance les ressources matérielles de toute nature sans lesquelles la partie serait perdue dès le 15 septembre. Quant à la Russie, grâce à son administration vénale, à l'incapacité de ses ministres et généraux en chef, dont pas un n'ose dire la vérité, résister à la servilité, à l'abjection du régime tzariste, elle se débat contre une impréparation aveugle et continue. Les hommes affluent, le matériel manque. Cependant, sa première offensive, dès le 17 août 1914, force les Allemands à faire revenir des troupes du front occidental sur le front oriental. Les Russes sont battus, mais énergiques en dépit de la honteuse pénurie de l'organisation impériale, ils se reportent en Galicie et fixent les masses autrichiennes. Au point de vue moral, cet élément, les secours des alliés, produit un effet immense sur le combattant français.

3° La troisième donnée, qui nous est indispensable pour comprendre la guerre dès le début, c'est la puissance matérielle, ce que l'on a baptisé « l'industrialisation ». En raison des fréquentes allusions faites ci-dessus, nous n'y insisterons pas. Supériorité écrasante de l'Allemagne, France et Russie à peu près sans ressources, Angleterre seule de taille à lutter, mais ne devant fournir que plus tard, beaucoup plus tard, le plein de l'effort utile et nécessaire : tel est le bilan en septembre 1914.

La bataille de la Marne s'illumine par l'examen de ces données. Si le G. Q. G. allemand avait été de taille à les comprendre, s'il eût joué la partie en se basant sur sa puissance matérielle et les qualités naturelles de ses hommes de troupe, avec une patience méthodique, il eût gagné la partie. En marchant pas à pas, il restait maître. En voulant exécuter un saut périlleux de haute école — l'école de Clausewitz, — il est tombé à plat.

Ah ! c'est une rude leçon pour les « grands chefs » qui s'imaginent que tout doit être ramené à eux, qu'ils sont le centre, le nombril du monde. Par le fait écrasant, ils purent constater combien ils sont peu de chose dès qu'ils veulent outrepasser les lois de la nature et de la raison logique (1).

En ce qui concerne l'initiative personnelle de Galliéni, le G. Q. G. français et le maréchal Joffre se sont efforcés de faire croire qu'ils avaient conçu quelques velléités d'attaques antérieures ou simultanées. Ce fut d'ailleurs leur préoccupation dominante, et par ricochet celle de leurs avocats, que de tenter l'absorption, l'assimilation, l'exploitation des différentes idées originales qui se produisirent au cours de la guerre. Evidemment, quand il s'agit, non plus de corps d'armée ni d'armées, mais de groupes d'armées, d'immenses effectifs, répartis sur une immense étendue, étant donnée la multiplicité des ordres, il est toujours facile d'en retrouver un ou deux dans le tas qui se rapportent à une notion d'offensive. L'aplomb du G. Q. G. permet de les agiter avec fracas. Mais s'il s'agit de savoir quel est le seul homme de guerre qui conçut l'idée de foncer sur la droite des armées allemandes pendant qu'elles étaient fixées sur leur front : ce fut Galliéni.

Comme nous n'examinons que les faits d'ensemble, les directives des généralissimes, nous devons nous demander si les mouvements tactiques exécutés par les armées des généraux Foch, de Langle de Cary, Franchet d'Espérey, méritent qu'on insiste pour s'extasier. Non. Il ne s'agit là que de manœuvres de second ordre, tactique banale du champ de bataille. Ce sera plus tard une occupation intéressante pour les jeunes officiers qui voudront apprendre le maniement des corps d'armée et armées sur un espace restreint. Ce n'est pas du tout l'objet de notre étude actuelle. Il y a d'autant moins lieu d'insister qu'il n'est pas un seul des mouvements tactiques exécutés par les généraux Foch, d'Espérey et de Langle qui constitue la moindre nouveauté. Le fait de contre-attaquer au cours d'une retraite,

____

(1) V. à cet égard la fausseté des *Principes de Foch*, pp. 195 et suiv.

de puiser dans ses réserves, au cas où l'affaire prend mauvaise
tournure, pour jeter à l'improviste un corps d'armée sur la
direction qui relie l'ennemi à ses voisins ou à ses parcs, ce fait
s'est présenté mille fois avant que les chefs ci-dessus désignés
ne vinssent au monde. Ils n'ont fait qu'obéir à un ordre général
du G. Q. G., n'ont par conséquent affirmé aucune initiative, aucune responsabilité, aucune intuition supérieure ou contraire
aux ordres reçus. Ces généraux furent des exécutants. Rien de
plus.

L'héroïsme des soldats se maintint incomparable. A peu près
sans vivres, — car l'intendance française, fidèle à ses principes
et à ses habitudes, révéla la plus monstrueuse incurie, — obligés, pour subsister et marcher, de déterrer dans les champs
quelques légumes crus, presque sans munitions, épuisés d'a-
vance par une longue et dure retraite, ces pauvres simples soldats trouvèrent dans leur énergie personnelle, leur souple et
vive intelligence, dans leur cœur, les ressorts secrets d'une
endurance inouïe, d'un courage merveilleux, aussi pur, aussi
sublime qu'aux époques les plus mémorables de l'histoire. L'infanterie française fut la première au sacrifice. Qu'elle soit la
première à l'honneur.

Les horribles fatigues qu'endura cette infanterie, fatigues
qu'un haut commandement à hauteur de sa tâche eût évitées en
grande partie, fournirent à nos « grands chefs » l'explication
rêvée pour pallier l'arrêt brusque dans la victoire. Ainsi le
G. Q. G. français ne comprit rien à la manœuvre d'ensemble,
subit simplement l'initiative de Galliéni qui s'imposa par son
énergie et la profonde justesse de ses vues, laissa l'intendance
poursuivre ses méfaits, ses inepties séculaires, et en fin de
compte, quand les Allemands firent front et arrêtèrent la poursuite, s'en tira par une excuse à la portée de toutes les intelligences. « Les Allemands, nous racontèrent les communiqués
» et les articles inspirés par le G. Q. G., les Allemands auraient
» peut-être été chassés sur l'heure des positions presque inex-
» pugnables préparées à l'avance, si l'élan victorieux de nos
» troupes avait pu se maintenir; mais elles étaient épuisées de
» fatigue. »

A qui la faute si nos troupes étaient épuisées de fatigue ?
Depuis le 2 août 1914, qui donc a lancé les ordres de marche,
changements de direction, interversion des troupes, interminables stationnements l'arme au pied et sac au dos, ordres et
contre-ordres incessants ? Qui donc a donné les ordres à l'inten-

dance ? Qui l'a surveillée ? Quels chefs continuèrent à appliquer le principe cher à Napoléon : « La misère est l'école du bon » soldat » ? Qui l'a rassasié de misère jusqu'à ce qu'il en tombe et qu'il en meure ? Quels généraux ont outrepassé la limite des forces humaines et de la nature ?

Mais cette faute, qui restera pendant toute la campagne la tare ineffaçable du système napoléonien, du système Foch-Pétain, comme dirait M. Painlevé, n'approche pas encore de la faute stratégique qui fut commise et limita forcément l'élan victorieux imprimé par Galliéni.

Avant d'exposer cette faute, mentionnons d'abord une erreur tactique. Il est indéniable que l'action irrésistible d'une masse de cavalerie surgissant dans un élan de surprise sur le flanc des colonnes allemandes ne transforma pas leur retraite en déroute. Ou la cavalerie manquait — faute de prévoyance — ou le haut commandement ne sut pas s'en servir. Où donc était cette cavalerie ? Derrière les trains de combat ou les trains régimentaires ? Peut-on s'en étonner quand on connaît le dédain avec lequel les états-majors d'artillerie et du génie parlent de l'action utile de la cavalerie ? Ils ne savaient même pas se servir de l'infanterie autrement que comme aliment de massacre et de sacrifice. Comment auraient-ils su jouer des actions de surprises foudroyantes et de choc qu'aurait pu produire une masse à cheval ? Aux yeux de nos artilleurs, le canon de 75 ne constituait-il pas le seul instrument utile de combat, le seul digne des apothéoses de la victoire ?

Mais la faute stratégique est encore infiniment plus grave. Si le haut commandement avait su prévoir la bataille de la Marne, si cette victoire eût été la conséquence logique de mouvements préparatoires, de manœuvres préalables, il en serait résulté que la puissance déterminante de cette sage prévision et la suite logique de ces mouvements auraient produit un résultat décisif. Mais comme la bataille ne fut permise que par une immense faute de l'ennemi, comme après l'initiative, l'heureuse et géniale initiative de Galliéni, le haut commandement reprit en mains la direction d'opérations qu'il n'avait ni devinées ni comprises, il était bien évident que, dès que l'adversaire vaincu serait en mesure de réparer sa faute, les effets de la victoire s'arrêteraient. Les Allemands s'aperçurent de leur faute, assurèrent la liaison étroite de leurs armées, firent front sur l'Aisne, et la victoire ne put libérer la France du Nord et de l'Est des souillures de l'invasion.

Les renforts ne manquaient pourtant pas, mais le G. Q. G. manqua d'énergie dans la violence nécessaire.

De plus, sur quel point fit-il agir le peu de renforts qu'il essaya de manier ?

Ici la faute se précise et s'accentue. Les critiques officiels se sont pâmés sur la merveilleuse course à la mer jusquà Dixmude et Nieuport. Eh bien, en stratégie comme en toutes les affaires du monde, il faut d'abord voir le principal. Après, on regarde à l'accessoire. Le principal consistait à ne pas laisser les Allemands reprendre haleine et faire front, surtout dans la région qui s'étend du camp retranché de Paris jusqu'aux positions si solides, si rudes à enlever, jalonnées sur nos cartes de forts, vers Laon et jusqu'à la Fère.

Ces positions formidables, si lamentablement oubliées par le grand état-major et celui du génie au début de la guerre, qui nous avaient si peu aidés dans la retraite de Charleroi sur la ligne de Paris-Verdun, devaient être reprises coûte que coûte. C'est là que la partie capitale devait se jouer, et non pas dans la fameuse course jusqu'à Nieuport.

Si le généralissime eût dirigé ses renforts sur les axes Epernay, Reims, Rethel-Soissons, Craonne, Laon-Compiègne, Noyon, la Fère, toutes les positions des Allemands eussent été rendues intenables à l'est et à l'ouest de la traversale Reims-la Fère, et la partie suprême était gagnée.

Mais, dira-t-on, les Allemands auraient enveloppé notre gauche.

Puisque notre haut commandement disposait d'armées suffisantes pour garnir l'interminable ligne de Compiègne à Nieuport, il disposait évidemment de forces assez nombreuses pour flanquer notre gauche sans affaiblir le coup de massue sur le centre.

J'irai plus loin. Puisque ce n'était qu'une question de chiffres, il fallait préparer la reprise d'offensive, et demander au ministre de la guerre l'envoi immédiat des centaines de mille hommes qui traînaient leurs guêtres sur les trottoirs de nos garnisons du centre, de l'ouest et du sud.

Est-ce que par hasard on n'avait pas le moindre habillement, pas le moindre fusil à leur mettre en main ?

Mais le chiffre seul des forces engagées de Compiègne à Nieuport indique que le G. Q. G. disposait d'assez de monde pour reprendre les forts de Reims, Laon et la Fère.

Il fallait sacrifier tout le reste. Qui veut trop garder ne garde rien, et qui veut être fort partout ne l'est nulle part.

J'irai plus loin encore. La course à la mer représente une formidable erreur stratégique. En voulant envelopper la droite allemande, alors qu'il laissait le centre et la gauche ennemis s'installer formidablement sur des positions essentielles, le G. Q. G. a commis une lourde faute de principe. On ne manœuvre un ennemi qu'après l'avoir fixé. Par la seule raison que les positions de l'ennemi au centre et à l'est n'étaient pas abordées avec une vigueur décisive, le général Joffre devait bien penser que les Allemands restaient libres de jeter les renforts qui leur paraîtraient utiles pour garantir leur droite. C'est précisément ce qu'ils firent, et c'est pourquoi la première bataille de la Marne n'aboutit pas à une victoire décisive.

CHAPITRE VI

LA STRATÉGIE DU HAUT COMMANDEMENT FRANÇAIS. —
SA MONOTONIE. — SON IMPUISSANCE

La manœuvre offensive sur la Fère, Laon et Rethel non comprise par le haut commandement français, la guerre d'usure commença. Pourquoi ? Parce que les Allemands l'imposèrent et que nos généraux en chef la subirent, que pas un ne fut capable de concevoir la manœuvre mondiale qui eût terminé la guerre au plus tard en 1916. Inutile de définir la guerre d'usure. Le monde entier en a été saturé. Essayons seulement de caractériser les essais de stratégie ébauchés par nos généralissimes successifs.

D'abord, leurs principes : « Nous les grignotons », disait le général Joffre. Qu'est-ce que cela pouvait bien vouloir dire ? Se peut-il qu'on découvre jamais une conception plus absurde, plus mensongère, enfantine, plus misérable de la guerre ? Que dire du gouvernement qui l'a acceptée, qui l'a faite sienne, et du peuple qui l'a subie ? Que dire des critiques militaires qui l'ont admirée ? On ne « grignote » pas un ennemi qui est installé chez vous, dans vos villes les plus commerçantes, industrielles, riches, qui déménage vos usines, vos machines, vos approvisionnements de laine, coton, fer, outils, vos meubles, qui use de vos propriétés pendant quatre ans comme d'un bien personnel, s'attribuant les récoltes, mines, charbon, bestiaux, fruits de la terre, qui, en maints endroits, bouleverse le sol de telle sorte que la terre cultivable disparaît sous les sables, les pierres et la portion inutilisable, qui détruit jusqu'aux arbres, les coupe au ras, qui s'installe dans vos foyers, les souille à plaisir, flétrissant par l'attraction brutale de la force les femmes, jusqu'aux enfants, qui règle la vie des populations comme les barbares, au temps des grandes invasions, réglaient le sort des vaincus, par un esclavage abject, qui force, au xxᵉ siècle, les Français et les Françaises à travailler sous le bâton, mesurant le pain des tout petits aux complaisances ignobles des mères.

Et il s'est trouvé des hommes, se prétendant des hommes de guerre, qui ont préconisé cette méthode de « grignotage ». Il s'est bien trouvé d'ailleurs des humanitaires pour refuser de croire à la botte et à la trique allemandes ! Est-ce que par hasard l'intelligence et la virilité françaises seraient frappées de la plus honteuse décadence ? Est-ce que les pertes immenses, la disparition des éléments les plus forts de la race à la suite des guerres du premier Empire et à la suite de celle-ci, est-ce que ces monstrueuses saignées auraient affaibli les cerveaux français, paralysé les réflexes intellectuels et les battements du cœur ?

Les témoignages de nombreux parlementaires, appartenant aux partis les plus divers, me permettent d'affirmer que ce n'est qu'à la suite de ma première pétition légale (15 mars 1915) (1) que le Parlement commença à réfléchir, à ouvrir les yeux sur la prétendue infaillibilité des techniciens militaires. Malheureusement, ce ne fut encore que longtemps après que M. Etienne, envoyé en mission diplomatique au grand quartier général, pria le général Joffre de « grignoter » les Allemands de plus loin, qu'il lui offrit la résidence de Paris, résidence dorée et pourvue de tous les adoucissements nécessaires à la haute situation de l'inoubliable « grand-père ». Officiellement, le titre et le rôle exact de généralissime restèrent enveloppés d'un nuage mystérieux, le nuage sacré qui dérobe les divinités de l'Olympe aux réflexions impies des mortels. D'ailleurs, cette velléité d'énergie du gouvernement n'eut pas de suite sérieuse. Les généraux en chef restèrent libres de faire durer la guerre au petit bonheur, se contentant de profiter du sacrifice sanglant de quelques centaines de mille hommes pour accroître leurs privilèges, grades, honneurs, soldes de guerre et bénéfices divers.

Constaterons-nous, depuis le début jusqu'au 18 juillet 1918, le moindre mouvement stratégique, la moindre initiative heureuse, efficace, dans les opérations conduites par les successeurs du maréchal Joffre, les généraux Nivelle, Pétain et Foch ? Si nous parlons sérieusement, non pas à la façon des communiqués officiels et des bluffeurs, mais d'après les chiffres, les actes, les faits authentiques, qu'est-ce que les armées françaises et le salut de la patrie ont gagné, réalisé de gains réels, positifs, de sécurité confiante après les deuxième (8 mai-18 juin 1915) et

---

(1) Le premier parlementaire qui déposa ma première pétition sur le bureau de la Chambre, et m'en informa par lettre personnelle, fut le député du Calvados, Jules Delafosse, et pourtant, au point de vue politique....

troisième bataille d'Artois (début 25 septembre 1915), batailles voulues, organisées, préparées, commandées, suivies depuis le début jusqu'à la fin par l'homme de guerre auquel la foule naïve a décerné les couronnes du génie, du triomphe et de la victoire, le général Foch ? Sa deuxième bataille d'Artois a coûté à elle seule 121.000 morts, disparus ou prisonniers sur le terrain, 13.000 morts aux hôpitaux de la zone des armées, 9.000 morts aux hôpitaux de l'arrière, soit au total 143.000 morts ou disparus, et, de plus, 306.000 évacués.

Voilà 449.000 hommes qui ont disparu ou souffert à cette seule bataille. Pourquoi ? Pour quel résultat ? Pour rien. Qui commandait ? Foch.

Quelle fut sa proclamation ? « Messieurs, dit-il aux officiers » généraux et supérieurs réunis pour entendre sa parole sainte, » dans trois jours la guerre de mouvement commence. La » guerre de tranchées est finie. »

C'était au printemps de 1915 ! Et voilà le chef militaire auquel on reconnaît un génie guerrier ! Que dire des autres ?

Pour sa troisième bataille de l'Artois, le ministre de la guerre, qui lutte de finesse et au besoin de truquage avec le G. Q. G., a joint les chiffres à ceux de la deuxième bataille de Champagne. Celle-ci fut commandée par le général de Curières de Castelnau. Si le maréchal Foch peut s'appeler l'aigle de l'Ecole polytechnique et de l'Ecole de guerre, le général de Castelnau a droit de s'appeler l'aigle du G. Q. G. et de la politique. A eux deux, ces rares génies ont accumulé 115.000 hommes sur le champ de bataille (morts, disparus ou prisonniers), 10.000 dans les hôpitaux de la zone des armées, 6.000 dans les hôpitaux de l'arrière, soit au total 131.000 morts, disparus ou prisonniers, et 279.000 évacués.

Pourquoi ? Pour rien, absolument pour rien. Pas l'ombre d'un résultat.

Voilà de quelle façon MM. de Curières de Castelnau, aussi remarquable comme député que comme général en chef, et Foch, ont compris le principe de la Révolution française, l'économie des forces.

En 1793, alors que le peuple français possédait une énergie virile intacte, alors qu'il était vraiment le plus spirituel et le plus brave des peuples, qu'est-ce qu'on aurait fait de ces deux hommes de guerre ?

Est-il besoin de passer en revue toutes les offensives, la bataille de la Somme (juillet-octobre 1916) qui touche, tue, blesse ou effleure environ 341.000 hommes, celles de novembre-décembre 1916 (Verdun, 93.000), avril-juillet 1917 (offensive de l'Aisne, 279.000), août-décembre 1917 (182.000), la campagne défensive de mai-juin 1918, qui compte 167.000 tués, disparus ou prisonniers et 266.000 évacués ?

Pour Verdun, bataille défensive de février à juin 1916, constaterons-nous que dans les 179.000 morts, disparus ou prisonniers et les 263.000 évacués, il n'en est pas un qui ne doive sa mort ou sa blessure à l'ineptie dans la préparation défensive, à l'insuffisance de l'armement (affaire des artilleurs qui ne voulaient que le 75), au manque et à l'éloignement des réserves ?

Et les périodes de stabilisation ? Elles ne furent en réalité que des offensives partielles très coûteuses.

Elles déterminèrent les pertes suivantes : morts, disparus ou prisonniers sur les champs de bataille, 120.000; morts aux hôpitaux du front, 19.000; à ceux de l'arrière, 15.000 (total 154.000); évacués, 422.000.

Pour juger en bloc, en ajoutant les pertes de 1914 et les batailles livrées jusqu'à l'armistice, voyons le total :

Morts, disparus ou prisonniers du champ de bataille, 1.526.000; morts dans les hôpitaux du front, 179.000; dans les hôpitaux de l'intérieur, 121.000. Donc, premier total : 1.826.000. Evacués, 3.110.000. Total général des hommes atteints par la guerre, suivant l'expression des poilus, plus ou moins « amochés », 4.936.000.

Sur les 6.000.000 de mobilisés, on voit combien sont revenus absolument intacts.

Et maintenant, qu'on dresse des autels, qu'on chante des hymnes, qu'on décrète des apothéoses pour les généraux en chef, les Foch, Pétain, Joffre, Guillaumat, Mangin, Maistre, Franchet d'Espérey, de Mitry, Debeney, Degoutte, Fayolle, d'Urbal, de Castelnau, Pellé, et autres seigneurs de moindre importance, pour ces chefs qui comprirent si bien le principe de l'économie des forces !

Qu'on s'extasie sur le respect des généraux français pour la vie de leurs soldats, qu'on flétrisse la brutalité des chefs allemands pour leurs troupes ! Nos pertes sont à peu près égales à celles des Allemands qui, en plus du front occidental, tenaient le front russe.

Que nos politiciens à l'esprit large, au cœur bienveillant et humanitaire, les Millerand, les Steeg, les Klotz, les Painlevé, les Ribot, les Marsal, débitent des monologues en l'honneur de la production acharnée et du travail intense pour ce qui reste de Français ! Et que nos financiers écrasent d'impôts, de vexations et de privations le peuple prétendu vainqueur ! (1).

La stratégie des généralissimes ! Mais c'est précisément là que se trouve l'immense erreur des prétendus stratèges, bottés ou non bottés, critiques, littérateurs qui écrivent sur la guerre depuis le mois d'août 1914, c'est de confondre stratégie et tactique, de prendre pour des manœuvres et de la science stratégique des mouvements à courte vue et de modeste portée qui n'ont aucun rapport avec les grandes opérations de la guerre.

Le motif de leur illusion, la vraie cause de l'erreur, est celle-ci :

En raison de la dimension du front de bataille, ces fameux stratèges, bottés ou non, à cheval, en auto ou en chambre, s'imaginèrent que, parce qu'un mouvement tactique se produit sur 700 ou 800 kilomètres, il devient, par cela même, une grande opération, que cette action tactique devient de la haute stratégie. Erreur complète et monstrueuse.

Tactique veut dire : disposition des troupes en contact rapproché avec l'ennemi. Stratégie signifie : manœuvre ou grande opération par laquelle un général résout le problème de guerre, la directive, le sens positif et pratique des attaques, les transformations nécessaires, les évolutions totales décidant la marche des armées, préparant les contacts tactiques dans les dispositions les plus favorables.

Stratégie ne signifie pas acharnement à se briser le front contre un mur, ce mur eût-il 800 kilomètres, comme nos généraux en chef l'ont fait pendant quatre ans ! Jamais ils n'ont compris l'évolution nécessaire de la manœuvre, la transformation indispensable du théâtre de la guerre mondiale. Donc, jamais ils n'ont fait de stratégie.

Appliquez à leur tactique le vocable de tactique générale, si vous voulez. Il est bien certain que, pour multiplier leurs attaques frontales et sanglantes sur un, deux ou trois points du front occidental, ils ont fait intervenir des forces énormes, qu'ils ont joué des graphiques de marche, des zones de marche, des zones de ravitaillement, d'une immensité de détails. Mais ce ne fut jamais que du détail, donc de la tactique. Le maréchal Foch

---

(1) Aujourd'hui, le traité de Versailles est déchiré. Grâce à MM. Clemenceau, Millerand et autres, qui s'imaginent naïvement que la platitude envers M. Lloyd George garantit la sainte alliance, la France, soi-disant victorieuse, va gorger d'or l'Allemagne, soi-disant vaincue !!! Et le Parlement dit *amen !*

est un tacticien ni plus ni moins qu'un Mangin ou un d'Urbal. Sa tactique s'est appliquée à de plus grands théâtres, mais ce ne fut jamais que de la tactique. Comme il n'a jamais compris la nécessité de changer ce théâtre de guerre, comme même, à partir du 18 juillet 1918, il n'a jamais fait que d'appliquer les dogmes de l'Ecole de guerre sur les mouvements rapprochés, contacts, attaques de front, de flanc, menaces sur les communications, bref, la ritournelle banale connue et appliquée depuis vingt mille ans, par suite, il n'a jamais fait que de la tactique, mais à aucun moment il n'a compris un mot de la haute stratégie.

Napoléon, en 1796, avec une petite armée, bien minime, infime, si on la compare aux armées modernes, a réalisé des prodiges de haute, d'admirable stratégie. A ce moment où l'orgueil n'a pas affolé son génie, où il applique les principes éternels de la logique, du bon sens, les innovations de la Révolution française, il accomplit un pur et merveilleux chef-d'œuvre. Turenne, devant le génie duquel Napoléon s'incline avec respect, avec de plus petites armées encore, réalisa de la haute stratégie, de superbes évolutions de la grande guerre.

Mais nos Joffre, nos Foch et nos Pétain, avec d'immenses armées, n'ont jamais fait que de la tactique rétrécie, du détail médiocre. C'est pourquoi la guerre a duré cinquante-deux mois et épuisé, ruiné, la France. La voilà la vérité crue, la rude mais saisissante vérité.

Prenez la suite des communiqués. Jugez vous-mêmes. Lisez ce que le gouvernement et les généralissimes vous affirment. Qu'est-ce que vous y trouvez ? Au cours de cette longue suite de volumes, environ une vingtaine, à raison de 150 pages en moyenne, vous constatez les nouvelles officielles suivantes : « Nous progressons », ou « nouveaux progrès », ou « nouvelle avance ». Voilà ce que nous avons lu pendant quatre ans. A raison de 200 mètres par avance, ce qui est bien modeste, nous aurions dû, au bout de ces quatre ans, en juillet 1918, si ces communiqués n'eussent pas menti, voir nos armées à 3 ou 400 kilomètres au delà de la frontière, bien au delà du Rhin. En réalité, elles n'ont bougé de place que vers la fin de juillet 1918. Inutile, n'est-ce pas, d'insister sur les invraisemblables mensonges du G. Q. G. et du gouvernement. Je n'en parle que pour jeter une vue d'ensemble sur les effets de la stratégie des généralissimes. Pendant quatre ans, ils furent totalement nuls. Pourquoi ? C'est qu'il ne se révéla aucun concept stratégique, qu'il ne se produisit aucune manœuvre digne de ce nom.

Certes, d'immenses batailles se livrèrent, sans compter les incessants combats journaliers. Mais combats et batailles n'aboutirent qu'à une neutralisation des efforts réciproques, un piétinement sur place. Cette guerre d'usure, voulue par les Allemands, qui tenaient deux fronts et épargnaient les horreurs de la guerre à leurs compatriotes, fut humblement subie par nos généralissimes successifs, Foch compris.

La valeur négative d'une opération ne saurait constituer un succès. Le barrage s'opposa à la ruée allemande. C'est entendu. Mais grâce à qui ? Grâce à l'endurance inouïe des combattants, à leur sacrifice, grâce aux deux millions de morts et de mutilés. Sur aucun champ de bataille, pas plus à Verdun que sur la Somme, la résistance victorieuse aux pesées de l'adversaire ne fut due à un concept du chef. Elle se maintint par l'arrivée successive des réserves, c'est-à-dire encore et toujours par l'effort numérique, donc en fin de compte par l'épuisement de la race. Si la stabilisation, l'équilibre des forces, la neutralisation des attaques allemandes provenaient d'un concept du haut commandement, nous le constaterions de force par l'exposé d'une manœuvre, d'un effort original, d'une tentative neuve et hardie. Rien. Pas un communiqué, pas un ordre, pas une proclamation qui parle d'autre chose que de « tenir », « tenir jusqu'au bout », « tenir à tout prix », puis de relève des troupes en première ligne, d'afflux des réserves, de remplacement des unités détruites, des canons hors d'usage, des munitions consommées. Rien autre.

Ah ! si nous voulions produire les battages de grosse caisse exécutés par le G. Q. G., nous pourrions citer textuellement des circulaires où il est question, dès le 8 mars 1915, des « cadres épuisés » des armées allemandes, de l'usure de leurs canons, de leurs obus qui n'éclatent pas (1), de leur ravitaillement impossible, de la victoire certaine ! La victoire certaine au 8 mars 1915 ! Les Matamores d'autrefois, les Rodomonts les plus fantaisistes sont dépassés de mille coudées. Mais ces flots de littérature qui s'épanchaient sur nos troupes méritent-ils le nom de directives stratégiques ?

Même réflexion pour les offensives. Après un essai de percée sur un point, on augmente la largeur de la trouée, on essaie deux ou trois offensives concomitantes, on attaque, on lance des bulletins de « progrès », avance sur la deuxième, la troisième

____

(1) Je dois reconnaître qu'ils n'éclataient pas sur Chantilly.

ligne adverses, victoire, triomphe, puis, au bout de cinq à six jours, après un calcul des kilomètres carrés repris aux Allemands, les communiqués se font peu à peu plus calmes, discrets, muets enfin, et quinze jours après, on apprend par une nouvelle série de communiqués également officiels que l'avance triomphale du début se réduit à zéro. Parlez de la Champagne, de l'Artois, de la Somme, de Verdun, de l'Aisne, des Flandres, de 1915, 1916, 1917, citez les noms de Curières de Castelnau, de Nivelle, de Pétain, de Foch, vous arrivez toujours au même résultat. On empêche à peine les Allemands d'avancer, quand on les empêche ! Je ne veux même pas citer les terribles journées de mars à juin 1918. Je ne veux même pas m'occuper en détail de l'offensive d'avril 1917. Je ne crois pas que le général Nivelle ait été au-dessous du général de Castelnau en Champagne, ni du général Foch dans l'Artois. En tout cas, les résultats furent identiques. Il est donc probable que le général Nivelle fut utilisé, comme tant d'autres, en qualité de « bouc émissaire », mais qu'il ne fut ni plus ni moins nul que ses collègues. Que les résultats navrants soient produits par des manques de liaison, des erreurs de calcul dans les ordres de marche lancés aux réserves, par l'embouteillage des troupes d'attaque ou des renforts dans les boyaux, par l'épuisement des hommes ou des munitions, que les généraux en sous-ordre s'entendent ou se disputent, peu importe. En fin de compte, les morts s'accumulent et le piétinement sur place subsiste. En face d'un si formidable ensemble de faits irréfutables, à quoi bon patauger dans le détail des corps d'armée, dans la misère absurde des minutes, des chronomètres ou des coups de téléphone ? Il est évident que la direction suprême fut inférieure à sa tâche.

Le fait de jeter des unités hors des tranchées de première ligne, après une préparation d'artillerie plus ou moins longue, brusquée ou non, ne constitue pas une manœuvre. Le fait d'échelonner les poussées successives en amenant des réserves à telle ou telle heure ne constitue qu'un fait si vulgaire et si banal qu'il n'y a vraiment pas lieu de s'extasier. Le fait d'étendre l'action à droite et à gauche de la première direction, de la trouée primitive, ne constitue qu'une répétition monotone des plus vieux procédés de guerre. Impossible de voir là-dedans une tentative neuve et capable de surprendre l'ennemi.

Le montage d'une attaque ! Est-ce que par hasard nos étatsmajors et nos artilleurs se sont imaginé qu'en montant une attaque, même pendant deux ou trois mois, et sur deux ou trois directions de percées, et sur des distances de 40 à 50 kilomètres pour chaque trouée, ils faisaient de la haute stratégie ? La production d'ordres innombrables concernant les différents corps et services, infanterie, artillerie, canons de tranchée, de campagne, canons lourds, emplacements de plates-formes, reconnaissances, aviation, services de l'arrière, ravitaillement en munitions et vivres, ce déluge de paperasses issues des bureaux ne signifie rien, absolument rien, au point de vue de la direction heureuse et bien choisie de l'attaque. Ce qui eût décidé l'affaire, c'eût été l'action personnelle d'un généralissime capable de concevoir une autre direction de la guerre mondiale. Mais du moment qu'on persistait à se heurter au mur occidental, qu'est-ce que signifiaient le choix d'une ou plusieurs attaques, leur élargissement, leur liaison ? Les paperasses d'état-major ne doivent être que les traductions du concept supérieur issu du grand chef, servir de leviers pour mouvoir les différents organes des armées. Mais par eux-mêmes, les ordres innombrables, s'ils ne représentent que des détails techniques, si ardus et si compliqués qu'ils soient, ces ordres ne sauraient se substituer à un concept nul ou d'ordre inférieur. L'ordre « en avant » est à la portée de toutes les intelligences. Il n'est pas à hauteur d'une guerre mondiale qui s'étendait de l'Atlantique à l'océan Indien.

Le rôle d'un généralissime ne consiste pas à se rabaisser au rôle de « sergent de bataille », ou bien alors, s'il fait la besogne des autres, comme l'ont fait les Pétain et les Foch, il peut être assuré que personne ne fera la sienne (1), que personne ne songera à chercher la directive utile, origine du véritable triomphe.

Une opération quelconque, militaire ou non, s'établit par un bilan loyal : gains et pertes. Eh bien, qu'on examine n'importe quelles dates : du 16 février au 18 mars 1915, en Champagne, — du 1er au 6 mars, en Argonne, Vauquois, — du 10 au 12 mars, attaque des Anglais sur Neuve-Chapelle, - - 9 avril, les Eparges, — 8 mai au 18 juin, bataille d'Artois, — 23 septembre au 5 octobre, la Champagne, attaque de Souain à Beauséjour, arrêt devant la troisième ligne allemande que notre bombardement n'a pu raser, — du 25 au 27 septembre, attaque concomitante en Artois, troisième bataille d'Artois, arrêt pour cause de mauvais temps, paraît-il, et devant les renforts ennemis arrivés de Belgique, — du 1er juillet 1916 au 26 septembre, offensive franco-anglaise sur la Somme, — du 2 octobre au 2 novembre, offensive

____

(1) V. la *Solution des énigmes de Waterloo*, p. 546.

de Verdun, — des 10 et 11 avril 1917, Vimy et Monchy-les-Preux, — du 16 avril au 4 mai, offensive sur l'Aisne, reprise le 23 octobre, — 7 et 8 juin, 31 juillet, 16 août, 26 septembre, vers Ypres et la Belgique, — de juillet à septembre même année, série d'attaques dans le secteur de Verdun, qualifiées toutes de victorieuses, — qu'on médite ces dates, les batailles, les effroyables pertes, et qu'on juge les résultats. Où, sur quel emplacement, en quelle situation brillante et triomphale se trouvaient les armées alliées le 21 mars 1918, le jour où, par un bonheur inouï pour la France, l'Angleterre et la liberté du monde, Ludendorff et le G. Q. G. allemand, pris de folie, commencèrent à gaspiller et exterminer dans de multiples et ineptes offensives frontales une masse manœuvrière de plus de deux millions d'ennemis ?

Avant tout et par-dessus tout, il faut, quand on parle de guerre, peser le résultat.

Eh bien, avant le coup de folie furieuse qui emporta la puissance germanique, avant le 21 mars 1918, quel résultat avaient obtenu nos généralissimes successifs ?

Je reconnais qu'on nous a parlé bien souvent de changement prodigieux dans la méthode de guerre. Après la bataille de la Somme, notamment, on nous a raconté que nos « incomparables grands chefs » avaient imaginé une nouvelle méthode consistant en poussées baptisées naturellement de méthodiques, poussées incessantes, assurant un progrès continu et qui devait, paraît-il, rester acquis.

Alors nos bourreurs de crâne, nos immenses stratèges, depuis l'homme de guerre qui signe Gustave Hervé jusqu'à MM. Hanotaux et Marcel Prévost, foudres de guerre académiciens, sont convaincus que le fait d'organiser un terrain conquis avant de s'avancer plus loin n'a été découvert qu'en 1916, après la Somme ! De qui se moque-t-on ? Il semble pourtant que l'ignorance en matière historique devrait avoir des bornes, même pour MM. Marcel Prévost, Hanotaux et Gustave Hervé.

Autre invention du gouvernement et du G. Q. G. Il paraît que c'est la bataille de la Somme qui provoqua, en plus d'une foule de victoires, le merveilleux résultat du repli allemand faisant tomber entre nos mains Bapaume, Péronne, Roye, Lassigny, Noyon, Chauny, Tergnier, et libérant 2.400 kilomètres carrés.

Raisonnons un peu. Je parle pour les braves gens impartiaux et indépendants. Je ne me fais pas la moindre illusion sur l'effet d'un raisonnement frappant les bourreurs de crâne ou les profiteurs de la guerre. Ceux-ci sont trop largement satisfaits pour ne pas mentir avec entrain et acharnement. Parlons pour les honnêtes gens.

Comment s'effectua le repli allemand ? Si le « grand chef » qui commandait en cette partie du front y avait contribué en quoi que ce soit, est-ce qu'il n'en aurait pas conçu un léger soupçon ? Est-ce qu'il ne s'en serait pas douté quelque peu ? Est-ce qu'il n'aurait pas essayé de prendre aux ennemis au moins un prisonnier, un seul, rien qu'un seul, un pauvre canon, une voiture, un colis de bagages ? Si son « incomparable génie » avait été la cause déterminante du repli allemand, est-ce qu'il n'aurait pas essayé de gêner, pendant au moins quelques minutes, cette retraite qui était son œuvre ? Est-ce qu'il ne se serait pas efforcé de contrarier, de bousculer cette retraite ?

Eh quoi ! les Allemands se retirent paisiblement, sans perdre un bagage, ils détruisent tranquillement les habitations, les arbres, les routes, tout ce qu'il est possible d'anéantir, ils se réinstallent avec la même tranquillité sur la nouvelle position qu'ils ont choisie, — et vous voulez que j'admire le « grand chef » français qui commandait en cet endroit, et qui commandait, paraît-il, des masses victorieuses ! Vous voulez que j'admire l'effet miraculeux de la victoire consistant en un repli si méthodique et de tout repos exécuté par l'ennemi, que je m'extasie devant sa prévoyance, sa sollicitude, sa surveillance, sa prodigieuse sagacité ! Franchement, j'aime autant proposer l'érection d'une statue au général Boum de *la Grande-Duchesse de Gérolstein!* Au moins, celui-là savait « couper et envelopper ».

Nos souvenirs sont d'hier. Les dithyrambes des hagiographes dansent encore devant nos yeux. Nous les avons tous lues, les prophéties des « bourreurs » et « videurs » de crâne : « Demain, c'est le coup de massue médité par nos « grands » chefs », coup asséné de main de maître. C'est l'écrasement » allemand, la percée définitive. La puissance morale et matérielle des alliés s'élève au maximum. Notre artillerie les » domine. Dans trois jours au plus tard, la guerre de mouvements commencera. Demain, notre admirable cavalerie se » massera derrière les vagues de l'infanterie, prête à charger » les fuyards en rase campagne. Demain, les lignes allemandes seront enfoncées les unes après les autres. D'ailleurs, » il y en a beaucoup moins qu'on ne s'imagine, trois ou quatre » au plus. Après, c'est l'horizon déblayé, la route ouverte aux

» manœuvres. Silence aux grincheux et aux pessimistes. Demain,
» c'est la victoire. » Demain!... Demain!... Toujours demain!...

Telle fut la chanson, rééditée en moyenne tous les trois mois,
qui berça le peuple français pendant quatre ans. C'est dans ce
bluff, et uniquement dans ce bluff, parade grossière d'effet
moral, que consista la stratégie de nos généraux en chef. Si les
peuples de l'univers, si l'Amérique, ne s'étaient portés à nos
côtés, où nous aurait conduits cette stratégie ? Vers le plateau
central ou le pic du Midi, à supposer que la capitulation n'eût
pas été signée dans les trois premiers mois.

Si, pour faire encore mieux ressortir la faute énorme que
le « grand chef » commit en cette occasion, nous voulons entrer dans le détail technique, nos arguments seront les suivants:

Les communiqués officiels nous apprennent que les engagements sont continus, presque quotidiens, dans la région de la
Somme, du 1ᵉʳ juillet 1916 au 17 mars 1917. Or le recul allemand s'effectue dans de telles conditions de rapidité et de
mystère que les bombardements pratiqués par l'artillerie française persistent quelque temps sur des positions où ne se trouvait plus personne, et nos fantassins restent ahuris en constatant l'abandon total des tranchées ennemies. D'après les expressions des communiqués officiels, puisque les engagements sont
incessants, le contact avec l'adversaire devait se maintenir avec
la même ténacité. Il n'est pas un individu de bon sens, qu'il soit
technicien ou non, qu'il ait passé par la grandiose Ecole de
guerre ou par la simple école maternelle, qui puisse soutenir
que, lorsqu'on tient l'ennemi à la gorge, qu'on l'écrase sous un
feu incessant d'artillerie et d'infanterie, lorsque les services
de renseignements, de reconnaissance, de patrouille, fonc-
tionnent, lorsque l'aviation accomplit sa tâche avec zèle, conserve ses liaisons avec le commandement et les troupes, il est
loisible à l'ennemi de s'effondrer en quelques heures par une
disparition miraculeuse. Si cet ennemi avait été maintenu
comme on l'affirme, pour quel motif le G. Q. G. ne l'a-t-il pas
accroché, fixé, bousculé, anéanti dans sa retraite ?

A quoi servaient donc les reconnaissances, les patrouilles,
les avions ? N'existait-il donc aucune liaison entre les divers
éléments de l'arrière ? A quoi servaient les états-majors ? Se
contentaient-ils d'accomplir leur pauvre besogne journalière,
leurs graphiques, leurs humbles et vulgaires ordres de transport
et de ravitaillement ? De quelque manière qu'on retourne la
question, les mensonges officiels ne résistent pas une seconde

à l'examen des faits positifs, pratiques, tels qu'ils sont exposés par les communiqués eux-mêmes.

A propos du repli allemand, je ne cite pas un seul nom de « grand chef », pas plus le général Franchet d'Espérey qu'un autre. Le vrai coupable, c'est le système Foch-Pétain (voir M. Painlevé, p. 18). Les combattants du front rendirent compte que les Allemands avaient évacué leurs lignes. Personne ne les écouta. Le grand chef seul voit, comprend, juge, décide et compte. (V. *Les Principes de Foch*, p. 193 et suivantes.)

Ce bluff monstrueux, cet orgueil inouï, ne venons-nous pas de les constater encore de nos jours, en 1920, à propos de la Pologne ? A-t-on pensé aux chefs polonais, à l'héroïsme des volontaires ? A-t-on pensé à l'état lamentable des bolcheviks, aux folles offensives à la Broussilof, à l'état d'une armée crevant de faim, épuisée, et qui ne veut plus se battre ? Non. Le général Weygand, « *l'alter ego* » de Foch, se trouve à Varsovie. Le voilà, le seul, l'unique, l'incomparable ! Son nom seul domine. Procédé commode pour les exploiteurs du sacrifice d'autrui !

Au début de 1917, le maréchal Foch était-il à Senlis, à Mirecourt, en Italie ? Y rêvait-il d'une offensive absurde à travers l'Autriche, rêve impossible vu le terrain, les circonstances, les effectifs ? Peu importe. Le mépris du grand chef pour l'avis des combattants procède de lui.

En ce qui concerne les faits particuliers de 1916-1917 et le maréchal Foch lui-même, il apparaît certain, d'après les communiqués, s'il nous est possible de croire à une seule ligne des communiqués officiels, qu'il a découvert et inauguré une nouvelle et glorieuse méthode pour la victoire (?) de la Somme. Soit. Admettons-le. Alors pourquoi le G. Q. G. et ses successeurs n'appliquent-ils pas cette méthode jusqu'au 21 mars 1918? Est-ce que par hasard la nouvelle méthode ne consistait qu'en une répétition inlassable des vieux procédés de la guerre d'usure? Est-ce que l'avance obtenue ne fut due qu'au sacrifice immense, l'hécatombe de notre infanterie ? Est-ce que, depuis Ypres, la Somme, l'Artois jusqu'à la Champagne, Reims, Verdun, Nancy, jusqu'à l'Alsace, les poussées ennemies ne furent matées et brisées que par l'héroïsme des combattants, par le sang répandu à flots, par l'holocauste du simple soldat ? Une méthode ne consiste pas dans une collection d'hiéroglyphes égyptiens. C'est un fait qui se sait, se comprend, se connaît, se transmet.

La vérité, c'est que le maréchal Foch n'avait pas plus de méthode que les autres. Quand une division était décimée, on en faisait avancer une deuxième et ainsi de suite, jusqu'à ce que l'épuisement des réserves françaises forçât le maréchal Foch, tout comme les autres, à crier sa détresse et à implorer l'aide rapide, l'afflux précipité des Américains en mai 1918, après qu'il eût été rappelé au pouvoir !

Avec la meilleure volonté du monde, impossible d'accorder le titre de nouveauté stratégique à n'importe quelle méthode inspirée par le G. Q. G. ou soumise par des subordonnés au G. Q. G., que cette méthode ait été préconisée officiellement ou officieusement, au cours de la guerre mondiale 1914-1918, qu'elle ait été revêtue ou non de l'approbation des généralissimes. Dans le chapitre intitulé « la Faute capitale », je déterminerai l'offensive stratégique qui eût résolu la guerre en 1916 au plus tard. Mais l'impartialité stricte et loyale me fait auparavant un devoir d'exposer au grand public les différentes thèses qui se sont produites et qui ont revendiqué l'honneur d'une invention en matière de stratégie mondiale. Le public jugera.

On proposa de transformer l'attaque locale en attaque générale préparant la bataille décisive, de décomposer l'emploi des forces alliées en trois opérations distinctes : la trouée, la bataille et la poursuite, de concentrer une masse énorme de munitions, obus, mitrailleuses, d'agir avec 600.000 hommes, de déterminer des secteurs secondaires dans l'axe du secteur principal désigné pour préparer l'attaque générale. L'auteur du projet considère que le point sensible de l'Allemagne « se » trouve à l'embouchure de l'Escaut ». L'attaque générale « est » faite par la totalité des forces, moins l'armée de manœuvre ». Le secteur principal d'attaque comprend plusieurs sous-secteurs. Les pressions sur l'ennemi s'exécutent avec des groupes de choc différents, « mais l'armée de manœuvre ne concourt en rien aux attaques des groupes de choc ». L'auteur suppose que « la trouée doit être obtenue en un seul jour au cours de » chacune des pressions dans les sous-secteurs : en trois jours » la trouée doit être faite par l'un quelconque des groupes de » choc, et le quatrième jour, au matin et au plus tard, l'armée » de manœuvre marche vers la bataille. »

Pourquoi? De multiples détails techniques sont donnés par l'auteur sur le secteur principal (supposé entre Bapaume et Roye), les sous-secteurs, larges chacun de 8 à 10 kilomètres, séparés par des intervalles de 12 à 15, les groupes de choc, leur artillerie autonome, les effectifs (400.000 hommes), l'armée de manœuvre (5 à 6 corps d'armée, artillerie lourde d'armée et toute la cavalerie française et anglaise), la concentration, l'artillerie, son action sur tout le front occidental, l'artillerie lourde qui « creuse le sillon de l'attaque », les deux lignes d'artillerie lourde ayant chacune une mission précise et un but « unique », la relève, le déplacement, la cavalerie, trouée, combat, bataille, poursuite.

J'en reviens à ma simple question : pourquoi supposer que l'ennemi cédera, que la trouée sera effectuée, que l'armée de manœuvre se trouvera à même de livrer la bataille décisive si complaisamment rêvée ?

L'auteur n'a évidemment pas médité le principe de Napoléon, que celui-ci a constaté chez Turenne, que Turenne avait pris chez d'autres, et que ces autres s'étaient transmis depuis qu'il y a des hommes qui se battent (1). A effectifs égaux ou à peu près égaux, quand une troupe solide, bien ravitaillée en vivres et munitions, commandée par un chef énergique, occupe des positions solidement retranchées et fortifiées, l'agresseur est sûr d'être battu à plates coutures. Je parle de l'agresseur qui ne manœuvre pas ou qui ne peut pas manœuvrer, vu le terrain et les emplacements de l'ennemi. Où trouver un emplacement pour manœuvrer en face d'un mur de 800 kilomètres, s'étendant de la Belgique à la frontière de Suisse ?

Les idées émises que je viens de rapporter sont les plus fortes, les plus documentées, les mieux étudiées qui aient paru pendant toute la guerre. Mais comment leur appliquer le nom de stratégie, puisqu'il était impossible de manœuvrer ? Quant à rêver de manœuvrer la droite des armées allemandes en agissant par la Hollande et par « l'isolement d'Anvers », c'était méconnaître la gravité terrible, inacceptable, d'une violation de neutralité, faire trop bon marché de l'indépendance de la Hollande ! Ce n'était encore qu'un rêve, une pure illusion.

On proposa encore — il s'agit d'un tout autre projet — de faire le vide devant l'ennemi, de retraiter carrément, à une profondeur suffisante pour permettre ensuite un vigoureux retour offensif, après avoir préparé à l'avance, six mois d'avance, une position admirablement fortifiée, d'une manière inattaquable, où les saillants et les rentrants seraient calculés de telle sorte que les effectifs de l'adversaire se trouveraient absorbés, pour ainsi dire neutralisés, par le développement

(1) V. p. 46.

des lignes. L'ennemi, d'après cet auteur, devait se précipiter à la suite des troupes françaises en retraite, venir s'immobiliser devant les rentrants et saillants, s'engouffrer à bride abattue dans le piège tendu savamment. Alors, il serait facile de le manœuvrer et de réaliser la bataille-manœuvre.

L'idée était originale, sortait des sentiers battus. Mais pour qu'elle fût pratique, qu'elle aboutît à un résultat tangible et palpable, elle exigeait du haut commandement allemand une dose d'ineptie, tranchons le mot, de stupidité invraisemblable. Moreau à Hohenlinden, Napoléon à Austerlitz, ont trompé l'ennemi par de superbes ruses. Mais rien ne pouvait donner l'éveil à l'archiduc Jean ni à Kutusoff. Au contraire, la seule installation des saillants et des rentrants eût immédiatement fait réfléchir l'être le plus borné, le plus aveugle. Le dernier caporal d'escouade aurait flairé le piège.

Mais, en fin de compte, me dira-t-on, comment expliquez-vous la victoire qui, à partir du 18 juillet 1918, conduisit nos armées sur le Rhin et contraignit l'Allemagne à signer l'armistice du 11 novembre, puis le traité de Versailles ?

Cette victoire, comme vous l'appelez, bien que les résultats pratiques ne méritent guère ce nom, s'explique par les mêmes raisons vieilles de vingt mille ans et éternellement vraies qui motivent les désastres subis du 2 août 1914 au 15 juillet 1918. Quand l'ennemi, solide et vigoureux, résiste sur une position repérée et fortifiée, la troupe d'attaque est vaincue d'avance. Voilà qui est entendu. Mais quand, pour des causes complexes, le moral de l'ennemi s'affaiblit, quand son ravitaillement devient insuffisant, quand son état physique s'altère, lorsqu'au contraire les conditions morales et physiques de l'agresseur s'améliorent, lorsque ses effectifs s'accroissent, alors que se produit-il, par une loi logique et fatale ? Une rupture d'équilibre en sens inverse. C'est l'ennemi qui est vaincu et n'a plus de ressources que dans la fuite. Cette rupture d'équilibre, c'est ce qu'on appelle la victoire.

Analysons avec plus de détails.

D'abord, le principe général, sur lequel on ne saurait trop insister.

Suivant la parole du maréchal Bugeaud, « un grand résultat » final étant plus fréquemment produit par beaucoup de combinaisons vulgaires, réunies ou successives, que par l'effet » d'un seul et puissant effort », on aperçoit déjà les premières lueurs du principe qui nous révélera la vérité. On commence

à comprendre les événements qui se sont produits de nos
jours, déroulés sous nos yeux pendant quatre ans, et l'issue de
la guerre mondiale. Aucun concept génial, aucune méthode
neuve, pas l'ombre de haute stratégie, mais « beaucoup de
combinaisons vulgaires, réunies ou successives ». Les phrases
creuses et les dithyrambes des littérateurs et stratèges en
chambre ne changeront rien au fait. Un fait ne se réfute pas.
Il écrase.

La situation de 1914 à 1918 s'est déjà présentée des milliers
de fois au cours de l'histoire de l'humanité. La profondeur
et l'étendue des formidables angoisses qui ont étreint, qui
étreignent encore les peuples les plus divers, modifient les proportions du problème, mais n'en altèrent pas la nature. Que de
discours n'avons-nous pas entendus sur l'inviolabilité du front
ou sa vulnérabilité, la percée possible ou impossible, l'attaque
frontale ou la manœuvre ? Où se trouve donc le principe essentiel qui domine ces discussions fastidieuses, ces insipides rabâchages ? Où se trouve la vérité ? Dans le bon sens et l'analyse
consciencieuse des faits, sans parti pris *a priori*, sans préven-
tion, sans manie de système, sans dogme d'école. Le principe
peut être formulé de la manière suivante :

Un front est inviolable ou peut être percé, suivant que les
troupes veulent ou ne veulent pas tenir.

Si elles veulent tenir, si le nombre et la solidité des soldats
se trouvent à hauteur des circonstances, si l'énergie intelligente
des chefs ne gaspille pas leurs forces, si les moyens matériels
s'équilibrent à peu près de part et d'autre, aucune attaque ne
réussira. Le front restera inviolable, la percée nulle. Il se peut
que l'agresseur ne subisse pas un irrémédiable désastre, s'il est
doué du sens stratégique, s'il combine heureusement ses efforts,
s'il calcule avec profondeur, s'il ne compromet pas ses dernières réserves, s'il ne se laisse pas absorber par la volonté de
l'ennemi. Ce fut le cas de Hoche à Kaiserslautern en 1793.
Après réflexion, il transforma sa manœuvre. Par un changement foudroyant d'objectif et de directive, il marqua son génie.
Sa conquête de l'Alsace en deux mois — quarante-deux jours
de bataille ininterrompue — en résulte.

Par contre, à Waterloo, se produit un effroyable désastre,
parce que Napoléon s'abandonne à l'orgueil de l'illusion subjective, qu'il affiche un mépris insensé de Wellington et des
Anglais, de Blücher et des Prussiens, et qu'il engage jusqu'au
dernier bataillon de sa garde. J'ai démontré que, même sans

l'arrivée de Blücher, et même avec l'arrivée de Grouchy, il ne fût arrivé à rien de décisif (1).

De nos jours, de 1914 à 1918, le sang a coulé à torrents, l'économie des forces a été méprisée, bafouée, par les généraux en chef français, surtout par le généralissime Foch (2), encore bien plus par lui que par les autres, et la guerre d'usure, et les attaques inconsidérées, ont saigné la France à blanc, l'ont épuisée pour un siècle, sans obtenir aucun autre résultat que de tenir péniblement jusqu'au 15 juillet 1918. La partie était tellement compromise que, dès le mois de mai 1918, les premiers ministres de France, d'Angleterre et d'Italie, MM. Clemenceau, Lloyd George et Orlando, « déclarent à l'Amérique que la
» guerre est perdue si le peuple américain n'arrive pas à accé-
» lérer l'envoi de son armée. Il ne s'agit plus pour l'Amérique
» de faire le possible, mais de faire l'impossible... Les gouver-
» nements alliés se déclarent certains que le général Foch
» n'exagère pas la gravité de la situation, et ils insistent auprès
» de M. Wilson pour qu'il obtienne du peuple américain ce
» miracle de dévouement et d'accélération. Le miracle améri-
» cain eut lieu et, par là, la France fut sauvée.

» Les Etats-Unis n'ont jamais oublié l'aide qu'ils avaient
» reçue des Français dans la guerre de l'Indépendance. Ils ont
» payé cette dette au centuple, puisque c'est la vie qu'ils nous
» ont sauvée... N'oublions jamais que, si nous ne sommes pas
» tombés en esclavage, c'est-à-dire si nous ne sommes pas
» morts comme nation, nous le devons aux Américains (3). »

Par un phénomène inverse, produit par le blocus et la famine, au 22 mars 1918, l'Allemagne s'affole. Soit orgueil démesuré, soit rêve d'opération colossale, soit poussé par les nécessités de la famine, le G. Q. G. allemand, orienté par Ludendorff, engage les batailles dites « du Kaiser ». La débâcle russe lui a permis de transporter sur le front·occidental presque toutes les forces du front oriental. Ludendorff dispose d'une masse manœuvrière de 2.500.000 hommes. Avec ce chiffre, s'il avait conservé son bon sens ou s'il n'eût été tenaillé par le blocus, il pouvait largement tenir encore pendant une durée qui n'eût dépendu que de son ravitaillement en vivres. En effet, les renforts américains n'avaient fait que combler une

<hr>

(1) V. la *Solution des énigmes de Waterloo*, pp. 521 et suiv.
(2) V. les *Principes de Foch*, pp. 195 et suiv.
(3) Citation de l'*Information* du 9 janvier 1920.

partie des vides sanglants pratiqués par l'étrange stratégie de nos généralissimes. Mais les 2.500.000 Allemands sont gaspillés à leur tour, massacrés, anéantis à moitié dans une série de folles offensives frontales. Au début, comme le fait se produit toujours, succès de l'offensive, poussée violente et réussie. Peu à peu, les pertes énormes que l'attaque subit devant une résistance solide, le heurt brutal et inepte d'une ruée sans manœuvre en face de l'héroïsme intangible des combattants alliés, affaiblissent la poussée, l'arrêtent, la paralysent. Peu à peu, le moral allemand se détend, s'émousse. Quelle part eurent dans ce fléchissement la famine et la politique ? Ce sont là des éléments tellement complexes qu'il est impossible de les déterminer en détail. Mais le principe que nous avons développé plus haut, échec certain d'une attaque devant une troupe solide, bien postée, armée, suffisamment nombreuse et qui veut tenir, ce principe suffit pour expliquer le formidable échec allemand. Par un effet réflexe naturel, fatal, plus le moral allemand s'affaiblit, et plus le moral des alliés se hausse et s'exalte. Après, c'est la débâcle des envahisseurs.

La voilà, la victoire du 18 juillet au 11 novembre 1918. Est-elle due au généralissime Foch ? Est-elle due à celui qui avouait en mai que, sans l'Amérique, il était perdu ? Les bourreurs de crâne qui nous ont chanté — car on l'a répété à outrance — l'inutilité de l'effort américain, les « roueries perfides » de M. Wilson, oseront-ils persister à soutenir que seul le génie de Foch a triomphé des Allemands ? Par quelle manœuvre ? Qu'ils en citent donc une seule qui ne soit la répétition la plus banale et la plus vulgaire des mouvements tactiques les plus connus ? Ah ! si nous écoutons les « as », eux seuls ont remporté la victoire ! Si nous prêtons l'oreille aux conducteurs de « tanks », eux seuls sont les victorieux ! Rappelons-nous la phrase de Bugeaud, citée plus haut, calmons l'orgueil, conseiller d'envie, de haine et de sottise, et avouons très haut que sans l'Amérique, sans l'héroïsme, le sacrifice sublime des humbles, des inconnus, des pauvres simples soldats, la liberté du monde était perdue. Le génie stratégique des chefs ne brilla que par sa totale absence. Ce furent de vulgaires tacticiens et techniciens. Cette victoire-là fut la victoire des peuples. Qu'elle ne profite donc pas aux exploiteurs, aux bénéficiaires égoïstes et vaniteux de la victoire ! Qu'elle soit consacrée par la liberté définitive et le bonheur des peuples !

CHAPITRE VII

LA TACTIQUE DU HAUT COMMANDEMENT FRANÇAIS. — SA MONOTONIE.
— SON IMPUISSANCE. — DE LA DISCIPLINE

Le fait capital qui domine les considérations tactiques, qui, par suite, illumine la discussion, c'est la manière dont le haut commandement français comprit la guerre d'usure. C'est dans le sens littéral, le plus strictement littéral, qu'il adopta, subit, copia — fort mal d'ailleurs — la méthode inaugurée et imposée par les Allemands. Quand je dis inaugurée, ne nous y trompons pas. Les naïfs ou les ignorants en matière historique ont seuls pu considérer la guerre de tranchées comme une nouveauté. L'exagération démesurée d'un procédé antique ne constitue pas une invention. Mais, en ce qui concerne particulièrement les guerres avec l'Allemagne, il est certain que la méthode de 1914-1918 constitue un procédé nouveau.

Les généraux allemands, que nos fabricants de nouvelles officielles accusent d'avoir fait massacrer inutilement leurs hommes, s'arrangèrent au contraire, au cours de la guerre de tranchées et avant la folie de Ludendorff, pour économiser leurs forces et leurs existences par une adroite et large répartition de matériel. Enormément de mitrailleuses et juste ce qu'il fallait d'hommes pour les manœuvrer, tel fut leur principe général. Les procédés de la fortification en surface, les nids de mitrailleuses dissimulés, enfoncés, abrités, les ordres d'abandonner la première et au besoin la seconde lignes, même en sacrifiant le matériel, leurs inventions en matière d'engins de tranchées, canons d'accompagnement, leurs facilités de transport, les effroyables découvertes chimiques dont ils usèrent, ces faits multiples de tactique sont maintenant trop connus pour que j'y insiste.

Ce qui est moins connu, c'est la tactique du haut commandement français. Elle fut à hauteur de la stratégie. D'abord, les soldats furent répartis, dans les tranchées de première ligne, coude à coude, étroitement joints, de manière à ne pouvoir ni se reposer, ni dormir à l'aise, dans des tranchées étroites et aussi peu profondes que possible, avec autant de soin, de souci de leur bien-être et d'intelligence dans l'économie des forces que certaines conserves de victuailles dans leurs boîtes de fer blanc.

Pourquoi ? La première question que se pose un homme de bon sens, c'est de se demander si les généraux en chef étaient complètement dépourvus des notions les plus élémentaires de logique, ou s'ils avaient intérêt à la disparition rapide de leurs effectifs. Non. Il convient de ne rien exagérer et de se rendre un compte exact de leur mentalité.

La mentalité des chefs « napoléoniens », n'en déplaise au maréchal Foch, au général Ruffey et à M. Frédéric Masson, consistait à ne pas laisser s'affaiblir la notion de l'offensive, le goût de l'attaque, la furie de la bataille. Tout plutôt que d'aboutir à un aussi déplorable résultat.

Or, réfléchissez que si les simples soldats avaient été placés dans des tranchées suffisamment creuses, bien abritées contre les tirs de face et les tirs d'enfilade, du moins aussi bien abrités que la guerre rapprochée le permet, s'ils avaient construit des sapes profondes où ils eussent pu se reposer de temps en temps, si des boyaux intelligemment construits avaient permis un ravitaillement rapide, large, sûr, des relèves d'une exécution moins pénible, il en serait résulté, paraît-il, d'après ces chefs napoléoniens, un immense danger. Les soldats ne se trouvant plus dans les conditions atroces de souffrance et de misère où l'idole Napoléon (le « dieu de la guerre », ne l'oublions pas) jugeait utile de maintenir l'homme de troupe (1), celui-ci n'aurait pas conçu l'idée de sauter continuellement hors de sa tranchée pour foncer sur l'ennemi. Cette rage de désespoir était jugée utile, indispensable, pour maintenir la sainte notion de l'offensive. On voit quelle confiance nos généraux en chef avaient dans leurs soldats.

Ne croyez pas que j'exagère. A moins que vous ne préfériez l'hypothèse de la folie, il est impossible de trouver une autre explication à la construction lamentable, honteuse, des tran-

____

(1) Général Bonnal : « La misère est l'école du bon soldat », axiome de Napoléon. *Manœuvre d'Iéna*, p. 205.

chées françaises, au resserrement inouï des hommes coude à coude, en première ligne.

Reconnaissons cependant, car notre premier devoir est d'être rigoureusement impartial, que ce gaspillage du capital humain diminua très sensiblement dans la suite des temps à mesure que la guerre se prolongea. Il est évident qu'après la période de stabilisation de décembre 1914 à janvier 1915 (254.000 hommes tués, blessés, disparus, prisonniers, évacués à l'intérieur), après la première bataille de Champagne (240.000 éloignés du front par les divers motifs rappelés ci-dessus), la deuxième bataille d'Artois (449.000), la stabilisation de juillet-août (193.000), la deuxième bataille de Champagne et la troisième d'Artois, septembre-novembre 1915 (410.000), après l'éloignement du front de ces 1.546.000 hommes, sans compter les disparitions de la suite, puisque nous ne sommes qu'en novembre 1915, et même en admettant les plus larges retours des évacués à l'intérieur, il est évident, disons-nous, qu'il devint très difficile, même avec la plus parfaite bonne volonté, de placer les simples soldats français coude à coude sur une ligne de 700 kilomètres. Grâce aux merveilleuses offensives des maréchaux et généraux Joffre, Foch et de Castelnau, il ne restait vraiment plus assez d'hommes sous les drapeaux pour qu'on pût les gaspiller avec autant d'entrain, afin de maintenir la notion de cette offensive incomparable.

Fait curieux. Alors que les proclamations de nos grands chefs notaient le « stupide entêtement » des généraux allemands, et les traitaient textuellement de « fous furieux », les accusant de maintenir la tactique brutale des masses profondes, des colonnes à rangs serrés, marchant sur les cadavres de leurs camarades, en dépit de ces affirmations superbes et de ces renseignements qui étaient évidemment de première main, les pertes allemandes s'acharnaient à ne pas être supérieures aux nôtres. Loin de là (1). Il y a là un fait curieux, bien curieux, un véritable mystère !

Ainsi, du côté des « fous furieux » et du « stupide entêtement », c'est-à-dire du côté allemand, la fortification se transforme, abandonne la ligne continue, devient presque invisible; ce qu'on garde de tranchées ou ce qu'on arrange comme nids de mitrailleuses est installé avec un soin minutieux, le tracé

---

(1) Le pourcentage, rapport des pertes aux effectifs, est plus faible pour l'armée allemande que pour l'armée française.

est étudié à fond, le défilement pratiqué à l'extrême, le confortable pour les simples soldats assuré presque avec luxe, de manière que les hommes puissent se reposer, se coucher, dormir étendus, pendant que quelques guetteurs veillent près des mitrailleuses.

Par contre, du côté où commandent l'inoubliable « grand-père », surnom légendaire du maréchal Joffre, et le « père de famille », comme s'intitule lui-même le maréchal Foch, tout ce que trouvèrent ces grands chefs issus des armes savantes, ce fut — après l'abandon forcé de la ligne continue des tranchées démontrée trop absurde — l'occupation de trous d'obus, c'est-à-dire d'entonnoirs où l'eau, la boue, la neige, la glace, infligeaient aux occupants — toujours des simples soldats, ne l'oublions pas — des tortures aussi atroces qu'inutiles, sans les garantir ou les protéger contre qui que ce soit et quoi que ce soit.

Notons que les P. C. des officiers, non pas seulement des officiers généraux et supérieurs, mais même des officiers subalternes, profitèrent des progrès et inventions beaucoup mieux que les trous d'obus. La vie y était infiniment moins pénible. Un de leurs principaux avantages, qu'ils partageaient avec les châteaux à chauffage central des généraux, c'était l'usage d'un téléphone. Il est si commode de déclencher par un simple coup de téléphone une reconnaissance, une attaque. Rares, bien rares furent les colonels ou chefs d'unités qui couchèrent en première ligne et, le matin, firent l'appel sur la ligne de feu. Il y en eut, et ceux-là, nous les saluons avec respect. Mais ils furent rares.

Vous ne devineriez jamais en quel emplacement, dans le début de la guerre, les ordres supérieurs prescrivaient de placer les mitrailleuses ? A l'arrière. Ne vous récriez pas. Les ordres furent textuels. Par-dessus tout, garantir le matériel, l'empêcher de tomber entre les mains de l'ennemi, le sauver. Quant aux hommes... M. de Castelnau s'occupe avec un soin infini, des scrupules très délicats, de « l'âme du soldat ». Oh ! pour l'âme, il est sans pareil. Pour le corps aussi, mais à l'inverse. Qu'importe le corps, surtout le corps des autres, quand l'âme est sauvée.

La France compte tant d'hommes, et la natalité y est si puissante, qu'on comprend très bien à quelle haute inspiration obéissaient les suivants de M. de Castelnau, les Fayolle, les Maistre, les Franchet d'Espérey, les de Mitry, en sacrifiant les corps pour assurer le salut éternel... du reste.

Jusqu'à présent, il s'était trouvé des hommes de guerre pour imaginer que la fortification servait à réduire les risques de morts, le nombre des hommes exposés en première ligne. Le pauvre Vauban — bien vieillot, Vauban ! — le pensait. Mais le dogme saint de l'Ecole de guerre inspirée par le maréchal Foch a changé tout cela. Pour peu que ses doctrines continuent à être en honneur, on voit quel radieux avenir attend nos enfants. Ils seront tous infailliblement sauvés, entendons-nous, sauvés des périls de ce monde par un passage ultra-rapide... dans l'autre.

Puisque je parle du maréchal Foch, pourquoi ne pas dire un mot de son *alter ego,* le général Weygand ? Quel jour ce dernier a-t-il mis le pied dans une tranchée ? Quel jour a-t-il entendu siffler une balle ? Quel jour a-t-il senti les ronflements d'un obus vibrant près de lui, ébranlant l'air et le sol ? Je sais bien que le téléphone est fort commode. Mais de quel droit le chef qui n'a jamais risqué sa peau une seconde envoie-t-il les autres se faire tuer ? Comment cet homme est-il capable de comprendre, dans la tactique ou la stratégie, autre chose que de la pure théorie ? Comment, par suite, peut-il éviter les erreurs monstrueuses, les aberrations, telles que celles qu'on rencontre à chaque pas du 2 août 1914 au 11 novembre 1918 ?

Les mitrailleuses à l'arrière, la poitrine de nos fantassins offerte à l'ennemi, les inventions multiples proposées aux comités du génie, aux bureaux chargés de l'examen, sabotées à plaisir ou rejetées sans contrôle; la voilà la compréhension de la tactique moderne. Et comme repos après la bataille, des revues, des parades, des défilés. Ah ! quelle intelligence de l'économie des forces !

Les revues à l'arrière ! Ce fut une des grandes pensées du haut commandement. Quand, après dix, quinze, vingt, parfois vingt-trois jours de tranchées, exposés jour et nuit pendant cette longue durée à d'effroyables bombardements, à de continuelles alertes, bousculés et jetés hors des lignes par une reconnaissance absurde, une patrouille inutile, qu'eût supprimées un service d'aviation dirigé avec intelligence, autrement que pour la gloire des « as », quand après avoir tenu sans sommeil, presque sans nourriture, une soupe froide la nuit, les pauvres fantassins recevaient enfin le signal de se retirer, quel repos trouvaient-ils, ces admirables soldats de Souchez, de Lassigny, de Verdun ? Lorsqu'ils redescendaient exténués, hâves, fiévreux, mourant de faim, où les couchait-on la première nuit ? Neuf fois sur dix, rien, absolument rien n'était prévu, préparé. Pas un abri, pas une baraque, pas un cantonnement. Combien de fois, la nuit venant, la rude nuit d'hiver, brumeuse et glaciale, les a-t-on arrêtés dans une prairie, une vallée, sans vivres, sans couverture ? Et quand ils cherchaient où se coucher, ils ne trouvaient que la terre, un marécage, une flaque d'eau. C'est là dedans qu'épuisés de fatigue s'endormaient les héros de Verdun, de Lassigny, de Souchez. Les chefs s'étaient soigneusement garés en des logis plus confortables. Mais eux, les simples soldats, les sous-officiers ! Combien s'est-il trouvé d'officiers pour partager leurs misères ?

Et comme réveil ! Comment le haut commandement s'occupait-il de refaire et de remonter les troupes ? Ah ! le joyeux réveil ! Sauf en quelques rares unités dont le colonel rougissait de honte devant l'incurie, l'égoïsme atroce des généraux, en avant les parades, défilés, revues de détails, exercice, école du soldat comme sur l'esplanade de Carpentras ou de Tarascon. Ne fallait-il pas les « remettre en main », suivant la délicieuse expression napoléonienne ? Aux soldats de Souchez, qui venaient de repousser cinquante attaques et de refouler la garde prussienne, ne fallait-il pas réapprendre le garde à vous et le demi-tour à droite ? La gloire de l'adjudant Fix n'empêchait-elle pas les Maistre, les Fayolle et les de Mitry de dormir ?

Et les blessés ! Comment s'occupait-on d'en récupérer le plus possible ? Combien y avait-il de chirurgiens dans les formations sanitaires du front ? Combien dans celles de l'arrière ? Comment a-t-on su utiliser les chirurgiens civils, ceux qui ne portaient pas de multiples galons aux manches ? Pour évacuer les blessés, les grands blessés, combien en a-t-on jetés, même en 1916, même en 1917, sur des wagons à bestiaux non désinfectés, recouverts de paille à moitié pourrie, des voyages de quarante-huit heures avec une boule de pain, sans visites, sans médicaments, sans pansements ? Combien en route mouraient de gangrène ? Mais que les pères et les mères, que les femmes désespérées — car les pauvres gens qui songent encore à l'humble disparu n'ont pas tous sombré dans les ivresses brutales, les jouissances ignobles que provoque la guerre, la hideuse guerre, cette guerre si chère au moralisateur Barrès, — que ceux qui pleurent soient consolés ! M. de Castelnau, général de division promu marguillier et prédicateur, a béni « l'âme du soldat » !

Quel est donc le grand chef, depuis le maréchal Joffre jusqu'au maréchal Foch, en passant par le maréchal Pétain et le

général Nivelle, qui pourrait prouver par un ordre quelconque
qu'il a compris le premier mot de l'économie des forces ? Ce
principe de la Révolution française ne s'applique pas qu'à la
haute stratégie. Là, nous avons vu, dans le chapitre précédent,
de quoi nos généralissimes furent capables. Mais ce principe
concerne aussi la tactique, les plus modestes opérations tactiques, l'organisation générale de l'armée, la discipline. Quel jour
les grands chefs en ont-ils compris une ligne, un mot, appliqué
une syllabe ?

Nous ne saurions leur faire un reproche analogue au sujet des
tares de la méthode napoléonienne, celles qui surgirent de 1808
à 1815. Pas une ne leur échappa. Ainsi, par exemple, la méthode
des divisions ou corps interchangeables fonctionna sans inter-
ruption. A des hommes de bon sens, il paraîtrait naturel que
des chefs subordonnés, des commandants de corps d'armée par
exemple, qui connaissent bien les deux ou trois divisions sous
leurs ordres, et que les divisions, habituées à leur commandement, ne soient pas brusquement séparés, dissociés, sans l'ombre
d'un motif intéressant le salut de l'armée. Au contraire, si vous
arrachez à ce chef les grandes unités qu'il connaît, il lui faudra
refaire un apprentissage pour les nouvelles divisions que vous
lui attribuerez. C'est parfois impossible quand on manœuvre
sous le canon de l'ennemi. De là un manque de confiance mu-
tuelle entre les chefs, les subordonnés et les troupes, des malentendus, des heurts, des méprises, toutes choses fâcheuses pour
la discipline générale et la bonne exécution des mouvements
tactiques.

Personne ne saurait nier ces inconvénients. Mais pourquoi le
haut commandement appliqua-t-il cette méthode ? Parce que
c'est une des bases du système impérialiste. C'est toujours la
vieille application de l'autocratie : *Divide ut imperes*. Semer la
jalousie, la méfiance, la délation, dresser les uns contre les
autres ces éléments de l'armée, ceux d'en haut contre ceux d'en
bas, pour mieux les dominer, les assouplir, les asservir, mais
c'est l'A B C du machiavélisme napoléonien. L'idole, le « dieu
de la guerre », Napoléon, allait encore plus loin. Il allait jusqu'à
prêter à des lieutenants, institués commandants en chef sur des
champs de bataille distincts, des troupes soumises à des buts
conditionnels, et parfois même avec défense de s'en servir (1).

____

(1) V. la *Solution des énigmes de Waterloo*, Ney aux Quatre Bras, pp. 212
et suiv.

Que dirons-nous de l'organisation lamentable du service de renseignements, de l'aviation ? Devant quel résultat se sont pâmés les badauds qui apprennent l'histoire dans l'agence Havas et d'après les images d'Epinal ? Les « as » ! voilà tout ce que les grands chefs ont su trouver pendant d'interminables mois ! On alla jusqu'à défendre aux commandants de corps d'armée de faire servir des avions au service de reconnaissance.

Les « as » ! C'est là-dessus que se sont emballés les héros de l'arrière, les plastrons rutilants de médailles multicolores qui étincelèrent au Café de la Paix. Là encore, l'habitude des sottes légendes, la manie d'admiration béate et irraisonnée, la rage des symboles apparents qui oblitèrent les cerveaux français depuis 1804, la spécialisation incomplète et truquée, qui fausse les organes de guerre, ces causes néfastes produisirent leurs effets ordinaires de désorganisation et de ruine. L'aviation piétina dans la culture des « as », c'est-à-dire des exploiteurs qui font servir un nombre suffisant de camarades au rabattement de l'avion boche pour lui donner le coup de grâce — quelque chose comme l'espada des cirques espagnols, qui parade et jongle devant le taureau, à la fin, tout à la fin, quand les autres l'ont épuisé et aux trois quarts tué — le poseur devant la galerie.

Combien de temps a-t-on mis pour comprendre que l'aviation devait servir à autre chose qu'à ajouter un dessin et une chanson aux images d'Epinal, qu'on devait agir par masses, par vagues puissantes, renouvelées, attaques violentes par bombardement sur les colonnes d'infanterie en marche, sur les gares, les lieux de concentration, les points vitaux ? Et même quand on eut compris, quel jour les généralissimes successifs donnèrent-ils l'ordre de bombarder les mines de Briey ou le grand quartier général allemand ? Quel jour le G. Q. G. de Chantilly a-t-il agi contre celui de Charleville ? Quel jour le G. Q. G. a-t-il balayé les mots d'ordre mystérieux du comité des Forges ? En quel jour superbe et glorieux les maréchaux Joffre, Pétain et Foch ont-ils su affranchir leurs conceptions tactiques des condescendances de la guerre en dentelles, des compromis étranges ?

Pauvre infanterie française ! Ce ne fut plus la reine, mais la martyre des batailles, martyre obscure et dédaignée des grands chefs, en dépit de quelques belles phrases académiques. Après les « as », ne fallait-il pas inventer, baptiser et exalter les « diables bleus » et les « demoiselles au pompon rouge » ! Pendant que les « as » paradaient dans l'espace à la poursuite d'une « cinquantième victoire », combien de milliers d'humbles fantassins restaient accrochés à des fils de fer intacts, fusillés à bout portant par les mitrailleuses allemandes, parce que la reconnaissance n'avait pas été faite, ou parce que les 75 étaient mal réglés ? Pendant qu'on exaltait les « diables bleus » et les « demoiselles au pompon rouge », chantés par les mille voix de la Renommée et du bluff, pendant que les littérateurs bien pensants se taillaient un succès de billets de banque avec la légende, combien de régiments d'infanterie sombraient obscurément, les cadavres alignés quelques mètres en avant des tranchées, fauchés par les 75 !

Quarante mille morts : voilà le bilan des erreurs de réglage des 75. Parlez de ce chiffre monstrueux à un général bien pensant — tous ceux qui sont restés en possession de leurs titres pensent admirablement, — parlez-en à un officier d'artillerie, et neuf sur dix vous répondront froidement que « ça ne pouvait pas être autrement ».

Pourquoi ? C'est là qu'éclate l'insondable nullité tactique, l'ignorance inouïe du principe de l'économie des forces qui caractérise les généraux napoléoniens. Pourquoi a-t-on maintenu ce contact rapproché avec les premières lignes allemandes ? Quelle utilité stratégique ou tactique a jamais contraint le haut commandement français à cette absurdité sanglante ? Pourquoi des tranchées face à face, à 60 mètres, 30 mètres, parfois 6 mètres de distance, comme au bois Le Prêtre, par exemple, où commandait un des protagonistes de la guerre à coup d'hommes les plus ineptes ?

Est-ce que par hasard nos généraux étaient tellement incapables d'utiliser le terrain qu'ils ne pouvaient reconnaître, choisir, trouver, repérer, fortifier des positions où la distance entre les lignes de tranchées adverses eût été maintenue forcément dans des limites pratiques, en sorte que le réglage du 75 devînt facile, sans danger pour nos fantassins ? Cette ligne de positions ne pouvait-elle être installée sur des hauteurs solidement occupées, maintenues par une utilisation intelligente de la contre-pente, flanquées par des feux, couvertes sur leurs abords non seulement par les mitrailleuses, les fusils mitrailleurs, les grenades, les divers engins de tranchées, mais encore par des barrages formidables assurés par les batteries d'obusiers de gros calibre postées à l'arrière ?

L'arrogance insultante des techniciens, qu'ils fussent d'état-major, d'artillerie ou du génie, avait-elle, par l'affolement de l'orgueil de caste et de coterie, annihilé jusqu'aux derniers

vestiges d'une tactique de bon sens, d'une tactique naturelle,
logique, adaptée au terrain et aux circonstances ? Fallait-il à ces
pontifes un terrain fait sur mesure et d'après leurs plans à eux ?

A quoi servait-il de rester le nez collé sur le nez des Allemands ? Quand bien même l'utilisation d'un terrain approprié
eût exigé le sacrifice d'une bande de territoire, est-ce que ce
sacrifice n'en eût pas épargné d'autres mille fois plus sanglants ? La vie de quarante mille Français ne devait-elle pas
peser dans la balance ? Et les effroyables pertes dues aux
périodes de stabilisation ! N'eussent-elles pas été diminuées de
80 pour 100 au moins ? Et ces absurdes reconnaissances, ces
stupides patrouilles, sous prétexte de ne pas laisser les hommes
s'endormir, de maintenir le moral offensif, l'âme du soldat,
suivant la litanie du général-prédicateur de Castelnau, ou, sous
prétexte de reconnaître le numéro d'un régiment allemand,
d'identifier la troupe en face, est-ce que patrouilles et reconnaissances eussent été incessantes avec une organisation pratique du terrain et un service régulier d'aviation ?

Ce n'est pas de 40.000 morts qu'il s'agit en réalité, mais de
576.000 tués, blessés, disparus, prisonniers, évacués, qu'ont
exigé les périodes dites de stabilisation.

La voilà, la tactique de nos généraux, la méthode Foch-Pétain, suivant l'intelligent refrain de M. Painlevé. Quel avocat
osera la défendre ?

On m'objectera que beaucoup de tranchées parfaites, admirablement construites et défilées, adaptées à un terrain bien
choisi, furent constatées sur le front. Parbleu ! Ne fallait-il pas
en exhiber de telles pour les visites du président de la République, des ministres, des parlementaires, des journalistes bien
pensants, des attachés étrangers, visites si imprévues et si
utiles comme contrôle ? Ne gardait-on pas aussi en réserve
des bataillons triés sur le volet et dressés à crier « en avant »
et « vive la guerre » ? L'état-major, pour montrer aux nobles
autorités la guerre et les poilus, appliquait les principes de
Potemkin montrant les paysans russes à l'impératrice Catherine. Tous les bluffs sont vieux comme le monde. Il n'y a que
la rude vérité qui soit neuve.

Après la tactique d'infanterie, creusons la question de l'artillerie. En somme, elle se rapporte, pour la plus grande partie
de la guerre, à la question du 75. « Pour démolir un gros
» canon, disaient presque tous nos artilleurs, il n'est pas be-
» soin d'une pièce de gros calibre. Un 75 s'en chargera. » Nous

avons entendu cent fois ce rabâchage, marqué d'ailleurs au
coin de la plus rare ineptie. La grande difficulté, ce n'est pas
de démolir un gros canon quand on est tout près, mais c'est
d'en approcher. Voilà le *hic*, que nos pontifes n'ont jamais
compris. Comme le faisait observer le commandant en chef
du 7e corps en visitant Belfort avec le généralissime Joffre, si
nos canons atteignent à peine la moitié de la portée qu'atteignent les pièces allemandes, comment voulez-vous lutter (1) ?

Comment se fait-il que des techniciens instruits, sortis de
l'Ecole dite savante, de l'Ecole polytechnique, ayant travaillé
trente ans au régiment, au polygone, dans les comités supérieurs, aboutissent à une nullité aussi monstrueuse, sous prétexte que l'artillerie lourde exigera des montagnes d'acier, des
centaines de millions, d'innombrables servants ? Il n'a jamais
été question, sauf dans les cerveaux de ces rêveurs, de n'avoir
que de l'artillerie lourde, d'en posséder des masses sur tout
le front, et de la faire tirer à jet continu. Cette hypothèse-là
relève de la pure et simple folie.

Les Allemands ont possédé de l'artillerie lourde. C'est grâce
à elle qu'ils ont brisé toutes nos offensives d'Artois, de la
Somme, de Champagne, et, en fin de compte, ils n'ont pas dépensé plus que nous, bien loin de là.

En réalité, nos pontifes d'artillerie, même la majorité de
ceux qui furent « limogés » dans la suite des temps, ne voulaient que du 75. Au fond, ils étaient, sous le rapport de la
stratégie et de la tactique, de la même force que le général
de Castelnau. Différant de lui au point de vue politique, ils
s'entendaient aussi bien que lui pour faire durer la guerre et
aboutir à l'impuissance totale.

Mais nos pontifes d'artillerie ne lisaient donc rien ! Avant la
guerre, les Allemands se vantaient d'établir leurs batteries
d'obusiers sur des emplacements qui échapperaient d'une manière certaine à la trajectoire tendue de nos 75. Ils se vantaient
carrément — et hélas ! ce n'était pas une pure vantardise —
d'agir impunément contre nos 75 par des tirs sur zones profondes, au delà des crêtes, et de rendre inutile leur défilement.
Ils se vantaient de mettre nos 75 hors jeu par la simple puissance de leurs obusiers.

Nous admettons volontiers que les artilleurs français ne
poussaient pas la naïveté jusqu'à croire que les pièces enne-

(1) V. p. 80.

mies seraient installées bien en vue sur une crête disposée
exprès. Certes non. Les méthodes de défilement, les procédés
de batteries masquées étaient connus. Mais ce qui restait in-
connu, ou ce que nos artilleurs méprisèrent bien à tort, c'était
la puissance des obusiers allemands. Follement entichés des 75,
ils ne comprenaient rien autre. Jusqu'à la disparition du
néfaste ministre de la guerre Millerand, simple avocat de son
subordonné le général Baquet, il ne fut tenté aucun effort pour
lutter contre l'artillerie lourde allemande.

Le motif pour lequel notre infériorité se maintint si longtemps fut en réalité bien vulgaire. Le prétexte réel, profond,
ce fut l'union sacrée, le maintien coûte que coûte de l'infaillibilité des pontifes, le bluff de l'autorité prouvée uniquement
par le titre et le grade. Que cette invention, inconnue de la
Révolution en 1793, soit honnie pour l'éternité ! Que cette
union sacrée soit maudite ! Elle a causé la mort d'un million
de Français, et, sans les alliés et l'Amérique, nous eût procuré
l'écrasante défaite. Le néfaste Millerand fut un de ses plus
ardents promoteurs.

Pour mettre les pontifes de tout calibre au-dessus de la justice, du contrôle d'un peuple réputé libre, pour que l'aberration
de la vanité spéciale aux compétents et aux techniciens s'appli-
quât à fausser les principes, principes de véritable discipline
et principes de guerre, rien ne fut épargné par les pouvoirs
publics, depuis le début, par MM. Messimy et Millerand, jusqu'à
la fin, jusqu'à MM. Clemenceau et Loucheur. La guerre, l'armistice, la paix furent menés au jour le jour, d'après les circonstances. Un des pires éléments sur lesquels s'appuya la méthode
gouvernementale pour maintenir la déplorable tactique d'artillerie, la tactique du maréchal Foch, ce fut l'esprit de camaraderie. Je ne parle pas de l'union loyale qui doit exister entre
les chefs des armées. Cette union-là n'existera jamais dans une
armée napoléonienne, car la jalousie et l'envie règnent dans
les grands états-majors. Envie et jalousie dérivent de l'égoïsme
et de l'arrivisme. Je parle de l'esprit étroit de camaraderie sé-
vissant dans les armes dites savantes, en raison d'une origine
commune d'école, du dogmatisme hautain de cette école, l'Ecole
polytechnique, de l'orgueil insensé que procure à ses écoliers
l'illusion de l'omniscience. Il fallut des échecs retentissants,
des défaites répétées, incessantes, il fallut le lent martyre, la
tuerie interminable déterminée par la guerre d'usure, pour que
l'opinion publique secouât sa léthargie et imposât dans le cours

de l'année 1916 — pas avant — la mise en valeur du peu que nous possédions comme artillerie lourde, la construction de nouveaux engins.

Certes, le travail acharné d'une spécialisation est indispensable pour assurer les détails de l'armement, sa construction, sa mise au point, son outillage. Mais, après l'expérience atroce de 1914-1918, que la France n'oublie jamais qu'au-dessus des spécialistes, il y a le bon sens.

Parmi les spécialistes d'artillerie, il en est qui se posèrent en novateurs, qui surent intéresser à leur cause le Parlement et le public. Jugeons, d'après leurs écrits, leurs preuves et les faits, si leur action fut heureuse ou non, et d'après leur système d'invention, déterminons si cette invention eût suffi pour assurer la victoire décisive.

Leur thèse peut se résumer en quelques lignes : ces novateurs croient fermement à la percée. Les considérations stratégiques ne les intéressent pas, ou, pour mieux dire, leur sont totalement inconnues. Ils croient à la percée rapide et décisive sur le front occidental. Par quel moyen ? Ce n'est certes pas grâce à l'artillerie lourde. Ils la rejettent comme impossible, irréalisable au point de vue pratique. Elle exigerait, d'après eux, des montagnes d'acier, des dépenses folles, un chiffre inouï de millions, un nombre fantastique d'ouvriers, des approvisionnements d'obus tels que les usines du monde entier n'y suffiraient pas.

Alors, quel est, toujours d'après eux, l'engin sauveur, qui renferme à lui seul la solution du problème ? Le canon Archer.

Le monde entier se rue aux batailles. L'univers est en flammes. On se bat de la mer d'Irlande à l'océan Indien. L'immense Russie est en péril. Son effondrement risque·de nous tuer. Le monde musulman frémit. Les armées, les flottes, les sous-marins, les questions de ravitaillement, de famine, les problèmes les plus divers, les plus complexes, hérissés de difficultés inouïes et imprévues, un monde de problèmes surgit devant les généralissimes. Qui les résoudra ? Le canon Archer. Construisez-le. Fabriquez-en des milliers. Puis les fantassins les prendront sous leurs bras.... et dans huit jours nous serons à Berlin. Dans quinze jours, Vienne, Sofia et Constantinople seront à nos genoux. Vous voyez comme c'est simple !

Seul, en quelques heures, ce canon merveilleux triomphera des lignes allemandes, de leurs mitrailleuses, tranchées, canons lourds, masses d'infanterie. Pas l'ombre d'un doute à cet égard.

Ce n'est pas un canon, c'est une panacée universelle et infaillible qui remplace stratégie et tactique. On va devant soi, tout droit. Les tranchées se comblent, les canons se taisent, l'ennemi disparaît. Le canon Archer se suffit à lui-même et répond à tout le reste. Il est imbattable et vainqueur. Il va si vite que les batteries adverses ne peuvent l'atteindre. Elles sont pulvérisées avant d'avoir pu répondre. Quant au terrain, pourquoi s'en occuper ? Le canon-panacée le transforme en plaine, plaine unie et sans défauts. On roule en vitesse. Vous voyez la modestie de la thèse.

Et les arguments ? Laissons de côté ceux qui ne font qu'une bouchée de l'artillerie lourde des alliés. Pour mieux entrer dans la pensée qui anime les impétueux avocats du canon Archer, considérons comme eux que l'artillerie lourde ne doit pas exister. Bien plus. Supposons-la inexistante.

Campons-nous seulement en face de la merveille des merveilles. Empruntons leurs yeux pour mieux la voir et l'admirer.

L'avocat du canon Archer commence par démolir les autres engins de tranchées, notamment « le mortier de 58 n° 1 *bis,* » inventé par le général Dumézil..., le bras droit de M. Albert » Thomas ». Il expose que son tir est « dangereux, lent, imprécis ». Voilà un bras droit bien malade. Admettons-le.

« Juge et partie dans la question, le général Dumézil a fait » tout ce qu'il a pu pour écarter les canons qui faisaient concurrence au sien. Pour faire perdre patience aux inventeurs, il a fait à chacun d'eux l'aumône d'une commande de » quelques centaines d'engins; mais il a évité tout tir comparatif et il a fait traîner les essais pendant deux ans.

» Ces lenteurs nous ont valu la perte de 500.000 hommes, » tombés devant des organisations défensives allemandes non » détruites par notre artillerie.

» Dès 1915, cependant, les expériences de Bourges avaient » fait ressortir l'insuffisance du canon de 58. »

Les expériences de 1916, à Satory, Bourges et Mailly, démontrent à tous les points de vue, rapidité du tir, précision en portée et en direction, l'écrasante supériorité du canon Archer sur le canon Dumézil. Soit. Admis.

L'auteur fait ressortir l'insolence hargneuse et malveillante du président de la commission d'examen, qui déclare avant de rien connaître : « Messieurs, nous sommes ici pour en finir une » bonne fois avec tous ces inventeurs ! »

Là, nous sommes entièrement de son avis. Jamais MM. Ar-

cher et ses collègues, les inventeurs au cours de la guerre,
n'emploieront de termes assez violents, de flétrissures assez
vigoureuses, contre MM. Lebureau, Quidedroit et les pontifes.
L'ignorance crasse, la mauvaise foi, l'orgueil fou de ces mandarins ne sauraient être excusés par un homme de bon sens.

Mêmes résultats très avantageux aux expériences de 1917,
Mailly et Lassigny. Le canon Archer ou de 85 est démontré
infiniment supérieur aux canons Doyen, Fabry, Jouhandeau,
Desbordes, au canon de Puteaux. En moins d'une demi-heure,
le canon Archer comble la tranchée de telle sorte qu'on peut
faire passer le matériel sans effectuer aucun travail de terras-
sement. Le canon de 85 constitue le véritable canon d'accompagnement de l'infanterie. C'est le canon d'infanterie. Il détruit
et il accompagne. Soit encore. Admettons.

Comme le disent fort justement l'inventeur et son avocat,
« l'artillerie qui détruit la tranchée doit être la même que celle
» qui, avant et après cette destruction, appuie la progression
» de l'infanterie. »

Le ravitaillement du canon Archer est facile.

J'admets également bien volontiers les citations de diverses
insanités émises par de hautes autorités militaires, leurs opinions pessimistes concernant les inventions.

L'avocat du canon Archer expose : « D'après une statistique
» faite dans un grand nombre d'ambulances, nous avons eu,
» depuis le commencement de la campagne, plus de 40.000
» fantassins atteints par l'artillerie amie. »

Il ajoute plus loin : « Le moyen de rendre à l'infanterie la
» confiance qu'elle doit avoir dans son artillerie, ce n'est pas
» de vanter notre programme d'artillerie lourde, dont la fail-
» lite crève les yeux; c'est, au contraire, de changer de mé-
» thode; c'est de donner à notre infanterie le petit canon
» qu'elle réclame depuis deux ans; un canon qui sera à son
» entière disposition; un canon qui combattra, en quelque
» sorte, dans ses propres rangs, et auquel elle pourra indiquer
» elle-même le point à frapper et le moment de le frapper; un
» canon qui l'accompagnera et qui détruira la tranchée.
» Ce canon, c'est le canon d'infanterie Archer. »

Jusqu'ici, c'est admis. Je laisse de côté les exagérations concernant l'artillerie lourde, erreurs dont nous avons fait justice (1). Mais où l'auteur veut-il en venir ? Ses affirmations et

(1) V. p. 127 et suiv.

prétentions sont nettes, précises, d'une exposition lumineuse. Les voici, formulées après l'expérience de Mailly du 20 juin 1917 :

« Le canon Archer est le seul qui ait complètement détruit
» la tranchée et les abris blindés. Il les a détruits en moins
» d'une demi-heure, c'est-à-dire en moins de temps qu'il n'en
» faudrait à l'ennemi pour se ressaisir. Seul, il aurait permis
» de profiter du désarroi de l'adversaire pour poursuivre le
» succès, sans désemparer, sans recommencer une nouvelle ba-
» taille.

» Personne n'a osé relever les affirmations de l'inventeur,
» alors que, dans les précédentes séances, on lui avait fait tant
» d'objections.

» On avait dit que son canon serait détruit avant d'avoir rien
» fait. Or, si ce canon accomplit sa besogne en cent fois moins
» de temps qu'il n'en faut à l'artillerie lourde, l'ennemi n'aura
» pas le temps de le repérer.

» On avait dit que, sur le champ de bataille, le personnel
» subirait de grosses pertes. Qui ne risque rien n'a rien. La vie
» des artilleurs n'est pas plus précieuse que celle des fantas-
» sins. Le personnel serait, d'ailleurs, insignifiant. Jamais l'ar-
» tillerie n'a demandé un plus petit nombre d'hommes pour
» le service des pièces.

» Si, sur un front de 200 kilomètres, 4.000 canons Archer
» ouvrent le feu simultanément, je vois bien l'artillerie enne-
» mie détruisant quelques-uns de ces canons, mais je ne la vois
» pas en détruisant 4.000.

» Toutes ces objections sont du domaine de l'hypothèse, et
» non de celui de l'expérience. Il faut raisonner sur des faits. »

Le lecteur voit que je n'ai rien exagéré. A lui seul, sans qu'il soit besoin d'aucune autre manœuvre que de partir du pied gauche au commandement « en avant, marche », et en filant droit devant soi, le canon Archer assure la victoire au pas de course.

Ici, réfléchissons quelques minutes.

Ce qui reste à prouver, hélas ! et ce que M. Archer et son avocat ne nous prouvent pas du tout, c'est que l'ennemi restera inerte et stupide. Evidemment, il nous affirme qu'il n'aura pas le temps de se ressaisir, de riposter. Il nous l'affirme. Quelle preuve en donne-t-il ? Quelle preuve pourrait-il en donner ? Ses expériences, ses soi-disant preuves de « faits », ont eu lieu à Satory, à Bourges, à Mailly, à Lassigny. Les Allemands y assistèrent-ils en nombre et en force ? Non. Alors ?

A la première page de l'étude dont j'ai cité quelques extraits, l'auteur avoue que les Allemands, dès le début de 1917, ont sorti « un canon léger de 200 millimètres, traîné par deux che- » vaux seulement, et susceptible de lancer à 2.500 mètres, en » tir courbe, rapide et précis, un projectile contenant une » forte charge d'explosif... » Hum ! voilà qui me force à réflé- chir. Aux expériences de Mailly, Bourges et Satory, ce canon allemand tirait-il contre le canon Archer ? Non. Alors ?

M. Archer nous parle de la méthode de Napoléon et prétend que sa méthode à lui « n'est qu'une adaptation des progrès de » la science moderne à la méthode de Napoléon ». Là-dessus, il nous sert quelques lignes d'allure et prétention mathémati- ques sur une « variable » et une « constante », et propose tout d'abord de « concentrer de préférence l'armée sur une base » en équerre, de façon à menacer le flanc ou même la retraite » de l'ennemi.... ». A-t-il jamais lu une ligne des *Mémoires* de Napoléon (t. VIII, p. 259, réfutation dure et railleuse du général de division du génie Rogniat) ? Avant de s'appuyer sur Napo- léon, il convient d'être sûr qu'on l'a compris. Or M. Archer n'a pas étudié ni compris un mot de sa méthode.

En fin de compte, M. Archer proclame que son canon « pou- » vant détruire tous les obstacles jusqu'à 600 mètres », se char- geant non seulement de la mitrailleuse ennemie, mais du canon « que l'ennemi aura fatalement placé pour détruire le tank », se chargera par cela même de permettre au tank la marche à grande vitesse. Ajoutez-y une flotte de 3.000 à 4.000 avions- transports « qui créera de l'autre côté du front, à 20 ou 40 kilo- » mètres derrière les lignes ennemies, une zone toute couverte » de mitrailleuses, et qui interceptera toutes les communica- » tions de l'ennemi. »

Retenons le chiffre avoué : 600 mètres. Le canon Archer est maître absolu dans un rayon de 600 mètres. Soit. Mais alors, qu'est-ce qu'il fait du canon allemand de 200 millimètres qui porte à 2.500 mètres ? Admettons que le canon Archer porte à 1.000, un peu plus de 1.000. Admettons qu'il tire juste avec des obus de 75, avec des torpilles. Qu'est-ce qu'il fera contre le 200 millimètres allemand, qui tire aussi « juste avec une forte charge d'explosif » ? Est-il sûr que sa surprise dominera celle de l'ennemi, que son offensive sera plus puissante que l'offensive adverse ? Pourquoi répond-il de détruire l'autre ? Pourquoi affirme-t-il que l'autre ne le détruira pas ? Qu'est-ce qu'il en sait ? Où sont les preuves ? Les Allemands n'ont-ils plus de tanks, plus d'avions, plus d'avions-transports ? A 20 ou 40 kilomètres du front sont-ils démunis de troupes, d'engins, de moyens quelconques de résistance ? Sur le front, n'ont-ils plus de moyens de renseignements ?

Ce qui reste à prouver par M. Archer et son avocat, c'est toujours la même chose, c'est la facilité du triomphe. Absorbé, paralysé, aveuglé par la hantise de son invention, M. Archer a pulvérisé les objections... en rêve. L'ennemi n'existe plus — en théorie. — C'est ce que disait le maréchal Foch avant ses deuxième et troisième batailles de l'Artois : « Messieurs, dans » trois jours la guerre de mouvement commence... » Ce maréchal avait pensé à tout, sauf aux Allemands. M. Archer procède de la même méthode subjective. Elle est extrêmement commode, surtout à Satory, à Bourges et à Mailly. Oh ! là, les Allemands sont inertes, et pour cause. Le 85 marche à merveille, sans obstacle, sans arrêt. Une ligne de tranchées par demi-heure. Mais ailleurs ?

Alors, ce bon M. Archer suppose que les Allemands vont laisser paisiblement s'installer 4.000 canons de son cru à 600 mètres de leur front, qu'ils vont les laisser avec le même flegme pacifique tirer, avancer, se réinstaller devant leur seconde ligne, la troisième, etc., sans bouger, sans riposter, sans tirer eux-mêmes un coup de canon, de mitrailleuse, de torpille, que leurs avions seront aveugles, que leurs 200 millimètres resteront muets, que leur infanterie restera sourde, que leurs canons lourds, qui depuis des mois ont repéré les moindres accidents de terrain, que leurs mille moyens de résistance accumulés se trouveront paralysés par la seule raison que c'est le canon Archer, le « canon rustique de 85 » qui tire !

Je me demande de quel droit M. Archer et son avocat raillent si durement les généraux en chef de leurs illusions naïves. En fait d'illusion et d'orgueil, qu'ont-ils donc à leur envier ? Pour servir leurs canons, il fallait des hommes. Ces hommes eussent été soumis au tir effroyable des milliers d'engins, mitrailleuses, lance-torpilles, 77, 88 autrichien, 200 millimètres, et aux 210 et canons lourds de l'arrière. Par quels procédés auriez-vous garanti l'invulnérabilité de vos servants ? Oubliez-vous les pertes monstrueuses subies dans les offensives, 75, 80, 90 p. 100 des fantassins ? Que seraient devenues vos lignes de canons rustiques, une fois que les hommes qui les servaient auraient été démolis dans des proportions aussi terribles ? Vous doutez-vous des effets d'un tir de barrage ? Et que dire de trois tirs de barrage, un en avant de l'élément en marche, ligne d'infanterie ou ligne de 85, un sur l'élément en action, un troisième sur les renforts et les ravitaillements ? De quel droit affirmez-vous que votre offensive, prononcée contre des retranchements successifs, des fortifications dont vous n'avez jamais sondé l'étendue ni la profondeur, eût été plus épargnée que les autres, par le seul motif que votre système était en jeu ? Vous proclamez qu'en une demi-heure, qu'en vingt minutes, vous auriez comblé n'importe quelle tranchée ennemie. Eh bien, croyez-vous qu'un tir de barrage déclenché par les canons adverses sur des positions parfaitement repérées de longue date eussent mis plus de vingt minutes pour broyer votre ligne de 85 ? C'est toujours la même erreur dont vous vous moquez quand il s'agit de voir la paille dans l'œil du voisin : vous ne voyez plus l'ennemi, vous n'y pensez même pas. Etourdis par une expérience de tout repos, vous vous imaginez que le champ de bataille reproduira point par point cette pacifique expérience. L'erreur est immense, absolue. Après avoir découvert la paille des autres, songez à la poutre qui vous aveugle.

Admettons que, sur la ligne de 200 kilomètres et de 4.000 canons Archer, de nombreux éléments ne soient pas détruits. Pour quel motif supposez-vous que les réserves ennemies sont inexistantes ou paralytiques ? Et si elles agissent, songez-vous en quelle fâcheuse posture vont se trouver les éléments intacts de la ligne de 85, s'ils se risquent à poursuivre l'avance ? Quel oubli prodigieux de la manœuvre positive !

Les mathématiques sont une belle chose. Mais un tableau noir de salle d'étude ne représente pas un champ de bataille. En face de l'ennemi, l'arithmétique et l'algèbre ne pèsent pas lourd. Laissez la science à sa place. Contre l'adversaire, c'est du bon sens qu'il est surtout besoin. Les tristes expériences du mathématicien Painlevé, du général Nivelle devant Craonne, du maréchal Foch en Artois, l'ont suffisamment démontré.

J'admets parfaitement l'utilité du canon Archer, mais à sa place et à son heure, pour début d'offensive, pour continuer ou reprendre l'action destructive contre la fortification passagère, dès que la manœuvre le permettra. Mais avant tout et par-dessus tout, la manœuvre, c'est-à-dire le concept stratégique. Ce n'est pas d'aujourd'hui qu'on essaie de se passer de la manœuvre sur un champ de bataille. Napoléon s'y est exercé à Waterloo. On sait combien le procédé lui réussit. Il y a perdu l'Empire et ruiné la France. De quelques beaux détours que vous recouvriez l'absence de manœuvre, quand bien même vous accumuleriez les discussions mathématiques ou chimiques pour masquer la maladresse en matière de manœuvre stratégique et tactique, vous n'aboutirez fatalement qu'à l'impuissance et à la défaite.

Conclusion sur ce système : le haut commandement fut très coupable en entravant la fabrication du canon Archer, qui eût rendu d'excellents services. Mais M. Archer se trompe en affirmant qu'une part de vérité représente la vérité tout entière. Il n'a saisi qu'un côté du problème. Un engin de guerre quel qu'il soit, canon, tank, avion, bombe, produit chimique, ne représentera jamais l'atout décisif.

Notons que l'erreur de l'inventeur et de ses amis produisit de plus un résultat très fâcheux. L'insistance de hauts dignitaires de l'artillerie en faveur du canon Archer, l'affirmation acharnée qu'il constituait la panacée unique et universelle de la guerre, égara de nombreux parlementaires, le public, l'opinion, et les détourna du but réel, positif et pratique : le concept stratégique.

Une foule de travaux tactiques se produisirent au cours de cette guerre. Leurs auteurs, officiers très consciencieux, se sont attachés à de multiples observations critiques et projets de détails, très intéressants dans leur sphère, et qui méritent de vifs éloges. Mais la discussion poussée à l'extrême des innombrables organismes que mit en œuvre la grande guerre nous entraînerait à des développements interminables. Le plus grand défaut de ces digressions serait de nous forcer à sortir du sujet de cette étude. Il s'agit en effet d'arriver à la démonstration de la faute capitale commise par le haut commandement, la détermination des motifs de cette faute. En conséquence, nous n'avons fait ressortir au cours des discussions préliminaires que ce qui était strictement indispensable pour que le public constate l'impuissance du haut commandement à conduire une guerre mondiale, l'esprit rétrograde et vieillot qui inspira ses actes, l'ineptie fondamentale de sa stratégie et de sa tactique. Le reste ne nous intéresse pas directement. Quelle que soit la valeur des divers projets de détail mis en avant, il ne nous appartient pas de les mentionner.

CHAPITRE VIII

LA FAUTE CAPITALE DU HAUT COMMANDEMENT

Une guerre mondiale ne pouvait être résolue rapidement que par une méthode supérieure aux humbles techniques détaillées dans les écoles et académies de guerre. Puisque le monde entier se trouvait intéressé dans la bataille, il apparaissait de toute nécessité que les gouvernements et les grands chefs fussent capables d'embrasser d'un coup d'œil l'immensité du théâtre et d'y découvrir la solution. Aucun ne l'a trouvée.

Du côté allemand, la question ne se discute même pas. L'invasion par la Belgique, qui tourne contre l'Allemagne l'opinion morale du monde entier, déchaîne l'action poussée à fond de l'Angleterre, la guerre sous-marine, qui provoque l'entrée en jeu de l'Amérique et motive l'exaspération des neutres eux-mêmes, les offensives insensées, inutiles et sanglantes sur l'Yser, Verdun, celles encore plus folles qui ruinent une immense réserve de 2.500.000 combattants du 21 mars au 15 juillet 1918, ces répétitions lamentables d'une impulsion brutale, primitive et sauvage, en dépit des apparences scientifiques et des complications tactiques, aboutissent en fin de compte à la démoralisation de l'Allemagne, à la dépression irrémédiable de ses armées, à la défaite. Aucun concept stratégique de haute envergure. Les seules opérations méritant le nom de manœuvres sont effectuées par Mackensen sur le front oriental. Encore ne réussissent-elles que par l'énorme supériorité du matériel. Les armées de Mackensen n'avancent que parce qu'elles sont précédées d'un formidable rideau d'acier qui broie des adversaires fort mal armés, à peu près dépourvus de toute organisation sérieuse. Si les masses russes avaient possédé canons, munitions et fusils, aucun fait positif ne permet d'affirmer que les Allemands l'eussent emporté sur les Russes. Les manœuvres de Mackensen ne consistent qu'en répétitions vulgaires d'attaques frontales combinées avec des attaques de flanc. Là encore, aucune inspiration foudroyante et décisive.

Du côté français, la question semble à première vue moins claire, attendu qu'il se produisit une victoire... apparente. Cet événement fut exploité et fêté par les bénéficiaires et profiteurs de la guerre avec une exaltation de bluff inouïe, sans aucun rapport avec les résultats pratiques de cette soi-disant victoire. La réintégration de l'Alsace-Lorraine constitue le seul fait qui doive être porté à l'actif du triomphe. Nos explications à cet égard ont été tellement détaillées qu'il est inutile d'y revenir.

Quoi qu'il en soit, la retraite des Allemands sur le Rhin, l'apparition des alliés sur les rives de ce fleuve, qu'en 1914 les Allemands appelaient *unser Rhein,* « notre Rhin », détermina chez les observateurs superficiels la conviction que le haut commandement français l'avait emporté sur son adversaire.

Les motifs réels, les causes profondes de la victoire ont été exposés. Laissons de côté la question des résultats. Il n'en subsiste pas moins que les événements qui provoquèrent le recul allemand sur le Rhin, l'armistice et la paix (ou négociation soi-disant telle), ne se produisirent qu'à partir du 18 juillet 1918, c'est-à-dire après quarante-sept mois de guerre marquée par l'impuissance du haut commandement français, puisqu'à cette date les armées allemandes occupaient encore la France du Nord et de l'Est.

Eh bien, il s'agit de savoir si la victoire n'aurait pu se produire plus tôt. Toute la question est là. Cette démonstration est le but capital de mon œuvre.

A toutes les critiques, les pontifes et les bourreurs de crâne ont riposté : « Vous n'auriez pas mieux fait que nos géné- » raux. »

Par contre, toutes les fois qu'au cours de cette guerre une proposition quelconque, susceptible d'améliorer la situation ou de hâter la solution a été faite, les pouvoirs publics l'ont étouffée, ou le G. Q. G. l'a sabotée de telle sorte que rien de sérieux ne put aboutir.

Deux ministres de la guerre, MM. Millerand et Clemenceau, ont été forcés, le premier par la Commission de l'armée, le second par de terribles circonstances, à la date du 22 mars 1918, de m'appeler au ministère de la guerre. Ni l'un ni l'autre ne m'ont laissé développer mon projet. Leur entourage, leurs chefs de cabinet, les Baquet, les Buat ou les Mordacq, ou les émissaires du G. Q. G., ou leur incompréhension personnelle, ont étouffé, annihilé toute discussion approfondie. Quant à M. Painlevé, après m'avoir reçu comme simple député, m'avoir adressé les plus chauds compliments, m'avoir déclaré « qu'au- » cune œuvre humaine ne lui avait été plus droit au cœur que ma » pétition du 15 mars 1915 », il fut, comme ministre de la guerre, touché d'une grâce différente, celle du G. Q. G., se prosterna devant la méthode baptisée par lui de méthode Foch-Pétain, et, trouvant probablement qu'il n'y avait pas encore assez de morts et que la guerre n'avait pas duré assez longtemps, laissa ces deux maréchaux poursuivre leur œuvre. Voilà de quelle façon les pouvoirs publics ont compris le problème.

Aujourd'hui, je le porte devant le grand public. Mais, pour qu'il comprenne et juge, il faut d'abord écarter les nuages de l'odieuse légende. Il faut que le peuple voie clair.

La première condition pour résoudre un problème, et surtout un problème de haute stratégie, embrassant un immense théâtre de guerre, c'est que l'énoncé en soit lumineux, que les données en paraissent évidentes, que les inconnues soient nettement déterminées. Voilà ce dont le mathématicien Painlevé n'a pas compris un mot.

Il en fut des conditions et des exigences de la guerre mondiale comme des buts de guerre poursuivis par les alliés. Gouvernements et états-majors s'ingénièrent à entasser secrets sur mystères, l'ombre et le silence sur la nuit. Aucune franchise, aucune loyauté. On escamotait le problème, on l'esquivait, mais on ne le résolvait pas. Cette finesse diplomatique fut cause des plus terribles erreurs, erreurs dont les conséquences pèseront encore pendant plus d'un siècle sur notre malheureuse patrie, à supposer qu'elles ne la tuent pas.

Déterminons les données du problème. D'abord, la situation dès le début de 1915.

La France, l'Angleterre, la Belgique, l'Italie, la Russie, la Serbie, le Monténégro sont en guerre contre l'Allemagne, l'Autriche, la Bulgarie, la Turquie. Ces quatre dernières, les puissances centrales, sont unies, liées, soudées entre elles, sans la moindre coupure dans leurs communications, maîtresses absolues de leurs transports et échanges de troupes, matériel, munitions, ravitaillement. Au contraire, les puissances de l'Entente sont séparées.

Quel était le premier résultat à obtenir ? Se réunir, se joindre, se lier, se souder.

Combien de milliers de fois le G. Q. G. et les écrivains « bien pensants » nous ont-ils aveuglés de poudre aux yeux en répétant la formule : « Unité de commandement sur unité de » front. » Au 22 mars 1918, au moment des offensives de Ludendorff, on nous le chantait encore. Il paraît que le maréchal Foch sut enfin réaliser ce miracle. Comment fut-il jamais lié à la Russie bouleversée, à la Roumanie battue, à la Serbie à moitié morte ? Cela, c'est une autre affaire. On a oublié de nous le dire..., et pour cause.

Mais nous en sommes au début de 1915. Qui donc, à cette date, s'est occupé de la liaison des alliés ? Personne. Il n'est pas un ministre, pas un général, qui ait conçu l'ombre d'un soupçon concernant le problème utile, nécessaire, primordial.

Cette question de soudure entre les puissances de l'Entente ne peut être traitée légèrement, en quelques lignes, attendu qu'aujourd'hui encore il ne manque pas de Français, de Français se croyant de bonne foi, instruits, intelligents, admirablement renseignés, et qui haussent les épaules en entendant parler de l'Orient, se contentant de rabâcher le refrain usé jusqu'à la corde, à savoir que l'unique solution du problème se trouvait entre l'Escaut et les Vosges.

Parmi les grands chefs, les généralissimes, chargés de penser pour les autres, pas un qui ait eu l'idée, en voyant cette guerre monstrueuse se développer de la mer d'Irlande à l'océan Indien, que la solution réelle et profonde ne pouvait venir que d'une action combinée, d'une action immense des armées et des flottes. Pas un ! Voilà qui donne une fière idée de leur faculté d'intuition !

Je sais qu'on va me jeter à la tête Gallipoli et Salonique. Patience. Allons posément et sagement.

De l'Escaut aux Vosges ! Hélas ! c'était par là que sévissait la guerre d'usure. Aucune solution rapide ne pouvait s'y trouver. Bien plus. C'est précisément pour ce motif que la soi-disant victoire n'a rien résolu. Cette victoire était manquée d'avance, parce qu'elle se manifestait sur un terrain trop rétréci, parce qu'elle était trop restreinte en principe et en fait.

Pour parler un instant le langage mathématique, en restant dans une sage mesure, nous émettons carrément l'opinion que le triomphe entre la Belgique et l'Alsace ne constituait pas la condition nécessaire et suffisante d'une victoire totale. C'était une des faces de la question. Rien de plus. Ce triomphe local laissait en dehors de lui trop de questions inconnues et angoissantes, trop de problèmes en voie d'évolution, trop de peuples. Il ne frappait pas au point vital et décisif. Ce point-là était unique au monde. Mais il fallait le deviner. Et surtout, il fallait trouver le seul moyen pour y atteindre.

Si l'Allemagne avait été seule en jeu, le commandant en chef des forces franco-anglo-belges eût évidemment été contraint de manœuvrer dans la seule vision du Rhin, la transformation de l'*unser Rhein* en ligne frontière ou ligne conquise. Comme nous ne devions pas tomber dans l'erreur où s'étaient jetés les Allemands par la violation de la neutralité belge, comme, par suite, il nous était interdit de toucher à la Hollande ou à la Suisse, nous n'aurions pu lutter que des Vosges à l'Escaut. Soit. Mais dans une guerre mondiale, il fallait être aveugle pour ne pas considérer le jeu de la Bulgarie et de la Turquie, la répercussion des événements dans le monde de l'Islam, et ne pas s'efforcer de tourner à notre profit les forces musulmanes, forces obscures, mal connues, mais immenses. Que l'Allemagne fût la cheville ouvrière de la *Mittel-Europa,* c'est entendu. Mais en admettant sa défaite sur le Rhin, il était clair que cette défaite ne pouvait satisfaire aux multiples conditions du problème, et que, tant que la question de la Russie et celle de l'Islam ne seraient pas définitivement réglées, il ne pouvait se produire ni une victoire réelle ni une paix solide.

Cette donnée capitale du problème nécessitait une liaison étroite, une liaison pratique, efficace, avec la Russie. Donc il fallait en premier lieu trouver le mode de liaison. La lutte circonscrite entre Lille, Saint-Quentin, Verdun, d'une part, et, d'autre part, Cologne, Mayence et Mulhouse, pouvait-elle même être assurée sérieusement sans l'action russe ? Était-il sage d'escompter une coordination loyale d'efforts si divergents ? Était-il raisonnable de rêver des manœuvres concordantes entre des alliés placés à des distances énormes les uns des autres, séparés par une formidable masse d'ennemis ? C'était d'autant plus impossible, et par conséquent absurde, que cette masse centrale se trouvait abritée, garantie, par des réseaux de forteresses admirablement organisées, tant du côté russe que du côté français. En dépit des affirmations tranchantes de nos généraux d'état-major, d'artillerie et du génie, les forteresses allemandes ont servi à quelque chose.

Les proverbes de la sagesse des nations ne renferment pas la loi intellectuelle absolue des pensées humaines. Mais, cependant, il est bien difficile de traiter légèrement le principe admis de toute éternité que « l'union fait la force ». Nos adversaires étaient unis par la nature même des choses. Par suite, un commandement unique pouvait facilement déployer ses manœuvres. Le premier devoir de nos généraux, s'ils eussent été à la hauteur de leur tâche, consistait à supprimer cette cause effroyable de faiblesse, la désunion des efforts, l'éloignement prodigieux des armées.

Autre donnée de premier ordre. Même en laissant de côté les problèmes politiques intérieurs ou étrangers, est-ce que si nos diplomates, notamment notre représentant à Pétrograd, M. Paléologue, n'avaient été aussi superficiels, aussi mal renseignés, aussi faibles d'intelligence et de volonté, est-ce qu'on n'aurait pas dû songer avant tout, par-dessus tout, à étayer la Russie, à s'ouvrir coûte que coûte un chemin vers elle, à trouver et à maintenir le contact ? Il n'est pas question de savoir si on eût dû agir dans la formation de son gouvernement. Mais, quel qu'eût été le gouvernement, n'importait-il pas à la cause des alliés de s'assurer une liaison étroite et indissoluble avec le territoire et le peuple russe ?

Sans prendre parti pour ou contre n'importe quel système de gouvernement russe, en restant strictement sur le terrain des manœuvres de guerre, est-ce que notre intérêt de premier ordre n'était pas de causer directement avec les Russes ? Au point de vue de l'effet moral comme des résultats matériels, était-ce le fait d'une direction sérieuse dans le haut commandement français que de laisser les masses russes se battre avec des canons sans obus, des fusils sans balles, se faire décimer par la formidable artillerie allemande, frappant à coups redoublés pour ouvrir le chemin aux colonnes de Mackensen ?

Admettons que les forces françaises, anglaises et belges fussent seules en jeu. Quel est donc l'homme de guerre digne de ce nom qui eût osé prétendre, en 1915, qu'au point de vue de l'armement, des ressources industrielles et scientifiques, des effectifs, la victoire était certaine entre l'Escaut et le Rhin ? Nous n'avons pas le droit de tabler sur l'imbécillité de l'ennemi. Personne à cette date ne pouvait prévoir la folie du haut commandement allemand usant une réserve de 2.500.000 hommes dans les offensives de 1918. Personne ne pouvait prévoir que l'Amérique entrerait en jeu, et que, par suite, le blocus viendrait à bout des ressources allemandes. Sans le blocus, et en supposant que le bon sens les maintiendrait dans leurs lignes fortifiées, appuyées sur Strasbourg, Metz, Thionville, Mayence et la ligne du Rhin, pouvait-on imaginer qu'ils seraient jamais vaincus ? Leurs ressources en population et en vivres, leur formidable natalité, leur réserve de matériel, forçaient à prévoir une résistance à peu près indéfinie. L'usure, en admettant qu'elle se produisît à leur détriment, n'eût rapporté qu'une victoire médiocre. Donc, la victoire réelle ne pouvait venir que d'une manœuvre. La guerre mondiale dépendait d'une opération mondiale, d'une bataille rapide, immense, décisive, d'une bataille livrée avec les armées et les flottes.

Au point de vue moral, comme au point de vue matériel, était-il possible de faire abstraction des puissances balkaniques dans cette opération de guerre ? Que l'union entre les alliés n'ait pas été absolument intime, que les intérêts particuliers, les impérialismes étroits et égoïstes aient joué leur triste jeu tout le long de la guerre, et souvent contrecarré le principe de l'unité d'action, c'est un fait que personne au monde ne peut tenter de nier. Il n'y a pas que les Bulgares, les Turcs, les Autrichiens et les Allemands qui se soient réjouis hautement, délectés de l'écrasement de la Serbie. Parmi les puissances alliées, il en est dont l'action en cette circonstance fut d'une mollesse, d'une inertie, d'une mauvaise volonté inouïes. Mais à qui la première faute, sinon au haut commandement français, qui n'a pas compris un mot du rôle énorme que l'Orient devait jouer dans la guerre ? S'il l'eût compris, les mauvaises volontés les plus sournoises et tenaces eussent été maintenues, annihilées, brisées par la force des choses, supérieure aux volontés humaines. N'était-ce donc pas un événement facile à prévoir que la défaite serbe ? A ne regarder que la carte, comment les malheureux Serbes auraient-ils pu résister, encerclés par les Austro-Allemands, les Bulgares, les Turcs ? Comment décongestionner ce front, briser cet encerclement, sinon par une opération de guerre sur le front oriental ?

L'exemple de ce qui s'est passé en Roumanie ne suffit-il pas à faire comprendre que la victoire réelle fut manquée parce que le haut commandement français n'a pas vu de quelle manière la solution décisive devait se poursuivre à l'Orient ? Qu'est-ce qu'on ne nous a pas chanté, en couplets d'un lyrisme échevelé, sur la puissante, l'irrésistible armée roumaine, 500.000 hommes, paraît-il, admirablement organisés, armés, outillés, pourvus de tout, conduits par le haut et puissant seigneur émané du G. Q. G., l'invincible Berthelot, dépositaire des secrets mystiques, représentant du dogme pur, de la sainte

Ecole de guerre ? Qu'est-ce qu'on n'a pas tenté pour nous éblouir sur les effets mirifiques de l'offensive inspirée par le déjà nommé et couronné Berthelot, offensive géniale, renouvelée de celle de Dieuze et Charleroi, la charge aveugle droit devant soi, sur les hauteurs de Transylvanie ? Et après ? Qu'est-ce qui s'est passé ? De quelle façon piteuse s'effondra le bluff ? La Roumanie vaincue, conquise, ses armées balayées depuis la frontière jusqu'à Jassy ! L'invincible Berthelot tournant le dos avec une certaine précipitation aux régiments de Falkenhayn, jusqu'à ce qu'il se fût réfugié dans les bras de la Russie ! Voilà une des manières dont le G. Q. G. français comprit l'action orientale.

Pourquoi cette défaite ? Inutile de revenir sur les dogmes du G. Q. G. Nous savons maintenant ce qu'ils valent, ce qu'ils pèsent en face d'un ennemi vigoureux, qui ne meurt pas de faim, et qui n'est pas conduit par un Ludendorff. Mais quel fut le motif profond de la défaite ? C'est qu'en 1915 les Austro-Allemands, les Bulgares, n'étant fixés nulle part, pas plus sur le front occidental qu'ailleurs, libres de leurs effectifs, dominant les puissances alliées par le chiffre de ces effectifs, par le nombre et le matériel, agirent à leur aise contre un adversaire qui n'était lié aux masses principales par aucune soudure. Là encore, il apparaît clairement que l'union des puissances alliées devait s'établir en Orient.

Encore une fois, je n'oublie pas Salonique, mais actuellement il s'agit de déterminer les conditions générales du problème à résoudre.

Un seul mot, qu'il est impossible d'éviter, sur les fautes inouïes, inconscientes ou voulues, de notre diplomatie, du gouvernement et notamment de M. Millerand. Ici je ne traite pas de la faute capitale du haut commandement français, mais de celle du gouvernement. Inutile de dire que je ne me place nullement au point de vue politique. Mais l'aberration fut tellement énorme qu'avec la meilleure volonté du monde il serait inacceptable que je la passe sous silence. En mai 1915, une occasion superbe s'offrit pour écraser la Bulgarie. La Serbie, qui se tenait au courant de ses préparatifs incomplets, offrit à nos ministres de l'anéantir avant qu'elle fût à même d'agir efficacement. A cette date, c'était plus que le salut, c'était la victoire. La Bulgarie écrasée, l'union de la *Mittel-Europa* était rompue, brisée sans retour. Les Turcs isolés eussent été vite réduits à capituler. L'union avec Bucarest et, par la Roumanie, avec la Russie, se trouvait assurée. Ainsi, du côté des puissances centrales, plus d'accord, deux éléments de force détruits sur quatre. Du côté des alliés, unité de commandement dominant sur l'unité réelle des fronts. Voilà le triomphe superbe qu'il n'a tenu qu'à nous de saisir dès le mois de mai 1915. Grâce à nos ministres de cette époque, surtout grâce à M. Millerand, ce ne fut qu'un rêve vite évanoui. Quel rôle jouèrent à cette occasion les diverses puissances gouvernementales ? M. Millerand, étant ministre de la guerre, apparaît comme le responsable. S'il ne fut qu'un sous-ordre et, plus tard, quand le fait fut connu et détermina sa chute, un bouc émissaire, il lui appartient de le dire. Si toutefois ces mystères lui valurent plus tard une réhabilitation officielle et un retour éclatant au pouvoir, alors il est évident qu'il fut non pas dupe, mais complice. Ce raisonnement indiscutable s'applique aux personnages mêlés à l'affaire, à tous, sans en excepter un seul, si haut placé qu'il fût à cette date.

Quoi qu'il en soit, il appartenait au généralissime et au G. Q. G. de comprendre la question au point de vue militaire. En supposant qu'ils aient été écartés d'une manière absolue de toutes négociations, ils disposaient de leurs cartes et du bon sens. Personne n'ignorait l'entrée prochaine de la Bulgarie en jeu à côté des Austro-Allemands. Donc, la première idée devait être de se lier aux Russes par cette route. L'ignorance, le manque de décision du haut commandement furent d'autant plus inexplicables qu'étant donnés les procédés balkaniques, on devait s'attendre à ce que la guerre avec la Bulgarie éclaterait soudainement, sans déclaration préalable, comme d'ailleurs cela eut lieu. Donc, il fallait prendre les devants. Une fois la Serbie et le Monténégro écrasés, l'affaire était manquée de ce côté-là.

Songea-t-on en haut lieu que l'abandon de la Serbie, et par conséquent de la Roumanie, risquait de provoquer dans la suite des temps, le jour du règlement de comptes, des rancunes inassouvies contre les puissances alliées ? Réfléchit-on une seconde au quai d'Orsay, rue Saint-Dominique, qu'en s'acharnant au théâtre rétréci de l'Escaut aux Vosges on s'exposait, même après la victoire, à n'être maître que sur ces points ? Et encore, de quelle façon mesquine ? S'est-on naïvement bercé de l'illusion qu'un ordre lancé à des centaines de lieues opérerait à coup sûr ? N'a-t-on pas compris que, pour rester efficace, l'action de guerre doit être vivante, étroitement liée aux intérêts de ceux qu'on jette dans la bataille ?

La guerre soulève les problèmes sociaux et politiques les plus divers, complexes. Comment les résoudre en restant à Paris ou à Chantilly ? Par ses conséquences lointaines, ses répercussions, la guerre exige que le chef soit autre chose qu'un technicien banal, limité à la vision de ses graphiques, ou, suivant la théorie des empiriques et rêveurs, à la fabrication des outils de son usine, des obus et des gaz, des projectiles de ses tanks, des bombes de ses avions. La clef du monde se trouve-t-elle sur le Rhin ? L'ignorance historique est-elle si profonde qu'on ne sache pas où elle se trouve ?

Ce qu'il fallait, c'était fixer l'ennemi à l'Occident, afin de pouvoir le manœuvrer à l'aise en Orient, y briser les éléments de combat, encore mal organisés en 1915, et se saisir du point vital dont l'occupation eût broyé toutes résistances adverses. C'est en Orient que devait être frappé le coup décisif. C'est là que devait éclater le coup de tonnerre, là que devait tomber la foudre. Voilà ce que le maréchal Foch n'a jamais compris, pas plus que les autres. Voilà ce que pas un ministre, pas un général des puissances alliées n'a deviné. Malgré la clarté aveuglante de mes pétitions au Parlement, mes entrevues au ministère de la guerre, il me fut impossible de rien faire comprendre, pas même d'aborder le fond du problème. Les Millerand, les Painlevé, les Clemenceau m'ont barré la route en m'opposant les étoiles cousues sur les manches de leurs généraux et maréchaux, les titres et les grades officiels de leurs « compétents et techniciens ». La voilà, la faute capitale, désastreuse, du haut commandement.

Poursuivons. Il importe que la multiplicité et la puissance de mes preuves ne laissent aucun doute aux hommes de bon sens qui veulent voir clair, et, d'autre part, qu'elles écrasent les hypocrisies sournoises, les mensonges de la légende, les excuses des puissants de la terre, de ceux qui n'ont remporté leur piteuse victoire qu'avec la chair et le sang de millions de Français.

Comment les puissances alliées ont-elles compris la guerre maritime ? Peut-on même alléguer, si l'on envisage les escadres allemandes et autrichiennes, leurs cuirassés et croiseurs, qu'il y eut jamais une véritable guerre maritime, que les amiraux anglais, français, américains, italiens surent forcer à combattre les flottes des puissances centrales ? Là encore, les Allemands imposèrent leur système de guerre à eux, les sous-marins. Comme nous ne faisons pas de sentiment, nous ne nous appesantirons pas sur les côtés hideux de cette lutte. Mais pourquoi les puissances alliées, qui subirent la guerre d'usure, ne furent-elles pas capables d'en finir avec les sous-marins ? Pourquoi cette impuissance, cette nullité sur mer comme sur terre ? C'est que le problème de la guerre mondiale était effroyablement complexe dans ses manifestations diverses, mais, pour celui qui savait le comprendre, simple dans son unité grandiose. Il aboutissait forcément à un point, une manœuvre, une bataille terrestre et navale.

Qu'est-ce que tous les amiraux de France et de Navarre, qu'est-ce que les premiers lords de l'amirauté ont trouvé ? Gallipoli, puis Salonique. C'est tout. Franchement, les douze commandements de lord Curzon prescrivant la position à plat ventre devant les états-majors qui, dit-il, savaient tout, pensaient à tout, prévoyaient tout, ces douze commandements furent à hauteur de l'union sacrée que MM. Millerand, Painlevé, Steeg et autres pontifes prêchaient dans notre malheureuse France.

Les grands chefs n'auraient-ils pas dû songer, dès le début, à mener de front, associer, combiner la guerre terrestre et la guerre maritime? Est-ce que, par suite, le théâtre essentiel, celui où devait s'imposer la décision par la seule volonté des alliés, soustraits à l'attraction servile des directives allemandes, ne comportait pas en même temps les actions énergiques, poussées à fond, développées dans la plus large envergure, sur terre et sur mer ? Aucun résultat efficace, aucune paix solide ne pouvaient être obtenus si la victoire navale ne concordait avec la bataille-manœuvre gagnée sur terre.

M'objectera-t-on qu'une action navale puissante ne pouvait être réalisée dès 1915, sous prétexte que le matériel manquait ? En somme, c'est toujours le même argument, servi sous diverses formes, dont usent et abusent les avocats intéressés des mandarins civils et militaires, effarés de leur responsabilité formidable. Qu'il s'agisse de questions militaires, financières, économiques, ces messieurs se retranchent derrière les difficultés d'organisation et de préparation. L'artillerie ? Nous n'en avions pas. Des munitions ? L'acier faisait défaut. Des flottes, des batailles sur mer, des transports ? Pas de navires. Ah ça ! mais nous n'avions donc rien ? Où donc étaient passés les innombrables milliards votés depuis quarante-quatre ans ? Avaient-ils disparu dans les poches des politiciens, des arrivistes, des parlementaires et de quelques grandes firmes industrielles et commerciales ?

Mais cet argument de MM. Lebureau et Quidedroit, plaidé par leurs chefs de file, les Millerand, par exemple, ne tient pas debout. La preuve qui les écrase, c'est l'énormité du tonnage détruit par les sous-marins allemands. Qu'on additionne les centaines de mille tonnes qui sombrèrent dans des transports de détail, ces modes intelligents de transport et de ravitaillement, où les unités navales se succédaient à grands et larges intervalles sur la Méditerranée, afin que les sous-marins allemands eussent le temps de les repérer à leur aise, de les torpiller et de prendre un repos bien gagné dans l'intervalle. Qu'on additionne les totaux officiels, avoués par les gouvernements français, anglais, italien, on jugera ensuite si le transport d'une armée, de plusieurs armées même, n'aurait pu être effectué dès 1915. La mobilisation immédiate, soudaine, rapide, foudroyante des flottes de guerre, commerciales, le transport des armées sur les larges bases dont nous indiquerons plus loin le détail, les actions navales concordant avec les actions sur terre, se prolongeant en même temps que les batailles-manœuvres suivant la directive capitale, eussent produit dès 1915, au plus tard dans le printemps de 1916, le résultat décisif.

Les états-majors, dont lord Curzon prône l'infaillibilité, préférèrent le système des petits paquets, des lentes, des interminables destructions de navires et d'hommes, la guerre d'usure sur mer comme sur terre. Ils préférèrent, là comme ailleurs, s'incliner devant la méthode imposée par les Allemands. C'est le cas de répéter la fameuse apostrophe : « Et maintenant, instruisez-vous, grands de la terre ! »

N'eût-il pas été mille fois plus intelligent de se servir dès le début d'un formidable tonnage intact, des réserves immenses d'hommes accumulées dans les dépôts, de les lancer au plus vite à la bataille-manœuvre en Orient, et, d'autre part, sans adopter une attitude passive, sans se résigner à l'humiliation d'un recul, sans permettre à l'ennemi de retirer un régiment du front, d'interdire les attaques inutiles sur le front occidental, les offensives aussi sanglantes qu'ineptes dans le genre des batailles d'Artois, livrées par le général Foch, de la bataille de Champagne, livrée par le général de Castelnau, de fixer l'adversaire par des actions d'artillerie, des manœuvres d'aviateurs procédant par masses et non pour la glorification des as, de se tenir prêt à la ruée en avant si l'ennemi fléchissait, mais, en attendant, de pratiquer la plus stricte économie des forces ? Economie des forces et, d'autre part, action par masses, n'est-ce pas le système de la Révolution française, celui qui permit à la France de vaincre l'Europe dès novembre 1793 ?

Comment, dans cette guerre mondiale, qui s'étendait jusqu'à l'Euphrate, pouvait-on faire abstraction du monde de l'Islam ? Comment l'inepte quai d'Orsay permit-il à la Turquie de se placer dans les rangs de nos ennemis ? Inutile de nous appesantir sur les maladresses, gaffes, brutalités aveugles commises par les diplomates alliés. Mais restons sur le terrain de la guerre. La France et l'Angleterre ne sont-elles pas de grandes puissances musulmanes ? Leurs grands chefs ignoreront-ils toujours par quels principes il est possible d'exercer une action réelle sur les peuples mahométans ? Ne savaient-ils pas que chez ces peuples la patrie se confond, s'unit, avec la religion, consiste en réalité dans la religion, qu'un musulman, dès qu'il se trouve au milieu de nombreux coreligionnaires, s'estime résider dans sa véritable patrie ? Personne, dans les hautes sphères gouvernementales, n'était donc capable de trouver le levier qui eût soulevé ces masses (1) ? Les Archinard, les Mangin, les Lutaud, les Jonnart, les Lyautey devaient-ils rester au niveau des Bompard, des Pichon et des Paléologue ?

Nous ne tomberons pas dans le sentimentalisme pleurnichard, genre Pierre Loti. Il y a mieux à faire. Si le sultan et quelques arrivistes s'acharnaient à rester liés à l'Allemagne, à mentir à leur religion et aux traditions de leur race, il était bien facile, précisément en se plaçant à ce point de vue, de soulever les musulmans turcs. Il ne faudrait pas s'imaginer que les Turcs ne possèdent point de procédés expéditifs pour changer la mentalité d'un sultan. Leur histoire prouve qu'ils n'en sont pas à une tête près. Puisque le sultan trahissait l'Islam, il appartenait aux alliés de le faire comprendre aux peuples. Et si l'on avait su proposer aux populations de l'Afrique, notamment aux indigènes du Nord et aux Egyptiens, l'accord loyal, l'union politique et administrative la plus libérale, la plus large, qui donc, parmi ceux qui connaissent l'Islam, eût douté d'un triomphe éclatant ?

Déjà, par conséquent, il apparaît de toute évidence que la manœuvre mondiale à déterminer devait se préoccuper des buts suivants : poursuivre la liaison positive avec la Russie, sauvegarder l'avenir des populations balkaniques, agir sur les régions musulmanes, sur la Turquie, opérer simultanément par

(1) V. ma pétition, p. 178.

terre et par mer. Mais sur quel point agir ? L'Orient est vaste. Comment déterminer nettement la directive ?

C'est en continuant à procéder par la même méthode que nous y parviendrons. Comme je l'expliquai à plusieurs reprises à des membres de la Commission de l'armée, la question de la manœuvre doit, d'après les discussions préliminaires qui sont indispensables, apparaître tellement claire, tellement évidente, que le mot de l'énigme jaillisse naturellement et semble très simple. C'est comme l'œuf de Christophe Colomb. Le tout était d'y penser.

De nombreux critiques, publicistes, généraux préconisèrent l'action par la péninsule des Balkans.

Jetons un coup d'œil sur la carte et n'oublions pas les conditions politiques dans lesquelles se trouvaient les peuples de la péninsule en 1915 et au début de 1916.

L'occasion de mai 1915 (1) une fois manquée, pouvait-on la ressaisir ? Rappelons-nous que l'Italie déclara la guerre à l'Autriche le 23 mai 1915. Quelle relation existe entre ce fait et l'occasion manquée ? Impossible, dans notre étude de guerre, d'approfondir la question. Mais ce que nous devons retenir, c'est qu'à la fin de décembre 1915 la Serbie est écrasée, mise définitivement hors jeu, par l'action combinée des Austro-Allemands et des Bulgares. De mai à décembre, qu'est-ce qu'on aurait pu faire ? Mon entrevue avec le ministre de la guerre Millerand est du 22 juin 1915 (2). Comme je connaissais le rejet de la demande serbe, il me parut impossible de songer aux Balkans. A quoi bon lutter contre le fait accompli ? En pareil cas, les récriminations sont parfaitement inutiles, vides de sens. De plus, des raisons multiples s'opposaient à la continuation d'un projet de ce côté. L'opération que je voulais soumettre aux pouvoirs officiels, aux « réalisateurs », exigeait six mois de préparatifs. L'offre de la Serbie refusée, qu'allait-il se passer ? Il n'était pas besoin d'une prescience inouïe, d'une divination prodigieuse, pour comprendre que les Bulgares allaient jouer, avec l'autorisation et l'aide de l'Allemagne, la partie superbe que les alliés refusaient de jouer avec la Serbie. Combien de temps devait durer la résistance serbe ? Les ports de la côte dalmate, le faible débit de celui de Salonique, les rudes mon-

(1) V. plus haut, p. 146. Pour les cartes, inutile d'en présenter dans ce livre. Elles traînent partout. A consulter notamment les cartes d'Orient à 1/1000.000.
(2) V. p. 178.

tagnes des Balkans, difficultés de transport, de ravitaillement, permettaient-elles une opération de grande envergure, des marches d'armées ? Et pour aboutir à quoi ? A recueillir les débris d'une armée vaincue, anéantie. Et pour quoi ? Pour se trouver en face de positions dont la défense était extrêmement facile à organiser. Donc, en fin de compte, on s'exposait à transporter la guerre de tranchées, la guerre d'usure, l'interminable face à face, de l'Occident à l'Orient. C'eût été absurde. Non, il fallait trouver autre chose. Après le coup d'ineptie officielle de mai 1915, il ne fallait plus songer aux Balkans.

Pour aider les Serbes, la seule direction pratique — et encore plus en apparence qu'en réalité — était celle de Salonique. Mais qu'on songe à la date où commence l'action par Salonique: début d'octobre 1915. Donc, là encore, il n'existait qu'une illusion, un rêve détruit avant d'avoir commencé. Il était si difficile de communiquer sérieusement que l'armée serbe ne put songer pour sa retraite qu'à l'Albanie. La partie fut définitivement perdue dès le 9 octobre, le jour où Mackensen franchit le Danube.

Il n'aurait été possible d'agir efficacement en mai 1915 que si les pouvoirs publics avaient compris mes projets dès que j'essayai de me faire entendre, en septembre 1914. On verra, par les réponses de MM. Poincaré et Millerand, de quelle manière je fus compris et aidé (1). On jugera ce qu'ont rapporté à la France et au monde l'application littérale et servile du principe d'autorité hiérarchique, l'observation stricte des douze commandements de lord Curzon. Ah ! si l'on m'avait écouté en septembre 1914, les armées eussent été prêtes à agir sur le point décisif en mai 1915, largement prêtes. Mais, dans le monde officiel, personne n'a voulu comprendre. On préféra s'accrocher à la tunique du général Joffre.

Libre aux stratèges qui jettent de côté les nécessités inéluctables du problème, conditions géographiques, politiques, pratiques de la guerre, de s'acharner à trouver réalisable un coup porté aux Balkans après mai 1915, de rêver qu'on eût rallié les débris serbes et franchi le Danube. Leurs imaginations se déchaînent et courent au galop sur la route de Budapest et de Vienne. Mais les armées marchent, à travers les montagnes comme celles des Balkans, moins aisément et moins vite qu'une

_____

(1) V. pp. 175 et suiv.

plume sur le papier. C'est de la guerre que nous faisons, et non de la littérature. Nous ne cherchons pas des phrases, mais une manœuvre. Donc, laissons les romans de côté. Pendant l'année 1915, la Roumanie reste neutre. La Bulgarie est laissée libre d'achever sa mobilisation. Les Austro-Allemands disposent encore d'effectifs énormes. La disproportion des forces serbes, les difficultés immenses du terrain, la date tardive à laquelle de faibles éléments de secours débarquent à Salonique, ne permettent pas de présenter comme pratique la solution de la guerre par les Balkans.

Que dire de l'action par la Grèce ? De même que nous ne pouvions agir par la Hollande ou par la Suisse, de même nous ne pouvions passer par le territoire grec. C'eût été légitimer l'invasion de la Belgique et retourner contre nous l'opinion morale du monde entier, force immense. Nous ne discutons pas la politique grecque, sa moralité, sa franchise. Nous constatons simplement un fait. L'attentat contre la France commis dans les rues d'Athènes, attentat qui nous eût permis d'opérer carrément, ne date que du 1er décembre 1916. Mais, en 1915, la Grèce est neutre. Donc impossible d'agir de ce côté.

Alors, devons-nous accepter Gallipoli ? Je ne connais pas le nom de l'auteur responsable, amiral ou général, qui détermina le débarquement sur la pointe occidentale de cette presqu'île, s'imaginant qu'il avait découvert le meilleur moyen pour briser les liens de la Turquie avec la *Mittel-Europa*. Mais un fait est certain : l'auteur de ce débarquement, ou les auteurs, s'ils se sont mis à plusieurs pour perpétrer ce crime contre le bon sens, méritent d'être traduits en cour martiale. C'était bien la plus folle imagination qui pût hanter le cerveau d'un chef. Cette presqu'île mesure environ 80 kilomètres de long sur un maximum de 18 de large. A certains points, le rétrécissement est d'une lieue au plus. Que pouvait-on espérer de sérieux ? Laissons de côté les impossibilités de manœuvre. Que faire sur cette langue de terre étranglée ? Un fou, un véritable fou, un fou criminel, a seul pu concevoir une semblable entreprise. Comment les gouvernements alliés ont-ils pu s'y prêter et envoyer des hommes, soldats et marins, se faire tuer à Gallipoli ? Les généraux en chef furent certainement informés. La rue Saint-Dominique et le War Office ont collaboré dans cette œuvre, qui représente la plus monstrueuse ineptie des temps anciens et modernes. Jamais, à aucune époque, entreprise militaire plus stupide ne fut conçue et réalisée. Comment M. Mille-

rand et lord Curzon expliquent-ils la prescience et l'infaillibilité des états-majors ?

Comparées à Gallipoli, les offensives du front occidental les
plus absurdes apparaissent comme des chefs-d'œuvre de l'art
militaire. Et pourtant... Quand on songe aux victimes, morts
et mutilés, qui s'entassèrent à Sedd-ul-Bahr, on ne peut s'empêcher de frémir d'indignation et d'horreur.

Qu'est-ce qu'on avait devant soi ? Une avance pas à pas, exi-
geant pour chaque mètre de terrain des milliers de morts. Et
après ? Au bout de cette presqu'île, en admettant qu'on pût
dépasser la misérable ville de Gallipoli, on tombait sur Playar
(Boulaïr) et Xetramili, c'est-à-dire sur un défilé large d'une à
deux lieues au maximum, extrêmement facile à défendre. Et
ensuite ? Pour atteindre un but réel, tangible, palpable, il restait à parcourir une distance qu'à vol d'oiseau — sans compter
la lenteur des marches en montagne — on ne peut évaluer à
moins de 180 kilomètres. De plus, il restait à forcer les formidables retranchements de Tchataltcha.

Mais, dira-t-on, puisque vous préconisez l'attaque par l'Orient,
la coopération des flottes alliées, que pouvait-on choisir de
mieux que les Dardanelles ?

En cette circonstance comme dans toutes les circonstances
de guerre, il convient d'examiner les contingences multiples
et les probabilités. Les solutions absolues et rapides doivent
être passées par un véritable chef au crible de la critique la
plus sévère. C'est très facile de concevoir une opération quelconque dans ses grandes lignes apparentes et vagues. Mais
quand il s'agit de mettre le plan sur pied, de le rendre positif,
pratique, exécutable, présentant les garanties de réalisation les
plus complètes qu'une entreprise humaine puisse assurer, alors
il faut que le chef, le vrai chef, le véritable homme de guerre,
sache se placer au point de vue objectif et s'opposer à lui-même
la série inévitable des objections. Lorsque son cerveau est suffisamment puissant et souple, le travail objectif s'accomplit
d'ailleurs très vite. Il se produit un fonctionnement presque
instinctif des réflexes. Quand un homme n'est pas capable d'un
tel travail, effectué très rapidement, il ne mérite pas le nom
de chef.

La première condition pour faire mouvoir une armée, c'est
de posséder la place de la manœuvre. On ne fait pas avancer
trois ou quatre corps d'armée (à supposer qu'une seule armée
soit suffisante) sur une presqu'île comme Gallipoli, aboutissant

à un défilé. C'est se risquer par avance à subir des pertes énormes pour aboutir au néant. Quant à la coopération de la flotte, évidemment nous constatons là un principe d'action fort juste. Mais la manœuvre par Gallipoli supposait que la flotte accomplirait le principal travail, qu'elle ouvrirait le chemin à l'armée, qu'elle ferait tomber les lignes de défense successives de l'adversaire, que le canon des navires, agissant par exemple sur Kavak et Charkeui, annihilerait les résistances accumulées au défilé de Boulaïr. Donc, il fallait que les navires alliés eussent franchi les Dardanelles. Etait-ce pratique ? Le calcul logique des probabilités permettait-il une pareille illusion ?

Certes, l'état des flottes alliées en 1915 et 1916 permettait un transport des armées, puisque le chiffre du tonnage détruit depuis cette date ne laisse aucun doute sur les disponibilités existantes. La puissance des unités de combat naval, cuirassés, croiseurs, destroyers, torpilleurs, permettait également une lutte contre les sous-marins et la protection d'un large débarquement. Mais permettait-elle l'écrasement rapide et définitif des multiples moyens de défense accumulés dans le détroit des Dardanelles ? C'était là une toute autre affaire, à laquelle le haut commandement allié n'a réfléchi qu'après l'échec. Les flottes alliées n'étaient certes pas dépourvues de formidables moyens d'action. Mais dans quelle direction les faire agir pour ne pas épuiser inutilement leurs forces, pour ne pas faire détruire en pure perte équipages et navires, pour atteindre le but, pour ouvrir cette route des Dardanelles ? Voilà ce qui constituait le fond du problème. Aucun généralissime ne l'a résolu.

Aux Dardanelles comme sur le front occidental, on ne comprit que l'action frontale, l'absurde, monotone, impuissante action frontale, celle qui consiste à se briser la tête sur un mur. Personne ne comprit de quelle manière on pouvait tourner la difficulté.

Si l'on avait réfléchi, on aurait deviné, même avant d'essayer le passage par les Dardanelles, que les flottes seraient impuissantes. Là encore, la place manquait pour la manœuvre. Les Turcs et les Allemands n'avaient pas perdu de temps pour organiser la défense des Dardanelles, de Sedd-ul-Bahr à Charkeui et, sur la rive orientale, de Koumkalé à Tchardak.

L'étroitesse des Dardanelles imposait aux flottes alliées, si elles n'étaient puissamment aidées par l'armée de terre, le même raisonnement que Gallipoli à cette armée. Impossible à la flotte de tenter seule une manœuvre quelconque. Impossible d'échapper aux torpilles. Une flotte quelconque, si brave, si expérimentée qu'elle fût, engagée dans ce goulet, se trouvait encerclée dans une impasse. Impasse ou coupe-gorge. La catastrophe se présentait d'une manière fatale. Il fallait être aveugle pour en courir le risque. Le seul parti à prendre, c'était de chercher le moyen de faire manœuvrer ensemble corps d'armée et navires, trouver la place suffisante pour la manœuvre, tourner la difficulté pour broyer à l'avance les défenses des Dardanelles.

L'idée d'agir sur l'Orient était juste en principe. Mais l'exécution par Gallipoli et le détroit des Dardanelles se révélait impraticable. Toutefois, l'attraction irrésistible d'une idée capitale, nécessaire au succès des puissances alliées, persistait. Gouvernements, généraux, amiraux comprenaient vaguement, maladroitement, mais d'une manière tenace, qu'il fallait agir par l'Orient. Alors, de Gallipoli, on se jeta sur Salonique.

Salonique. Nous nous retrouvons donc encore sur le terrain cher aux partisans de l'action par les Balkans, — question déjà discutée. La date seule de l'expédition démolit par avance les présomptions les plus favorables. Octobre 1915. A cette époque, qui compte parmi les plus sombres de la guerre, les Serbes sont battus, à la veille d'être anéantis. Autrichiens, Hongrois, Allemands franchissent le Danube. Celui qui les commande, Mackensen, n'hésite pas à frapper dur. Il sait où frapper, et juste. Secondé par une puissance matérielle écrasante, il a d'abord écrasé les Russes. Ensuite, c'est le tour des Serbes. Après, ce sera le tour des Roumains. Le recul des malheureux Serbes attaqués de toutes parts, les Bulgares s'étant mis de la partie dès le 13 octobre, devient incessant. C'est la retraite, la déroute, le désastre. Le corps franco-anglais de Salonique ne peut étayer les Serbes. Son débarquement a été trop tardif (début d'octobre).

Impossible d'imaginer une manœuvre de grande envergure par les Balkans après ces tristes événements. Le terrain, montagneux, escarpé, dépourvu de routes, présente d'horribles difficultés aux diverses époques de l'année. En hiver, il est à peu près impraticable pour une manœuvre de masses, d'armées ou de corps d'armée. Comment aussi ne pas tenir compte, en 1915 et 1916, de la supériorité du matériel allemand, de l'importance de ses effectifs, de ses réserves d'infanterie. Il est si facile aux Allemands d'accourir en cette région ! La difficulté d'y rétablir l'équilibre entre les puissances de matériel et les effectifs, par suite du faible débit du port de Salonique et des lenteurs du ravitaillement, apparaît plus manifeste à Salonique que sur n'importe quel autre théâtre de la guerre. La faute essentielle consiste-t-elle dans l'application de la méthode des petits paquets ? Le port de Salonique pouvait-il suffire à l'afflux, à l'entretien, d'une armée nombreuse, largement pourvue d'artillerie, de munitions, de services accessoires ? Est-ce que le débarquement à Salonique même n'était pas fort mal choisi ?

Evidemment, la base d'opérations pouvait être élargie en utilisant la Chalcidique. Mais après ? Il s'agissait toujours de déboucher sur le Vardar, puis de conquérir par la bataille l'emplacement nécessaire aux manœuvres d'armées à travers des hauteurs variant entre 2.000 et 3.000 mètres. Qui osera prétendre que c'était praticable ? Si l'on ne disposait de forces considérables, comment rêver un triomphe devant les Austro-Allemands, les Bulgares et les Turcs, qui, en 1915 et 1916, possédaient encore un approvisionnement convenable et un moral intact ? On en revenait encore à la conquête pénible, pied à pied, de positions successives, donc à la guerre d'usure. Etait-ce là une solution ?

Le G. Q. G. avoua à maintes reprises que Salonique constituait un « camp retranché ». Admettons les « importants renforts », la « puissante armée », admettons que ni les Austro-Allemands, ni les Bulgares « n'osèrent attaquer ». Après ? Ces renseignements fournissent-ils la preuve que de larges bases de débarquement et de ravitaillement permettaient à plusieurs armées la manœuvre en terrain praticable ? Ces renseignements fournissent exactement la preuve du contraire.

Les Allemands et Bulgares « n'osèrent attaquer ». Soit. Ce sont là des considérations fort rassurantes pour les habitants du camp retranché, mais qui, au point de vue de la guerre, ne satisfont que les optimistes pétris d'illusions, les égoïstes satisfaits, les ignorants des grands principes stratégiques. Quel rapport de semblables affirmations présentent-elles avec la vision d'une immense bataille-manœuvre, d'une action foudroyante, d'une victoire décisive ? Salonique représentait simplement une affirmation lointaine de la combativité des puissances alliées, une épine accrochée au flanc de l'ennemi, mais nullement un coup droit au cœur.

Les esprits superficiels, qui s'imaginent trouver dans un résultat fort mal compris d'ailleurs et encore plus mal expliqué la preuve théorique de leurs erreurs et de leurs illusions, m'ob-

jecteront que c'est à Salonique que se produisit la rupture d'é-
quilibre en faveur des alliés, que, le 26 septembre 1918, la Bulgarie fut la première puissance centrale qui implora l'armistice, que, le 2 novembre, la Turquie capitula à son tour. Parfaitement. Mais nous avons déjà expliqué ce phénomène général
de la rupture d'équilibre (1). A cette date, qu'étaient devenus,
grâce aux attaques de folie furieuse de Ludendorff, les effectifs
et la vigueur offensive de l'Allemagne ? En raison du ravitaillement des alliés par l'Amérique d'une part et, d'autre part, en
raison du blocus soutenu par les puissances navales anglaise
et américaine, qu'étaient devenues les possibilités de vivre
dans les deux camps ? Comment s'étaient-elles transformées ?
Quel jeu la famine et les souffrances de toutes sortes provo-
quèrent-elles dans les empires centraux ? Qu'est-ce que la Bulgarie et la Turquie recevaient, en fait de ravitaillement, de la
part de l'Allemagne ? Le résultat de 1918 ne prouve absolument
rien en ce qui concerne les manœuvres pratiques de guerre de
1915 et 1916, pas plus d'ailleurs que pour 1917 et 1918, pas plus
pour Salonique que pour les autres théâtres d'opérations.

Une autre considération essentielle doit intervenir dans le
problème : la donnée de la guerre maritime. Quelle action décisive les flottes alliées eussent-elles jamais pu exercer dans le
fond du golfe de Salonique ? Ce n'était pas un large repaire de
sous-marins sur lequel il fût utile de foncer directement. C'est
ailleurs, sur des bases plus étendues, que se retiraient et se
ravitaillaient les sous-marins allemands et autrichiens. Les difficultés inouïes que les alliés rencontrèrent sur la route de
Salonique, pour alimenter l'expédition au moyen des petits
paquets isolés, ne pouvaient être amoindries par le choix du
débarquement sur ce point. Là encore, la marine des alliés ne
jouait pas son véritable jeu, ample, puissant, décisif. Elle se
bornait à convoyer, protéger quelques transports. En raison du
système des « petits paquets », ce rôle ingrat était d'ailleurs
fort aléatoire, insuffisant quant aux résultats. Mais nous avons
établi qu'armée et marine devaient agir de concert pour une
action grandiose, un résultat mondial. Résultat et action se
trouvaient complètement manqués par le seul choix de Salonique.

S'il eût été possible d'agir en même temps par les côtes d'Albanie et d'Épire, par les rivages de la Grèce, c'est-à-dire de

____

(1) V. p 114 et suiv.

procéder à une invasion totale des Balkans, d'y constituer une base formidable d'opérations par l'occupation totale des côtes, depuis Durazzo jusqu'à Salonique, en passant par Athènes, puis en poursuivant par la Chalcidique, alors la situation eût été bien différente, et le rêve d'agir par les Balkans devenait une réalité pratique. Mais il n'est pas besoin d'être grand clerc en diplomatie, d'avoir médité un siècle sur les sentiments intimes, les arrière-pensées de l'Italie et de la Grèce, pour savoir que ce projet n'était qu'un rêve. En ce qui concerne l'Italie et la Serbie, notamment, ce n'est plus un secret pour personne que le salut de la Serbie était le moindre souci des Italiens. Quant à la Grèce, il serait temps de ne plus raisonner à son égard d'après les souvenirs classiques, les discours de Démosthène, les illusions romantiques à la Byron des guerres de l'Indépendance. L'exactitude de son passé n'en égale pas la poésie. Quant au présent, le moindre reproche qu'on puisse adresser au peuple grec, c'est d'être tellement possédé d'égoïsme, d'arrivisme spéculateur et d'impérialisme, qu'on ne saurait poursuivre avec lui un but d'ordre général supérieur aux intérêts particuliers. Vu la situation précise de 1915 et du début de 1916, vu la neutralité de la Grèce et l'écrasement de la Serbie, toute opération grandiose par les Balkans devenait à ces dates purement illusoire.

Remarquons que je ne discute pas du tout la manière dont les opérations militaires furent menées à Salonique par les divers commandants en chef, soit avant 1915, soit après. J'admets qu'elles furent menées d'une façon irréprochable. Je ne critique même pas à cet égard le général Franchet d'Espérey, auquel le commandement de Salonique fut accordé comme fiche de compensation après son honteux échec de mai 1918 sur le front occidental (1). Au lieu de le traduire en cour martiale, un gouvernement sans contrôle et des politiciens sans pudeur, raccolés d'ailleurs dans les partis les plus divers, même les plus républicains en apparence, récompensèrent cet arriviste en lui permettant de ramasser les baïonnettes bulgares que ses prédécesseurs, et surtout la famine, avaient fait tomber des mains de nos ennemis. Le problème que je discute est beaucoup plus élevé et intéressant qu'une question technique d'exécution.

Les critiques qui ont écrit jusqu'à ce jour sur la guerre ne

(1) V. p. 24.

semblent pas avoir poussé la recherche profonde de la solution au delà de la manœuvre par les Balkans. La preuve s'en trouve chez l'auteur de la *Note secrète sur la conduite de la guerre remise en janvier 1916 à M. Clemenceau, président de la Commission sénatoriale de l'armée* (1). Cet auteur admet que, pour les Balkans, les alliés disposaient de « 200.000 Franco-Anglais » à Salonique, 120.000 Serbes au minimum, la moitié des onze » divisions anglaises massées en Egypte », et, de plus, fait état d'une armée italienne de 100.000 hommes, qui, dit-il, « peut » et doit opérer sur la côte albanaise qu'elle convoite ».

D'abord, ce critique commet les confusions les plus regrettables en ne tenant aucun compte des dates. Lorsque les Serbes disposent de 120.000 hommes au minimum, avant octobre 1915, les Franco-Anglais ne s'appuient que sur un très faible contingent à Salonique. Leur force est extrêmement distante du chiffre de 200.000. Par contre, lorsque les alliés disposent d'un chiffre se rapprochant de cette masse, les Serbes écrasés possèdent à peine 25.000 hommes en état de combattre en première ligne. Toujours le même système de critique, sans base positive et pratique, sans justesse et sans justice.

De plus, constatons que, d'après les expressions employées par le rédacteur de la *Note secrète*, on voit, dès le début, de quelles illusions inouïes il se berce. Comment, notamment pour les 100.000 Italiens, ne comprend-il pas qu'ils se garderont de sauver les Serbes, puisque lui-même avoue que les Italiens « convoitent la côte albanaise », sur laquelle il propose de les diriger ? Quel est donc le peuple le plus proche capable de s'opposer à la possession de cette région « convoitée », sinon le peuple serbe ? Et l'auteur pousse la naïveté jusqu'à croire que 100.000 Italiens vont risquer de se faire tuer pour protéger un voisin capable de leur barrer la route ! La guerre ne consiste pas dans une épure de géométrie descriptive, un rêve en l'air, un projet vague sur le papier. Elle n'est faite que de réalités concrètes. A considérer l'ensemble pratique de la démonstration, on voit que la manœuvre par les Balkans ne tient pas debout.

Poursuivons encore. L'auteur de la *Note secrète* attribue aux alliés la supériorité numérique à partir de 1915. Que les alliés fussent en mesure de lutter à cette époque et de transporter plusieurs armées sur un théâtre de guerre, c'est évident. Mais le fait ne pouvait se produire qu'à la condition de ne pas prati-

---

(1) V. notamment les nᵒˢ 19 et 20 (journal *l'Heure*, 4 octobre 1919).

quer les folles et sanglantes offensives du front occidental, d'organiser la défensive stratégique et la défensive tactique en cette région d'après les principes les plus sévères de l'économie des forces — et, en somme, les réserves françaises constituaient la principale force. Quant au million d'Anglais devant lequel s'extasie l'auteur de la *Note secrète,* le plus grand nombre ne savait encore à cette date se servir ni d'un fusil ni d'un canon. L'auteur de la *Note* a donc raison lorsqu'il frappe sur le G. Q. G., qui gaspille nos effectifs, mais il a tort lorsqu'il fait état d'autres effectifs n'existant que sur le papier ou encore inutilisables. Il a tort, énormément tort, lorsqu'il essaie, sans aucune preuve, sans autre apparence de preuve que l'exploitation des roueries hypocrites de la légende, de séparer le maréchal Foch et le général de Castelnau du G. Q. G., quand il tente de nous faire croire que ces chefs étaient en opposition avec le G. Q. G. (1). L'auteur ne connaît pas le premier mot des *Principes de la guerre* de Foch. Il ne veut pas connaître les chants naïfs de triomphe entonnés par celui-ci avant ses offensives lamentables de 1915 (deuxième et troisième batailles de l'Artois). Il n'a jamais refléchi aux affirmations arrogantes du général de Castelnau (2).

Conclusion : Salonique ne répond pas aux conditions capitales de la guerre mondiale. La décision ne se trouve pas dans les Balkans. Les considérations politiques, géographiques, militaires, les circonstances spéciales de 1915 et du début de 1916, s'y opposent.

Nous admettons qu'il y a lieu de maintenir un centre d'opérations à Salonique et dans la Chalcidique, mais non un centre de premier ordre, simplement une action secondaire destinée à fixer les Austro-Allemands qui ont franchi le Danube, les Bulgares. C'est une suite des fixations indispensables du front occidental. Rien de plus.

Cependant il faut agir. C'est en Orient que réside le secret de la manœuvre. Le champ des investigations se rétrécit de plus en plus. Nous touchons à la solution décisive. Devons-nous la considérer comme atteinte en faisant état des opérations de Palestine et de Mésopotamie ? L'Orient y est directement visé. Le centre religieux de l'Islam semble touché par le Hedjaz et la Mecque. Est-ce donc là qu'est le secret de la manœuvre ?

(1) V. pp. 11 et suiv.
(2) V. pp. 11 et suiv., pp. 59 et suiv., pp. 99 et suiv.

N'oublions pas les conditions multiples auxquelles doit répondre la solution. Il s'agit d'atteindre les œuvres vives de la coalition des empires centraux, de peser sur le gouvernement turc, de réunir en faisceau les forces islamiques, de les faire collaborer à la victoire, d'anéantir les principaux refuges des sous-marins, de ne pas esquiver la lutte contre ces redoutables adversaires, de ne pas reculer devant le corps à corps, d'assurer à la marine franco-anglaise un rôle de bataille qui ne soit ni prédominant ni inférieur, qui soit exactement, dans la balance des opérations mondiales, la contre-partie des actes de l'armée de terre, de viser un point capital dont le nom seul jette une lueur éclatante sur la vérité et l'importance des manœuvres.

N'oublions pas non plus que nous avons fait justice, pour la compréhension et la solution d'une guerre mondiale, des vieux théorèmes stratégiques, propriété exclusive des Ecoles de guerre de Paris et de Berlin, notamment du principe sacro-saint que la destruction des principales armées ennemies représente le seul but décisif (1). Nous avons fait justice des anathèmes lancés sur les buts soi-disant géographiques. C'est en dédaignant Paris que le G. Q. G. allemand a tué dans l'œuf ses beaux rêves de domination universelle. C'est en dédaignant Paris que le G. Q. G. français a failli détruire les dernières espérances de la patrie. Le rabâchage des théoriciens de l'Ecole dite napoléonienne ne nous intéresse plus. Ce que nous voulons reprendre, c'est la suite des solutions profondes et grandioses inaugurées par la Révolution française. C'est là seulement que nous trouverons les principes capables de nous inspirer, quand il s'agit d'une guerre universelle, présentant des théâtres de guerre séparés par d'immenses distances.

Eh bien, qu'est-ce que pouvait donner l'action par la Palestine ? Supposons une avance extraordinaire des contingents alliés. Forcément, ils aboutissaient aux sommets du Taurus et de l'Anti-Taurus, à d'étroits défilés, trop faciles à défendre. Si l'on voulait esquiver le Taurus (3.500 à 4.000 mètres d'altitude), on se rejetait sur les montagnes d'Arménie. Il s'agit là de hauteurs atteignant 5.000 mètres. Quelles masses sérieuses pouvait-on y faire manœuvrer ? Agirait-on par la dépression d'où jaillissent l'Euphrate et le Tigre ? Alors c'était la bataille livrée à une grande distance des bases de ravitaillement, sans l'ombre d'appui ou de protection, ni de la part de

____

(1) V. pp. 87 et suiv.

la flotte, ni de quoi que ce soit. Encore les armées turques pouvaient-elles se réfugier dans le système des tranchées, vu l'espace relativement minime à défendre. Donc, on retombait dans la guerre d'usure. Etait-ce la peine d'aller si loin pour trouver des tranchées ?

On ne saurait, à l'appui de cette manœuvre, citer l'expédition d'Ibrahim-Pacha. Ce dernier disposait d'une puissance morale sur les populations musulmanes que l'Angleterre n'a pas su ou n'a pas voulu s'assurer en Egypte. Peut-être, si l'impérialisme anglais s'y était pris autrement, eût-il tiré de l'Egypte, du centre religieux du Caire et des populations qui lui sont soumises, une force inouïe, jusqu'à 500.000 hommes de réserve. Nous n'avons pas le loisir de discuter ici les innombrables questions ethniques et politiques. Mais nous devons envisager le fait positif. L'Angleterre n'a guère mieux réussi en Egypte qu'elle n'a réussi dans le cours de plusieurs siècles en Irlande. La facilité de manœuvre dont bénéficia Ibrahim-Pacha avec une armée restreinte, et son action morale, ne pouvaient s'appliquer à de fortes armées franco-anglaises qui eussent été fort gênées dans leur ravitaillement et qui, de plus, eussent soulevé le fanatisme musulman par l'occupation de Damas et d'Alep. En réalité, la manœuvre de Palestine apparaît non pas comme une offensive contre le gouvernement turc, mais plutôt comme un procédé de défense en ce qui concerne la colonie anglaise d'Egypte. Ce fut tout simplement une précaution de l'impérialisme anglais.

Même raisonnement en ce qui concerne la manœuvre par la Mésopotamie et la marche sur Bagdad. Le climat est encore plus contraire qu'en Palestine. Il ne permet les opérations que pendant six mois de l'année. En supposant encore une avance extraordinaire, on aboutissait à de hautes montagnes et à des défilés, avec cette aggravation que les batailles se seraient livrées à une distance énorme de la base d'opération, infiniment plus considérable qu'en partant de la Palestine. Le but anglais ne fut encore dans cette région qu'un but égoïste qui se résume en quatre mots : défense de l'Inde. Inutile de rechercher pourquoi l'Angleterre fut contrainte de songer à la défense de l'Inde. La question est maintenant trop connue.

On m'objectera que les alliés surent s'attacher le chérif de la Mecque. Soit. Ce haut personnage représente une des forces de l'Islam. Mais représente-t-il la seule force ? N'est-ce pas encore un procédé impérialiste que de viser une personnalité, d'agir par les moyens de pression personnelle, moyens dont tout le monde connaît la nature ? N'y avait-il pas mieux à faire ? Ma pétition du 9 juin 1915 (1) n'ouvrait-elle pas une route plus large, une méthode plus sûre, un but plus grandiose, digne de la guerre universelle ? Ne fallait-il pas déclencher la guerre des peuples ?

Par la Palestine ou par la Mésopotamie, combien d'années eût-il fallu attendre pour obtenir un réel succès ?

Maintenant, le champ des investigations se trouve tellement rétréci que la vision nette et précise du théâtre de la guerre apparaît aux moins clairvoyants : c'est l'Asie Mineure. En dehors de cette direction, rien à faire. Impossible d'agir puissamment, d'obtenir un but décisif, ni en deçà, ni en delà, ni à l'ouest, ni à l'est. C'est donc une résultante positive, pratique, réunissant toutes les conditions nécessaires et suffisantes que représente l'action par l'Asie Mineure.

Mais cette région est vaste, extrêmement vaste. Où, comment, convient-il d'agir ? Avec quelles forces ? Vers quel but ? Quel sera le but capital ? Sous quel nom se formulera la synthèse des opérations ?

Si l'on ne détermine qu'un point, si, considérant le débarquement de Sedd-ul-Bahr comme une ineptie monstrueuse, une véritable folie, on s'imagine d'autre part accomplir un acte génial en transportant le théâtre de la guerre sur une localité restreinte de la rive asiatique, à Koumkalé par exemple, si l'on rêve que cette opération, réduite à l'occupation d'un village ou d'un fort ou de quelques kilomètres de côte, permettra le débarquement de forces suffisantes, si l'on continue à s'illusionner sur le système des petits paquets, en supposant que deux ou trois divisions cheminant le long du rivage d'Asie permettront aux flottes alliées de s'ouvrir le passage des Dardanelles, alors on commet une faute moins énorme qu'à Gallipoli, on essaie une manœuvre plus efficace en apparence que celle de Salonique, mais on court au devant d'un échec aussi certain, d'une impuissance aussi totale, en ce qui concerne le but mondial que l'on poursuit. Non. Ce n'est pas ainsi que doit être dirigée l'action sur le monde de l'Islam. Ce n'est pas ainsi qu'on peut atteindre le but vital, la clef du monde.

Dès le début, il faut que nous rejetions le système du théâtre rétréci, du débarquement restreint, des manœuvres pusilla-

(1) V. p. 178.

nimes, en un mot la méthode des petits paquets. Il faut que l'opération soit conçue sur un plan si large et si grandiose qu'elle apparaisse digne du résultat cherché : la victoire mondiale, à la fois terrestre et navale.

Admettons, en effet, que le débarquement de deux ou trois divisions, même de deux ou trois corps d'armée, s'effectue dans les environs de Koumkalé. Admettons tout ce qu'on voudra comme facilité d'irruption sur la rive asiatique. Faisons état de l'occupation de Ténédos. Imaginons la baie de Besika fortement occupée comme base d'opération. Après ? Croit-on que cette armée suffira seule ? Poursuivons l'hypothèse sous les meilleurs auspices. Supposons que l'armée de débarquement s'affirme victorieuse des premiers contingents turcs, qu'elle s'avance rapidement pour prendre à revers les forts qui défendent les Dardanelles sur la rive d'Asie, depuis Koumkalé jusqu'à Lampsaki, que les canons de marine débarqués anéantissent la défense sur la rive d'Europe, depuis Sedd-ul-Bahr jusqu'à Gallipoli, que leur tir soutenu rende le détroit des Dardanelles intenable aux sous-marins allemands, que les anses de la côte soient purgées de pirates. Cette manœuvre, à supposer qu'elle s'accomplisse aisément, suffira-t-elle ?

Pour répondre affirmativement, il faudrait mésestimer l'ennemi, oublier ses réserves, ses forces, sa puissance de matériel, ses facilités de transport, ses effectifs, qui sont encore très considérables, largement égaux à ceux de l'Entente, en 1915 et 1916. Il faudrait commettre à nouveau, avec une naïveté impardonnable, les erreurs d'optique, s'abandonner aux exagérations d'optimisme, aux illusions de bluff, que nous avons si justement reprochées au G. Q. G. français dans le cours des discussions précédentes.

Ce n'est pas, d'autre part, exagérer la souplesse, la vitalité, l'importance des réserves ennemies que de supposer qu'une menace directe et violente contre les Dardanelles, la mer de Marmara, par suite contre les approches de Constantinople, clef du monde, eussent déterminé un transport de forces d'Europe en Asie. En 1915, la Roumanie n'a pas bougé. Sa neutralité formelle se maintient jusqu'à la fin d'août 1916. L'Allemagne, l'Autriche, la Bulgarie sont encore en pleine force, le blocus et la famine n'ayant pas joué, la Serbie écrasée, la Grèce muette, secrètement favorable aux puissances centrales. Salonique ne représente encore à cette date qu'un point dans l'espace. Le corps franco-anglais s'est révélé impuissant à recueillir les débris serbes. Qui donc eût pu s'opposer au transport des armées de Mackensen dans la région visée, à cinquante lieues, à vol d'oiseau, de Constantinople, surtout étant donné que la mer de Marmara reste libre, à la disposition des barques turques ? Evidemment, on ne transporte pas des armées dans des barques, mais à défaut de flottes suffisantes pour le transport total, le fonctionnement des chemins de fer reste intact.

Les puissances centrales eussent utilisé la ligne qui part de Scutari, surtout celle de Panderma à Smyrne. Même en admettant le mauvais état des voies, il existe là des directions pratiques de marche. Le centre de Kutahia se trouve à une distance de cette artère d'environ 50 à 60 lieues au plus. La hauteur des montagnes ne peut se comparer à celles du Taurus ou de l'Arménie. La marche y est même infiniment moins pénible que dans les Balkans. Elle est très facile le long des côtes. Des vallées d'une très faible altitude se prêtent aux mouvements, soit du nord au sud, soit de l'est à l'ouest. Donc, si les puissances centrales disposent d'une armée austro-allemande, d'une bulgare et d'une turque (et rien ne les entrave à cet égard), on voit que l'armée alliée unique débarquée dans la baie de Besika aurait fort à faire pour se maintenir, que, dans tous les cas, son avance ne se poursuivrait pas longtemps.

Réfutons de suite la seule objection de principe qui s'oppose tout d'abord à l'exposé plus détaillé de notre manœuvre. Les armées alliées débarquant sur la côte d'Asie pouvaient être considérées comme une invasion se produisant de l'ouest à l'est. Or, il est prouvé par maints témoignages historiques, il est admis par une sorte de convention tacite établie par la haute philosophie de l'histoire, que les invasions déterminées dans cette direction ne réussissent pas. Mais je pourrais répondre en premier lieu qu'il ne s'agit nullement d'une invasion, comprise dans le sens grandiose des événements formidables accomplis au début de notre ère, c'est-à-dire d'une migration de peuples, mais d'une manœuvre de guerre, ce qui est bien différent. Le terme d'invasion appliqué en cette circonstance est impropre et inexact. La preuve historique s'en trouve dans les expéditions romaines qui, parties des rivages italiens, soumirent les peuples asiatiques à la puissance militaire des légions. En ces circonstances, il ne s'agit nullement d'invasion, mais de méthodes de guerre. De plus, la manœuvre que je préconise suit au début la direction de l'ouest à l'est, mais je prouverai plus tard que sa destination finale est toute différente.

Poursuivons l'hypothèse d'une seule armée alliée débarquant entre Besika et Koumkalé. Nous avons déterminé comme condition essentielle de la victoire mondiale la nécessité d'une action corrélative de la flotte. Mais si, en présence de forces supérieures, l'armée est obligée de s'adosser au rivage pour faire front, pour lutter contre les forces des puissances centrales, il est bien certain que la flotte devra, elle aussi, rester accrochée au rivage près du lieu de débarquement, afin de prêter main forte à l'armée, de la recueillir en cas de retraite, et que, par suite, elle se trouvera impuissante à poursuivre la destruction des sous-marins, des forts, des bases d'opération de l'ennemi. A tous les points de vue, l'entreprise sera manquée. N'oublions pas non plus que nous devons envisager les lignes générales de la manœuvre, et que la direction du chemin de fer Panderma-Smyrne constitue un danger terrible pour une armée unique d'expédition. Cette voie ferrée permet, en effet, l'afflux des renforts turcs, allemands, bulgares dans les directions les plus dangereuses de front et de flanc et, comme conséquence, l'enveloppement total des corps alliés. De Panderma aux Dardanelles, il n'y a guère que 30 lieues. De Karassi par Tepekeui, de Karahissar par Adramit, les contingents des puissances centrales n'ont pas plus de 35 à 40 lieues à parcourir, soit dix étapes en pays ami. Rien n'empêche non plus les débarquements des Impériaux suivant les cours du Kara-Alti-Sou, Tchaï, du Gunan, du Kara-Déré. La ligne Panderma-Smyrne ne servirait, dans ce cas, qu'au transport de leurs approvisionnements et leur assurerait une base formidable. De toute façon, l'armée d'ingression sera facilement bloquée. Conclusion : une seule armée ne peut suffire à cette tâche. Un théâtre de débarquement unique ne répond pas à la manœuvre.

Le développement complet de cette manœuvre se trouve donc déterminé, au point de vue de la haute stratégie, qui est le seul nous intéressant, par la nécessité d'obvier à toute ingression des puissances centrales par les vallées du Kara-Alti-Sou, du Gunan, du Kara-Déré, et par la voie ferrée Panderma-Smyrne.

On voit de suite qu'au lieu de copier la manœuvre napoléonienne de 1809, le modèle si défectueux d'Abensberg et de Landshut (1), au lieu d'appliquer naïvement un dogme histo-

____

(1) Cette manœuvre n'a réussi que grâce à la prodigieuse sagacité et à la puissante énergie du maréchal Davout, qui vit clair malgré Napoléon (V. *Manœuvre de Landshut*, du général Bonnal. V. la *Solution des énigmes de Waterloo*, pp. 76 et suiv.).

rique, « prendre du champ et voir venir l'ennemi », au lieu de subir passivement les premiers coups qui peuvent être si terribles, de s'incliner devant l'initiative adverse, de se contenter d'une riposte aléatoire, le groupe des armées alliées aurait facilement prévu les manœuvres essentielles, résolu d'avance les problèmes capitaux, imposé sa volonté dominante, sa loi suprême.

Les possibilités pratiques et matérielles de la manœuvre s'accordent, les effectifs suffisent. Avec les centaines de mille hommes sacrifiés par les grands chefs, Joffre, de Castelnau et Foch, soit dans la guerre d'usure, en « grignotant » l'ennemi, soit dans les folles offensives d'Artois et de Champagne, en 1915, nous avions, même au besoin sans les alliés, de quoi constituer largement quatre armées d'ingression, de trois à quatre corps chacune. C'eût été en grande partie la victoire française, donc la paix française, intelligente, sage et féconde, et non la paix anglo-saxonne, paix d'impérialisme étroit, dur, égoïste, avide, et fort peu favorable à notre infortuné pays.

Comme artillerie, nous disposions des canons de campagne, et, au point de vue des pièces lourdes, du 155, qui eût été suffisant en Asie Mineure. Sur les côtes, les pièces lourdes de marine fussent intervenues. En écartant à temps les opposants à toute modification pratique, les Millerand, les Baquet, les Pellé, les grands chefs d'état-major napoléoniens, nous eussions d'ailleurs acquis le canon d'accompagnement indispensable, ou canon d'infanterie, au début des offensives (1).

Ce début de la manœuvre aurait facilement produit une surprise réelle. Les transports et les flottes pouvaient être considérés, présentés par les ordres apparents et par la presse, comme un afflux énorme pour Salonique. Le débarquement en Asie Mineure pouvait donc constituer une surprise intense, foudroyante.

Evidemment, en ce qui concerne l'action corrélative des flottes, cuirassés, croiseurs, unités diverses, transports, rien de sérieux ne pouvait être entrepris sans la coopération de l'Angleterre. Mais il est impossible de supposer qu'à moins d'être frappée de folie l'Angleterre eût refusé ou marchandé son concours. A-t-elle refusé de marcher à Salonique et, plus tard, dans des directions infiniment plus pénibles, plus coûteuses et mille fois moins utiles, dans la Baltique, dans l'océan Glacial, à

(1) V. p. 131 et suiv.

Arkhangel ? Si un véritable homme de guerre se fût trouvé à même de s'expliquer, de faire comprendre, adopter, cette manœuvre mondiale, pourquoi l'Angleterre n'aurait-elle pas compris ?

En ce qui concerne l'action formidable sur l'Islam, se trouvait-il un terrain plus propice, mieux préparé pour l'action de nos contingents de l'Afrique du Nord ? Supposons que ma pétition (1) concernant les musulmans eût été adoptée, que les ineptes bureaucrates, les flatteurs intéressés et puérils de quelques féodaux arabes, les Lutaud et les Jonnart, eussent été écartés, supposons par contre l'appel des hautes personnalités turques amies de la France réalisé, l'ancien cheik-ul-islam réfugié au Caire gagné à la cause des alliés, le gouvernement anglais sachant rallier les Egyptiens. Ne voyez-vous pas avec quelle prodigieuse aisance se seraient développés nos succès en Asie Mineure ?

Naturellement, pour que l'action fût puissante, la manœuvre irrésistible, pas de petits paquets. Concentration formidable des flottes et des armées. Débarquement simultané des quatre armées sur quatre larges bases d'opérations.

Pour asséner le coup de massue décisif, il était nécessaire d'exécuter les diverses opérations suivantes :

1° *Première armée :* Occupation de la baie de Besika. Directive : prendre à revers les forts de la rive asiatique, écrasement des forts de la rive européenne, des points de refuge servant aux sous-marins ennemis, faciliter l'avance de la flotte, son passage à travers les Dardanelles, son débouché dans la mer de Marmara. Prévoir les attaques du nord au sud par les vallées qui s'inclinent vers la mer de Marmara ou les attaques de l'est à l'ouest provenant de la base Panderma-Smyrne.

L'ordre de la 1ʳᵉ armée eût prescrit : 1ᵉʳ corps. Route d'Yenikeui, Tchiblak, Erenkeui, Bergas, Lampsaki. La concentration de l'artillerie lourde d'armée s'opère sous la protection du 1ᵉʳ corps. Les 2ᵉ, 3ᵉ et 4ᵉ corps ne conservent que l'artillerie de campagne.

2ᵉ corps. Même route que le 1ᵉʳ jusqu'à Bergas, puis direction Baldjilar, Echelek, Bigha. Occupation des vallées du Kara-Alti-Sou, Bigha, Tchaï.

3ᵉ corps. Route de Salihler, Ortadja, Tepekeui, Halvadjikeui.

4ᵉ corps. Ezine, Baïramitch, Tepekeui.

(1) V. p. 178.

Si une attaque du nord au sud se produit par les vallées du Kara-Alti-Sou et Bigha, les 2e, 3e et 4e corps prononcent la contre-attaque dans la direction de Bigha. Si l'attaque se produit à l'est, faire front sur la vallée de Bigha, de Tepekeui à Bigha. En cas d'attaques simultanées, le 2e corps fera front au nord, les 3e et 4e à l'est.

En observant, à chaque période de la marche, les principes de la liaison nécessaire entre les différentes colonnes, la distance à parcourir par n'importe quel corps pour accourir au canon du corps voisin attaqué, quelles que soient les hypothèses et les directions d'attaque, ne dépasse pas la limite d'une étape, même d'une demi-étape. Il s'agit en somme d'une sorte de conversion dont le pivot mobile est représenté par le 1er corps.

2° *2e armée* : Occupation du golfe d'Adramit. Axe de marche: Adramit, Karabey, Gunan. Occupation de la vallée du Gunan. Pour cette armée, trois corps suffisent.

3° *3e armée* : Golfe de Tchandarli. Trois corps également. Axe de marche : Kilissekeui, Ahmedbey, Avchar, Ichikler, vallée du Kara-Déré.

4° *4e armée* : Golfe de Smyrne. Ligne ferrée de Smyrne à Panderma. Trois corps.

Au total, 13 corps à 2 divisions d'infanterie. L'artillerie lourde est massée à l'abri de la 1re armée. Les 2e, 3e et 4e armées ne possèdent que l'artillerie de campagne et le canon d'accompagnement.

Que l'on établisse le total des centaines de mille tonnes, des millions de tonnes détruites par les sous-marins allemands, et l'on jugera si le tonnage des flottes alliées ne permettait pas largement les transports avec services accessoires, aviation, munitions, ravitaillement. En ce qui concerne les effectifs, j'ai déjà répondu aux objections.

La cavalerie, cavalerie légère, — un régiment par corps d'armée, — eût certainement pu jouer un rôle important.

La région des côtes, les vallées, se prêtent aux opérations et manœuvres. Certaines régions, notamment le Kaz-Dagh, au nord d'Adramit, présentent des obstacles en hauteur de 1.000 à 2.000 mètres. Mais il n'est pas un seul de ces massifs qui ne puisse être tourné facilement. La moyenne des terrains montueux varie entre 500 et 800 mètres, ce qui n'a rien d'effrayant. D'ailleurs, il est très rare qu'une seule des routes indiquées plus haut traverse longtemps ces lignes de hauteurs. Les passages pénibles sont courts. Je n'ai indiqué que les axes généraux de marche, mais le terrain permet d'affecter plusieurs routes à chaque armée. Donc la marche doit être rapide.

La largeur des bases d'ingression — 200 kilomètres à vol d'oiseau — ouvre aux flottes alliées un vaste champ de bataille, leur permet une action décisive contre les sous-marins. La surprise produite par la déviation de Salonique vers l'Asie, la simultanéité des débarquements de quatre armées, la marche de 13 ou 15 ou 20 colonnes, suivant les ordres de détail, colonnes bien liées entre elles, maintenant un front de combat qui leur permet de se soutenir mutuellement — front qui, par exemple, de Karahissar (4e armée) à Lampsaki (1re), comprend un maximum de 140 kilomètres, — ces divers éléments de la manœuvre assurent un résultat complet et décisif.

Aucune manœuvre ne peut être poursuivie au delà de la première bataille. Une fois les troupes débarquées, la marche amorcée, intervient l'aléa des manœuvres de guerre. Nous voulons rester sur le terrain positif. Donc, impossible d'envisager autre chose que les grandes directives. Mais il est évident qu'à moins d'incapacité flagrante du haut commandement ce groupe d'armées eût brisé toute velléité de résistance. L'ennemi, fixé sur le front occidental par plusieurs groupes d'armées maintenant une défensive stratégique et tactique sage et énergique, dans les Balkans par trois corps environ appuyés sur le camp retranché de Salonique, sur le front oriental européen par les armées russes non encore désorganisées, cet ennemi eût été incapable de distraire plus de trois armées des batailles d'Europe pour les transporter en Asie. Pourquoi ces trois armées eussent-elles été victorieuses des quatre que nous proposons ? Impossible d'installer un système de tranchées. Si l'adversaire avait essayé ce système, il était si facile de le déborder en appuyant à l'est, au delà de la direction Panderma-Smyrne, qu'il eût vite été contraint d'y renoncer. L'immensité du terrain offert aux manœuvres ne permettait pas la stabilisation des fronts, la stagnation de la guerre, la stupide guerre d'usure. Il y a de la place en Asie.

En admettant un échec local, une résistance trop forte barrant la route à une armée, les difficultés pouvaient être aisément surmontées, soit par l'action des corps voisins, soit en raison de l'afflux des réserves que permettait l'énorme supériorité des flottes alliées. Une fois ces flottes sorties de leur torpeur, lancées en pleine bataille, qui pouvait limiter les incalculables conséquences de leur action ? Une fois la Méditerranée libre, purgée des sous-marins allemands, quel obstacle pouvait barrer longtemps la route de terre ? Songez à la largeur, à la commodité des bases d'ingression, avec l'appui des îles Ténédos, Metelin, Chio.

Supposons encore que l'ennemi parvienne à barrer la route du Kara-Alti-Sou, du Gunan, du Kara-Déré. Sera-t-il même besoin de faire appuyer la 4ᵉ armée à droite, de se lancer dans des manœuvres étendues ? Les canons lourds de la 1ʳᵉ armée n'auront-ils pas suffi à l'écrasement des forts des Dardanelles ? La flotte anglo-française, débouchant dans la mer de Marmara, ne détruira-t-elle pas les réserves de l'ennemi, ses bases de débarquement, son ravitaillement ?

N'oublions pas non plus l'action sur les masses musulmanes, l'effet immense produit par l'occupation ultérieure de Brousse, l'arrêt à peu près total du recrutement turc, la levée des Algériens, Tunisiens et Egyptiens (1) contre le gouvernement de Stamboul, inféodé à Guillaume II. En quelles mains tombait la clef du monde, Constantinople ? Et une fois ce point vital occupé, est-il utile de consacrer une seule ligne aux conséquences qui en découlent, par une irrésistible et impitoyable logique ?

Un seul mot pour faire valoir que mon projet — ce projet que MM. Millerand et Clemenceau n'ont même pas voulu que j'expose et que j'explique — se trouve en accord parfait avec les plus grandes leçons de l'histoire, les enseignements de la haute stratégie. Une fois Constantinople occupé, c'est la marche de l'est à l'ouest qui devenait, comme le fait s'est toujours produit dans le cours des siècles, la marche triomphante.

N'ai-je pas le droit de dire qu'en ne concevant pas cette manœuvre dès 1915, au plus tard au début de 1916, nos généralissimes ont commis la faute capitale, la faute immense de la guerre, et qu'ils ont par avance annihilé les effets de n'importe quel armistice, de n'importe quel traité de paix ?

____

(1) Ceci dans l'hypothèse où la France et l'Angleterre eussent compris leurs véritables intérêts.

SUITE DU CHAPITRE VIII

———

Ces pièces ont pour but de prouver la mauvaise volonté, la faiblesse d'intelligence et de caractère manifestées par les ministres qui se succédèrent pendant la guerre 1914-1918.

Mes pétitions légales furent déposées sur les bureaux de la Chambre et du Sénat, donnèrent lieu à des rapports multiples, furent transmises au ministère de la guerre, forcèrent deux ministres de la guerre à m'appeler, mais, en fin de compte, furent étouffées et annihilées par les pouvoirs publics.

Le système des techniciens officiels, des compétents reconnus et proclamés infaillibles par la vertu du titre et du grade, des coteries, des sectes, des petites paroisses bien closes, des chapelles intransigeantes, des camaraderies d'école, des profiteurs et bénéficiaires de la guerre, la sainte alliance des pontifes de toute catégorie, de toute espèce, de toute origine, l'emportèrent sur le principe de libre discussion, d'invention indépendante, si neuve, si originale, si puissante qu'elle pût être. On constatera par la netteté de mes pétitions et la manière dont elles furent accueillies par les pontifes, que, dès qu'un homme est proclamé pontife, dès qu'il est salué de « cher maître », ou d'autorité sacro-sainte en n'importe quel parti politique, il est rare, extrêmement rare, que cet homme n'aboutisse pas à la nullité la plus absolue. L'orgueil le vide et le tue.

Je ne citerai de mes pétitions que ce qui est strictement utile pour établir la preuve. Le reste, ce que je ne citerai pas, se trouve dans les pages précédentes, sous forme de discussions stratégiques et tactiques.

Dès le 7 septembre 1914, résidant à Beauregard-Véretz (Indre-et-Loire), retraité depuis le 21 juin 1886 pour blessure de guerre, ne pouvant ni monter à cheval ni suivre une étape, mais ayant continué les études de guerre les plus sérieuses, les plus approfondies, j'adresse une première lettre au ministre de la guerre, afin de lui exposer mes projets sur l'utilisation intelligente des masses musulmanes, sur une entente loyale et profonde avec l'Islam.

Le 20 septembre 1914, le ministre me répond que ses généraux et fonctionnaires ont fait ce qui était nécessaire.

On l'a bien vu. On continue à voir de nos jours ce que produit l'action « intelligente » de notre gouvernement, se traînant à la remorque de l'impérialisme anglais en ce qui concerne l'action sur l'Islam.

11 novembre 1914. Deuxième lettre au même ministre, résidant alors à Bordeaux. — *Réponse du 14 novembre.* Réponse ultra-banale, où le ministre me « remercie de mes communications dont il a pris bonne note ». On l'a bien vu par la suite, la note qu'il a prise !

Inutile d'insister sur un fait que je suis forcé de mentionner pour qu'il ne subsiste pas l'ombre d'un malentendu. J'ai prévenu le ministre que je demandais à exposer mes projets, mais que je ne demandais ni un poste quelconque, ni un titre, ni un grade, ni un centime. Le terme « demande » ne s'appliquait qu'à un exposé net, précis, absolument désintéressé, concernant l'action de l'Islam.

Rien à faire comme action politique, comme œuvre de publiciste, en raison de la censure. Dès la fin d'août 1914, j'essaie de faire comprendre quelque chose aux « bourreurs et videurs de crâne » qui pontifient dans certains journaux. Grâce aux Maurice Barrès, aux Gustave Hervé, aux Repington, mes explications restent incomprises. Les cerveaux sont obtus et clos. Seul, le *Temps* du 10 novembre 1914 discute un passage d'une de mes lettres concernant l'évaluation financière des désastres subis par les régions envahies.

7 janvier 1915. Je me décide à écrire au président de la République. Mais alors, je ne parle plus seulement des masses musulmanes. J'aborde carrément à fond la question stratégique, faisant ressortir les absurdités commises par le G. Q. G.

17 janvier 1915. Réponse du président de la République. Le général Duparge me demande, en son nom, de lui envoyer par la poste l'exposé de mes projets.

J'avoue qu'en recevant cette lettre plutôt... bizarre, je fus stupéfié. Comment ! on parle d'espionnage, de secrets, de mystère, M. Millerand fait afficher partout que les Français doivent clore hermétiquement leurs bouches et leurs oreilles, et le président de la République me demande d'envoyer par la poste un plan de campagne qui doit résoudre une guerre mondiale. Il y a là de quoi donner le vertige !

A la date du *21 janvier 1915*, deuxième lettre au président de la République. J'explique que je suis tout prêt à me rendre à sa convocation, que je ne demande toujours aucune récompense, pas l'ombre d'un titre, d'un galon, d'un ruban, ou d'un centime, mais que je ne peux vraiment pas faire voyager par la poste, de Beauregard-Véretz à Paris, un ensemble de manœuvres stratégiques qui doit faire mouvoir des millions d'hommes.

Depuis, aucune réponse de l'Elysée. Il est probable que les petits papiers de M. Millerand : « Taisez-vous... », affichés dans toutes les gares, wagons et locaux divers, restèrent inconnus de cette auguste demeure.

Alors, je lance ma première pétition, celle du *15 mars 1915* (cent pages, s. v. p.). Le Parlement est touché, réfléchit et discute. C'est le premier coup de pioche asséné sur la statue du général Joffre. Comme cette statue n'est pas en marbre, mais en plâtre, en vulgaire plâtre, elle commence à s'effriter. Mais c'est œuvre dure et ingrate que de remuer un Parlement. Je reçois de nombreuses lettres de députés enthousiastes qui m'approuvent. M. Painlevé lui-même a les larmes aux yeux en me parlant de ma pétition, oui, lui qui depuis... Mais quant à en venir aux actes, c'est une autre affaire. Il est bien rare qu'un député n'ait pas dans sa poche un général, un critique influent, un journaliste bien pensant. Vous concevez que journaliste, critique et général regardent avec inquiétude ce nouveau venu qui brise les vieilles idoles. Le système des compétents et techniciens ne peut digérer une parole indépendante.

Si j'avais soumissionné pour une adjudication, comme l'essayèrent et y réussirent les plus étranges industriels, voire même des courtisanes de Paris, si j'avais eu par suite à offrir aux intermédiaires une commission de 10 p. 100, chiffre intéressant quand il s'agit d'adjudications de plusieurs millions, peut-être aurais-je trouvé certains membres de la majorité parlementaire prêts à m'appuyer et résolus à me faire entendre jusqu'au bout. Mais comme il s'agissait simplement du salut de la patrie, d'économiser deux ans de guerre et la chair et le sang d'un million de Français, je ne rencontrai que quelques rares bonnes volontés.

Je dois mentionner qu'un des membres de la commission de

l'armée les plus acharnés à étouffer mes projets fut aussi, probablement par l'effet d'un simple hasard, un des parlementaires qui, parti de la situation la plus modeste à ses débuts politiques, se transforma depuis en superbe arriviste, le sieur René Besnard. Pure coïncidence, n'est-ce pas ? Ou bien accord merveilleux des pontifes de tout acabit.

16 avril 1915. Lettres concernant ma pétition aux nombreux députés qui se sont montrés enthousiastes, afin de leur prêcher l'urgence. Qu'on se dépêche d'agir. Il est temps.

10 mai 1915. Deuxième pétition légale « pour un peuple qu'on » empêche de vaincre ». Laissant de côté les considérations stratégiques et tactiques déjà connues, je cite les passages essentiels concernant la manœuvre capitale, action sur l'Islam, urgence de la décision... « Mes projets actuels nous amèneraient » 500.000 Africains, au lieu des très maigres contingents de » M. Lutaud... *L'essentiel est de discerner le vrai point d'at-* » *taque. Or, les directives actuelles sont toutes fausses, absurdes* » *ou mal engagées...* L'union avec nos alliés doit être indisso- » luble. Mais j'ai démontré que nous les aiderions mille fois » mieux en appliquant la stratégie à coups de massue des » grands capitaines, qu'en nous traînant à la remorque de leur » inepte guerre d'usure. Le ministre de la guerre et la commis- » sion de l'armée refuseront-ils 500.000 Africains ? » Si l'Angle- » terre avait su s'y prendre, on eût pu y ajouter un chiffre aussi considérable d'Egyptiens.

9 juin 1915. Troisième pétition au Parlement — pour le recrutement intégral dans l'Afrique du Nord. J'y traite les questions capitales : décret du 3 février 1912, sénatus-consulte de 1865, loi de 1889, le remplacement en Algérie, Tunisie, la prime d'incorporation, les compensations, régime de l'indigénat, décret du 19 septembre 1912, quelle loi on doit substituer aux décrets de 1912, régime de la liberté dans le droit commun, séparation des pouvoirs administratif et judiciaire, élections, impôts, contrôle, promulgation de la loi, question du nombre. Je démontre que l'effort total intelligemment dirigé peut nous donner 550.000 hommes. Naturellement, on préfère à mon projet positif et pratique les théories rebattues des Lutaud, Jonnart, Mangin, Archinard et Lyautey. Dans mon annexe à cette pétition, je produis le premier (mes chiffres furent copiés ensuite par de nombreux parlementaires et journalistes) les effectifs de nos adversaires sur lesquels les officiels et officieux avaient jusqu'alors menti avec entrain.

22 juin 1915. Enfin, je suis en possession d'une lettre du ministre de la guerre me donnant audience. La commission de l'armée a contraint M. Millerand à cet effort. J'ai donc tout lieu de croire qu'il va non seulement m'écouter, mais m'entendre et surtout me comprendre. Erreur complète. M. Millerand a dû promettre de me recevoir. Il me reçoit. C'est tout. Pendant les 17 (dix-sept) minutes dans lesquelles il étrangle l'exposé de mes projets, une seule chose le préoccupe : sa montre, qu'il a installée devant lui, sur un petit support, et qu'il consulte avec acharnement. Une seule pensée le hante : un rendez-vous avec une commission du Sénat. Quand il a constaté la fin de la dix-septième minute, il se lève. Je ne puis retenir un cri d'indignation et de rage. Je lui crie que le salut du pays passe avant une commission du Sénat. Il me répond que, si j'accepte, il mettra à ma disposition, pour continuer l'entretien, son chef d'état-major, le colonel Buat. Je riposte que j'ai déjà maintes fois offert la discussion de mes projets devant le ministre de la guerre et des membres de la commission de l'armée, face à face avec un ou plusieurs généraux en chef, commandants de groupes d'armées, ou d'armées, qu'on jugera ainsi qui propose la meilleure méthode de guerre rapide et décisive, mais qu'il est parfaitement inutile, absurde et dangereux d'exposer mes projets, sans garanties et sans témoins, à un officier supérieur qui ne sera jamais à même de les exécuter, puisqu'il ne peut commander plus d'un régiment ou d'une brigade, et qu'il s'agit de la manœuvre de plusieurs armées. Impossible de faire comprendre à M. Millerand une question qui ne lui a pas été présentée par ses bureaux. Il est clair qu'en dix-sept minutes j'ai juste le temps de lui exposer ma pétition du 9 juin, non encore lue par lui, et dont je lui remets un exemplaire. J'essaie aussi de lui faire entrevoir l'absurdité de la guerre d'usure. Mais quand il se lève, quand il se trouve à moitié chemin entre son bureau et la porte, je ne puis que lui dire, en quelques mots précipités, la nécessité primordiale de fixer l'ennemi sur le front occidental afin de permettre la manœuvre (1). Quant à cette manœuvre même, il ne me reste plus une seconde pour en exposer le mécanisme. M. Millerand est sur la porte. Je m'en vais. Mais alors, à ma profonde stupéfaction, M. Millerand me tend la main en m'avouant que je l'ai très vivement intéressé. Surpris de cet aveu qui ne concorde

(1, V. p. 148 et suiv.

guère avec son attitude, je ne crois pas devoir refuser sa poignée de main, parce que j'espère encore dans une convocation prochaine. Je lui répète que j'y compte. Hélas ! il n'y en eut jamais.

En somme, j'ai retrouvé M. Millerand tel que je l'avais connu dans sa jeunesse : patient, sobre, travailleur. J'entends d'ici un lecteur sceptique s'écrier : « Toutes les vertus de l'... » N'exagérons rien. C'est plutôt un bœuf au labour. Mais personne n'a jamais vu un bœuf se transformer en aigle. Or, ce qu'il faut au ministère de la guerre, — et ailleurs, comme chef, — ce n'est pas un bûcheur, un fort en thème, un avocat docile de la bureaucratie, un esclave de ses compétents officiels. C'est une haute intelligence capable d'embrasser l'ensemble d'un problème immense, une volonté ferme capable de le résoudre. M. Millerand ne possède ni cette intelligence ni cette volonté. L'obéissance aux techniciens ne représente pas plus la réelle intelligence que l'entêtement obtus ne représente la volonté.

18 juillet 1915. Annexe à la pétition pour le recrutement, prise également en considération par les commissions de l'armée de la Chambre et du Sénat.

17 décembre 1915. Quatrième pétition légale. Je cite :
« Quand je parle de vérité et de lumière, j'oublie que l'union
» sacrée les étouffe soigneusement. Pour combien de temps ?
» Union sacrée, sainte union, sainte ligue, ce ne sont pas des
» nouveautés pour un Français. Nos aïeux les ont connues, ces
» nobles saintetés, au XVIe siècle, quand la patrie faillit périr
» sous les coups de l'étranger. Mais, en ce temps-là, les bour-
» geois aisés de Paris s'occupaient d'autre chose que de tou-
» cher leurs coupons. Esprit et courage leur étaient familiers
» — et la satire Ménippée se chargea d'écraser la sainte union
» sous le ridicule.

» Le truc de l'union sacrée est bien simple. Il consiste à
» dire : « Nous avons tout mobilisé et bâillonnons le pays par
» la censure. Quiconque aura une idée — si juste et si forte
» qu'elle soit — devra nous la soumettre, sans conditions et
» sans garanties. Si le projet présente un avantage quelconque
» pour notre intérêt personnel, nous verrons à nous l'appro-
» prier. Si, au contraire, il ne concerne que l'intérêt général et
» risque de déranger la quiétude de notre foi ou d'engager
» notre responsabilité, nous le saboterons à l'aise — et de cette
» manière, nous garderons intacts nos portefeuilles, nos galons,
» nos petites médailles et nos bénéfices. »

» Ce truc n'est pas plus infaillible que notre généralissime
» — et ne prend plus.

» Etant donnée la mentalité spéciale de nos gouvernants et
» de notre grand état-major, étant donné que le ministre de la
» guerre s'incline devant la coterie qui se sert du général
» Joffre, le distingué sapeur colonial, comme d'un paravent et
» un plastron, je juge complètement inutile de demander une
» seconde audience. *Mes projets stratégiques, liés à mes idées*
» *sur l'Afrique du Nord, qui n'ont rien à voir avec les plans*
» *Mangin et Archinard, viennent d'être étouffés par ordre, en*
» *plein Parlement, entre deux commissions.* L'Administration
» algérienne et quelques vagues intentions législatives les déna-
» turent à qui mieux mieux. »

9 mars 1916. Cinquième pétition légale. J'y expose la question
du nombre, effectifs des armées, totaux des morts et blessés,
impuissance de nos offensives, la question des états-majors et
de l'artillerie. Je ne conserve aucun espoir dans les actions parlementaires, dans l'initiative des ministres, la faculté de compréhension des « grands chefs ». J'accomplis tout simplement
mon devoir en disant la vérité.

14 octobre 1916. Sixième pétition. Je cite : « Avant que la di-
» rection si intelligente, si désintéressée et si loyale qui pré-
» side aux destinées d'une certaine presse n'étouffe ma voix aux
» Amitiés musulmanes et dans un quotidien du soir (1), j'avais
» essayé de répandre la vérité. La place me manque ici. Mais
» pour savoir ce que je pense de la guerre, vous n'avez qu'à
» prendre exactement le contrepied de tous les batteurs de
» grosse caisse et de bluff, colonel X., commandant Y. ou géné-
» ral Z., et du bon M. Repington qui, installé dans son *home* de
» Londres, oubliant de compter notre million de morts et nos
» 500.000 mutilés, affirme que les « armées françaises n'ont
» jamais été plus nombreuses. »

» Un autre prophète de même envergure, le colonel Maude,
» proclame à son de trompe que nos soi-disant « grands
» chefs procèdent de Napoléon ». Hélas ! ils lui ont pris toutes
» ses verrues et tous ses vices, mais pas l'ombre d'une parcelle
» de son génie. Ils ne sont que les pâles copistes du Napoléon
» de Leipzig et de Waterloo. Les exagérations d'effet moral, les
» affirmations vaniteuses de triomphe, les exécutions de boucs
» émissaires rappellent la triste manière des guerres d'Espagne,

____

(1) Le journal *l'Heure*.

» de Russie, 1813, Craonne et Laon pour 1814, et la catastrophe
» finale de 1815.

» Que deviendra le peuple français après cette effroyable
» saignée ? Nos éléments les plus jeunes, les plus forts et les
» plus sains disparus, quel sera l'avenir ? Croyez-vous utile
» d'insister sur l'état lamentable de notre natalité ? Comptez-
» vous sur les admirables professeurs de tenue morale qui
» pullulent aujourd'hui, les Briand, les Viviani, les Arthur
» Meyer et les Gustave Hervé, pour refaire la race ? Poussez-
» vous la naïveté jusqu'à attacher l'ombre d'importance à la
» prime de 1.000 francs du bon M. Bénazet, ou à la surenchère
» d'une rente de 300 francs par enfant promise par de fantai-
» sistes financiers ? Non. Alors ?

» Grâce aux merveilleux exemples d'égoïsme, de féroce et
» implacable égoïsme, de recherche absolue du bien-être per-
» sonnel, à la proclamation du droit de vivre sa vie, grâce
» aux leçons tombées d'en haut, de nos grands professeurs de
» tenue morale, sur le peuple français, même le peuple ouvrier,
» et même le peuple paysan, la théorie du fils unique est deve-
» nue la théorie chère à l'immense majorité. De cette absten-
» tion résultent forcément l'impuissance, la dégénérescence
» de la race. Ajoutez-y la saignée atroce de la guerre. Vous
» obtenez la disparition de toute vitalité sérieuse, une rési-
» gnation apparente du peuple, puisque la jeunesse virile aura
» disparu, mais en réalité le coma qui précède l'agonie d'une
» nation. Grâce à vous et à vos généraux, dont les Maude et les
» Polybe célèbrent le génie, la France sera morte.

» Peut-être certains se consolent-ils en pensant qu'elle va
» s'internationaliser. Pour moi, officier français, ne respectant
» et n'aimant que mon drapeau, ma patrie et mon peuple,
» j'avoue qu'il m'est impossible de me passionner pour cette
» solution. Le seul fait qu'elle se produit et s'affirme indique
» nettement que votre organisation actuelle du haut comman-
» dement mène le pays à sa ruine.

» *Voulez-vous, oui ou non, me mettre en face d'un de vos*
» *grands chefs — n'importe lequel ? Vous jugerez d'après notre*
» *discussion. Je ne vous demande là qu'un fait positif et pra-*
» *tique et si facile à réaliser.*

» Si vous ne transformez le gouvernement, le grand état-
» major et le contrôle puéril de vos commissaires bernés par
» MM. Briand et Joffre, si vous ne restaurez la méthode révo-
» lutionnaire de 1793, tant méprisée par les anciens socialistes

» Millerand et Briand, aujourd'hui partisans de la discipline
» de fer à la manière boche, du silence et de la censure, alors
» le compte que vous aurez à régler avec le peuple français
» apparaîtra dans sa vérité implacable : vous aurez fait la
» preuve que l'union sacrée, l'union des Maurice Barrès et
» des Lafferre, des Alfred Capus et des Steeg, des Barthou et
» des Franklin-Bouillon ne constitue pas l'union des patriotes
» devant le pays, puisque vous maintenez des ministres et des
» généraux — je pourrais y ajouter des amiraux — qui
» gaspillent en pure perte les forces et le sang du peuple, mais
» que cette union soi-disant sacrée représente simplement
» l'alliance des pontifes, des bénéficiaires, des possesseurs de
» fiefs administratifs, politiques et financiers, c'est-à-dire la
» coalition de vos intérêts personnels et égoïstes — pas autre
» chose. Votre portefeuille sera peut-être à l'abri, mais la
» France sera morte... »

19 janvier 1917. Septième pétition.

« *Mes projets stratégiques. Le 22 juin 1915, quand j'eus*
» exposé au ministre de la guerre la partie de mes projets
» qu'une conversation étranglée en 17 minutes ne permit
» d'expliquer, il m'avoua loyalement être très vivement inté-
» ressé. Je ne doute pas de sa parfaite bonne foi, mais de son
» énergie, attendu qu'il m'avait parlé de reprendre l'entretien,
» qu'il était nécessaire de le reprendre devant le conseil supé-
» rieur de la guerre, et que l'entretien ne fut pas repris. *Les*
» *pontifes du grand état-major se chargèrent d'appliquer eux-*
» *mêmes la part de mes projets qu'ils connaissaient (la fixation*
» *de l'ennemi sur le front occidental). Comme résultat,*
» *j'assistai à leur déformation la plus inouïe, à leur complet*
» *sabotage. Ces pontifes se sont crus de taille à se passer de*
» *moi. Ils ont simplement prouvé qu'ils en étaient incapables.*
» Aujourd'hui même, quelle que soit la forme détournée sous
» laquelle ils essaient de les reprendre, je les préviens qu'ils
» échoueront. Les Allemands sont maintenant sur leurs gardes
» et trop fortement installés. *Rien à faire sur le front occiden-*
» *tal, ni sur le front russe. Rien à faire dans l'impasse de Salo-*
» *nique. Il faut chercher ailleurs — mais ce ne sont pas les*
» *pontifes qui résoudront ce problème. Je les en défie, et la*
» *preuve des faits me donnera raison.*

» *Mon projet sur le recrutement intégral dans l'Afrique du*
» *Nord est lié à mes projets stratégiques. Mais là encore les*
» *pontifes coloniaux et autres se sont chargés du sabotage. Le*

» sous-préfet de Batna, l'Aurès et le Sud-Tunisien répondent
» pour moi. Jusqu'à quand la presse officielle essaiera-t-elle de
» faire avaler au naïf public que vos résidents généraux ou
» civils les plus vantés ont su réaliser l'alliance avec l'Islam ?
» Diminuez les effectifs, rappelez vos soldats, enlevez les ca-
» nons et les mitrailleuses, et il ne se passera pas huit jours
» avant que vous soyiez jetés à la mer. Les protestations de
» loyalisme d'un quarteron de grands chefs féodaux, que vous
» comblez d'argent et de médailles, ne représentent pas plus
» l'alliance et l'amitié, la pénétration réelle du cœur des musul-
» mans, que l'action de vos résidents et gouverneurs, docile-
» ment soumis aux intérêts des parlementaires les plus tarés,
» des mercantis et des usuriers des villes, des exploiteurs les
» plus féroces, ne représente une action intelligente, à vues
» profondes et désintéressées.

» En raison de la déformation inepte et du sabotage continu
» de mes projets, il est naturel que je demande des garanties
» d'équité et de justice pour l'avenir.

» *Une partie superbe reste à jouer, partie qui intéresse non*
» *seulement la France, mais l'Angleterre, la Russie et l'Italie.*
» *Mes projets stratégiques, tout à fait indépendants du front*
» *occidental et de Salonique, plairont infiniment à nos alliés.*
» *C'est l'unique solution de la guerre. J'attends que les pou-*
» *voirs publics me garantissent contre l'ineptie et le sabotage.*
» Autrement, il est parfaitement inutile que je livre mes idées
» à vos pontifes. La preuve positive et pratique de leur inca-
» pacité est acquise. Jusqu'à quand le peuple français pourra-
» t-il attendre la solution juste et décisive !

» *Conclusion.* Il est impossible qu'un pays divisé en cen-
» taines de sectes, de petites chapelles, blanches, rouges ou
» noires, où chaque pontife exige que l'homme le plus intelli-
» gent et le plus inventif rampe à ses pieds pendant de longues
» années avant de lui permettre de parler ou d'agir, où l'union
» sacrée ne représente que la coalition des pontifes pour
» l'étouffement de la vérité et la conservation des bénéfices du
» pouvoir, où la presse lance un général comme certains négo-
» ciants lancent une conserve alimentaire, où le mensonge est
» de règle, où le bluff fait loi, où le principe d'autorité se ravale
» au rang du fétichisme des nègres de l'Afrique centrale — où
» les moindres détails d'une humble tactique paraissent des
» vérités merveilleuses et permettent à des hallucinés du grand
» état-major de faire tuer en pure perte quelques centaines de

» mille hommes — il est impossible que ce pays-là, notre
» malheureuse France, aboutisse à la victoire éclatante. La
» discipline de fer à la manière boche n'est qu'un contre-sens
» grotesque pour notre pays.

» Or, la victoire est nécessaire. Sans elle, sans le prestige
» et l'autorité du triomphe, dans une France internationalisée,
» où de multiples races étrangères sont appelées à s'abattre par
» suite de la saignée atroce de la guerre, la pensée française
» disparaîtra, noyée, étouffée par de plus vivaces et de plus
» nombreuses — et nos enfants seront écartés, puis anéantis et
» broyés par la loi fatale de la concurrence, la loi de la vie
» et du travail.

» Cette victoire, vous ne devez l'attendre que de la franchise,
» de la liberté et d'un changement complet de vos ineptes
» méthodes de guerre. Si, au contraire, vous n'arrivez à termi-
» ner la lutte que par des moyens lents et pénibles, par l'effet
» d'une lassitude générale, par la guerre économique, par des
» tractations de paix boiteuse, par l'effort de nos alliés, alors
» votre soi-disant victoire ne servira de rien. C'est en vain que
» deux millions des nôtres auront été sacrifiés. Et plus tard,
» quand la presse sera redevenue libre, il sera facile de démon-
» trer au monde la pauvreté d'invention de vos généraux et la
» honteuse faiblesse de votre gouvernement qui aura reculé
» devant les responsabilités nécessaires. Alors, le compte
» devra se régler entre le Parlement et le pays. Ce jour-là, les
» cadavres de Champagne et de la Somme se dresseront devant
» les arcs de triomphe que vous rêvez pour vos généraux. Vous
» aurez beau crier que vous êtes vainqueurs. L'Allemagne, dont
» vous n'aurez pas brisé l'épée, le militarisme et l'orgueil,
» renouvellera à bref délai le coup de force sournois et brutal.
» Et vous deviendrez un ramassis de vaincus, appelés à dispa-
» raître au premier tournant de l'histoire.

» *N'aurez-vous pas l'énergie d'entendre une parole franche et*
» *libre, une haute conception stratégique, une large vue d'en-*
» *semble ?* »

» *Cette parole, qui réalisera ce qu'aucun de vos généraux*
» *n'a encore su et ne saura jamais vous donner, l'unité d'action*
» *sur l'unité de front, l'accord inaltérable avec nos alliés anglais,*
» *russes et italiens, jusqu'à quand refuserez-vous de l'entendre ?* »

C'était peu de temps avant l'offensive du général Nivelle que
j'ai lancé cette septième pétition. Le lecteur peut juger si j'avais
vu plus clair que les ministres et les généraux.

12 mars 1917. Suite à ma pétition légale du 19 janvier. J'accentue mon cri d'angoisse avant la grande offensive annoncée à son de trompe.

« Le grand quartier général, par ses affirmations tranchantes,
» a induit en erreur plusieurs membres du Parlement animés
» d'excellentes intentions, mais non prévenus contre les argu-
» ments fallacieux du bluff et du mensonge.

» Cette grande offensive de 1917, annoncée à son de trompe,
» n'aboutira à aucune décision et ne brisera pas l'épée alle-
» mande.

» Réfléchissez que la logique et le bon sens, qui doivent être
» les seuls principes déterminants de toute action stratégique,
» exigent qu'on ne prévienne pas les Allemands des directions
» d'attaques. Mais le nouveau généralissime, technicien d'ar-
» tillerie et spécialiste du canon, ne croit pas plus à la straté-
» gie que son prédécesseur, spécialiste du génie. Quant au
» grand état-major, il se compose de bons élèves appliqués de
» l'Ecole de guerre. Par habitude, il suit docilement les inspi-
» rations de l'adversaire, ou laisse voir son jeu six mois
» d'avance.

» Résultat : les actions se produisent moitié sur le front
» anglais et moitié sur le front français, donc en Artois, Picar-
» die et Vermandois. *Depuis deux ans, je préconise l'amal-
» game des armées alliées,* pour que l'ennemi ignore l'attaque.
» Le G. Q. G. refuse l'amalgame et prévient l'ennemi.

» Mettons tout au mieux. Sous l'avalanche des obus de tous
» calibres, les Allemands, qui croient à la stratégie, retirent
» leurs troupes des positions avancées et permettent à nos
» tacticiens naïfs de chanter victoire. Reste à savoir ce que
» coûtera en tués et blessés l'organisation du terrain. Voilà ce
» que le G. Q. G. n'avoue jamais. Mais admettons le raisonne-
» ment de nos mystiques sanglants les plus admirés, des pro-
» moteurs de la guerre à coups d'hommes. Nos troupes
» avancent de 15, 20, 30 kilomètres. Après ?

» Suppose-t-on les Allemands assez aveugles ou ineptes pour
» ne pas organiser d'une manière formidable leurs positions
» de front et de flanc ? Par exemple, dans le Vermandois, nos
» régiments se heurteront de front à la forêt de Coucy et à
» Laon, pendant que de Chauny, Tergnier et La Fère les
» masses adverses et les canons lourds les prendront d'enfi-
» lade. A quoi servira l'occupation des 15 ou 20 kilomètres
» d'avance ? A rédiger des communiqués et à exciter un quar-

» teron de snobs. De plus, les pertes seront effroyables. Nos cent
» divisions du front, réduites chacune à 6.000 ou 7.000 hommes
» d'infanterie, s'y épuiseront. C'est la ruine de notre infan-
» terie.

» *Vous n'obtiendrez jamais la décision réelle et pratique sur*
» *le front occidental, même en arrivant sur la Sambre et la*
» *Meuse à la fin de 1917 ou en 1918. Ce n'est pas par ce che-*
» *min-là que vous parviendrez au but capital : la paix heu-*
» *reuse, réparatrice et féconde.*

» *Ce n'est pas davantage sur le front oriental par Salonique,*
» *ni par Bagdad, ni par la Perse. Ces directions ne constituent*
» *que des diversions plus ou moins heureuses. Aucune ne*
» *représente la solution décisive, le coup de massue qui nous*
» *délivrera de l'atroce cauchemar de la guerre.*

» J'attends que les commissions de l'armée du Sénat et de la
» Chambre veuillent bien éclaircir et poursuivre la demande
» semi-officielle qui vient de m'être adressée. J'attends d'être
» nettement convoqué, suivant ma pétition du 19 janvier, pour
» exposer l'unique solution stratégique qui puisse réaliser
» l'unité d'action sur l'unité de front avec les Anglais, les
» Russes et les Italiens. »

Après, ce fut l'offensive du général Nivelle. Sans commentaires.

*Au début de 1918, le 11 mars 1918, je prévins le gouverne-
ment de M. Clemenceau de la gravité terrible des circonstances.*
C'est ma huitième pétition (pétition légale pour la méthode de
guerre). Elle débute par ces mots : « Le gouvernement actuel
» (celui de M. Clemenceau) est aussi impuissant, aussi nul, que
» les précédents », et termine par cette phrase : « *Oui ou non,*
» *voulez-vous la victoire décisive et la paix durable ? Oui ou*
» *non, voulez-vous m'entendre ?* »

22 mars 1918. L'offensive de Ludendorff se déclenche. Le
même jour, je suis prié de vouloir bien me rendre au ministère
de la guerre. La lettre, envoyée par ordre de M. Clemenceau,
est signée d'un haut fonctionnaire du gouvernement général de
l'Algérie, en mission au cabinet du président du conseil.

Enfin, va-t-on m'écouter, me comprendre ? Je me trouve en
face d'un fonctionnaire fort aimable, fort intelligent. L'impres-
sion que je conçois est excellente. La compréhension de mon
interlocuteur est infiniment supérieure à celle de M. Millerand. Il comprend admirablement la question navale. Il se
rend compte que le coup de massue doit être asséné en même

temps sur terre et sur mer. Si l'entente pour le salut de la patrie avait dépendu de lui, tout était sauvé ! Mais hélas ! elle dépendait de M. Clemenceau ! Pendant trois ans, M. Clemenceau avait été d'accord avec moi. Il connaissait parfaitement, par mes conversations avec son secrétaire particulier, mes idées sur le. G. Q. G. Il les avait partagées. Mais hélas ! depuis qu'il était ministre, le réformiste s'était transformé en autocrate. Sa méconnaissance, son ignorance complète des tares napoléoniennes, ou plutôt son goût pour les absurdes méthodes qui portent ce nom, l'avait totalement dévoyé. Rien n'aboutit.

Notons encore que je répétai avec insistance, presque à satiété, que je ne demandais rien comme récompense, honneur, profit, grade, ou titre, ou ruban. Une seule garantie : celle que mes projets ne seraient pas honteusement sabotés. Et pour cela, uniquement une garantie morale : la simple nouvelle officielle que j'étais chargé d'une mission de recrutement dans l'Afrique du Nord. Et j'acceptais par écrit l'ajournement indéfini de cette mission.

Je savais que le maréchal Pétain, pour remercier l'inventeur du canon Archer, avait intenté contre lui une action en conseil de guerre, que l'intervention du président de la République avait seule pu arrêter la comparution d'un patriote, d'un inventeur, en cour martiale. Je savais avec quel mépris, quelle arrogance insultante, les généraux en chef se permettaient de parler des inventeurs (1). Je savais qu'un modèle parfait de machine perforatrice, qu'une foule d'autres inventions, avaient attendu des mois, d'interminables mois, avant même d'être essayés. Pouvais-je demander moins qu'une garantie morale, sans l'ombre d'un traitement ni d'un pouvoir ?

M. Clemenceau, dans son orgueil brutal d'autocrate, ne fut pas de taille à le comprendre. Au lecteur de juger s'il a vraiment bien mérité de la patrie.

18 avril 1918. Je lance l'annexe à ma pétition légale du 11 mars.

« La situation terrible dans laquelle se débattent les alliés
» s'explique facilement si l'on se rend compte des fautes mul-
» tiples du haut commandement et de sa piteuse méthode de
» guerre.

» Pour tout homme de bon sens, il était évident que la pre-
» mière ruée allemande se produirait au point de soudure des

____

(1) V. p. 132 et suiv.

» armées françaises et anglaises. Le recul de la 5e armée bri-
» tannique n'explique pas le développement de l'offensive
» ennemie. Les généraux Pétain et Foch ont commis une erreur
» stratégique énorme en ne devinant pas la pensée allemande,
» en ne concentrant pas à l'avance une forte partie de leurs
» réserves au point de soudure ; ou bien ils ont commis une
» faute tactique des plus graves en ne sachant pas les manier et
» les amener à temps, ou bien les fautes accumulées depuis
» quatre ans, les gaspillages insensés de soldats français aux-
» quels se sont livrés les soi-disant « grands chefs », leur disci-
» pline maladroite et brutale, ont compromis l'existence même
» de ces réserves et les ont réduites à un chiffre trop faible.

» Il est temps qu'un ministre de la guerre civil impose à
» ces « grands chefs » une méthode conforme au bon sens et
» aux vérités éternelles de la stratégie, dont les techniciens de
» l'Ecole de guerre ne comprennent pas le premier mot. Les
» champs de bataille ne leur ont rien appris.

» Mais à quoi bon expliquer quoi que ce soit ou proposer
» l'invention la plus utile à des généraux affolés d'orgueil et se
» proclamant infaillibles, en dépit des sanglants démentis que
» leur infligent les faits irréfutables ?

» Le mépris inouï, la haine à la fois hypocrite et violente
» que témoignent les pontifes officiels, les mandarins cha-
» marrés de diplômes et la camarilla du G. Q. G. en ce qui
» concerne les inventions les plus judicieuses et ayant fait
» leurs preuves, canon d'infanterie, canon d'accompagnement,
» machines perforatrices pour travaux de guerre, procédés
» chimiques excellents pour la défensive, ce mépris et cette
» haine persistent, entravent tout effort et paralysent la dé-
» fense nationale... Un « grand chef » a été jusqu'à menacer
» du conseil de guerre un inventeur approuvé par le président
» de la République et le ministre de la guerre à la suite
» d'expériences formelles ! ! !

» En ce qui concerne mes projets stratégiques, il suffit de
» se reporter à mes pétitions antérieures, depuis le 7 septembre
» 1914, pour constater que j'ai vu plus clair dans les choses de
» la guerre que les « grands chefs ». Mais les faits démontrent
» qu'il est parfaitement inutile que j'expose quoi que ce soit
» sans conditions et sans garanties. Autrement, il se produira
» ce qui s'est déjà produit en 1915, quand j'ai parlé sans garan-
» ties et sans conditions : le sabotage de la défense nationale
» continuera.

» J'ai donc été contraint d'écrire, le 3 avril courant, à un
» très affable intermédiaire entre le président du conseil, mi-
» nistre de la guerre, et moi, la lettre suivante :

« Pour que mes projets soient utilement exposés, je m'en
» remets complètement à vous et j'ai toute confiance en vous
» en ce qui concerne la garantie indispensable dont je vous ai
» informé dès ma première entrevue. Cette garantie n'engage
» pas un centime de crédit ni une parcelle de l'autorité gou-
» vernementale. Le décret me nommant chef d'une mission de
» recrutement intégral dans l'Afrique du Nord (titre conforme
» à ma *pétition légale du 9 juin 1915, admise par les com-*
» *missions de l'armée de la Chambre et du Sénat et prise en*
» *considération par le rapport du ministre de la guerre en*
» *date du 6 juillet 1917, après vingt-cinq mois d'attente*), ce
» décret peut être suivi de la mention suivante : les dispo-
» sitions de détail concernant la mission, sa composition, son
» but et sa portée seront déterminées par un règlement ulté-
» rieur.

» Donc, pour le gouvernement, aucun engagement fixe pour
» l'avenir, aucune gène, aucune responsabilité. Mais, pour moi,
» garantie morale absolument indispensable... Il est strictement
» conforme à l'intérêt du pays que mes projets soient examinés
» et discutés, d'autant plus que je ne vous demande aucun
» grade, ni l'ombre d'une distinction honorifique, ni un cen-
» time...... »

» Je reproduis mot à mot les passages essentiels de ma
» lettre. Chef d'une mission ou chargé d'une mission, peu
» importe. C'est une question de détail. *Puisque j'accepte*
» *d'avance par écrit l'ajournement indéfini de la mission, il*
» *est clair que je ne demande qu'une garantie morale.*
» Ce que je veux, et je ne céderai jamais, c'est en finir avec
» le refrain inepte des pontifes et du G. Q. G. « Donnez-nous
» vos projets, votre pensée, votre âme et votre sang. Nous seuls
» au monde savons ce qu'il convient de faire. »
» Depuis le 2 août 1914, qu'est-ce qu'ils ont fait des six
» millions de Français partis le cœur ardent pour la bataille ?
» Non. Assez de bluff et de mensonges. Nous ne voulons plus
» leur faire crédit.
» *Depuis quarante-trois mois, j'ai prouvé que je vois plus*
» *clair qu'eux. Je vous offre le dernier atout, la suprême*
» *ressource des alliés, mais je ne veux pas la jeter au ruisseau.*

» *Attelez à la solution du problème mes anciens camarades,*
» *chefs d'armée ou de groupes d'armées. Jamais ils ne trouve-*
» *ront la solution juste que je vous propose.*

» Quel jour le ministre de la guerre civil et le Parlement
» cesseront-ils de défiler leur responsabilité derrière les étoiles
» du G. Q. G. ? Quel jour prendront-ils la responsabilité virile
» d'une nouvelle méthode ? Quel jour se décideront-ils à m'en-
» tendre ? »

3 décembre 1918. Neuvième pétition légale.

« *La victoire des peuples.* La signification des événements
» actuels, leur portée réelle, leur but capital, n'ont encore été
» dégagés par aucun des grands personnages qui occupent le
» premier rôle parmi les alliés. Ces vénérables pontifes sont
» trop gênés par les attaches du passé. Il importe de combler
» cette lacune, et, sans manquer à l'impartialité et à la justice,
» d'énoncer clairement les vérités nécessaires, de détruire les
» légendes menteuses que des intérêts égoïstes veulent créer à
» leur profit.

» La victoire actuelle est la victoire des peuples, gagnée par
» les peuples, et dont ils doivent bénéficier pour leur liberté,
» leur progrès moral et matériel ? L'héroïque endurance de nos
» soldats, l'afflux énorme et sans cesse renouvelé des réserves
» américaines, et enfin la famine en Allemagne et l'esprit anar-
» chiste qui détruisirent chez nos ennemis les forces de
» résistance, ont rompu l'équilibre et fait pencher le plateau de
» la balance. Si nous n'avions eu pour nous tirer d'affaire que
» les médiocres enseignements des pédants de l'Ecole de
» guerre, les procédés empiriques et les tâtonnements des géné-
» raux actuels, dont la stérilité d'imagination et la navrante
» impuissance éclatèrent aux yeux de tout homme de bon sens
» pendant quatre ans, le résultat eût été tout différent.

» Sans Galliéni et son attaque sur l'Ourcq, sans l'énergie de
» Sarrail, qui refusa de battre en retraite malgré les ordres
» formels de Joffre et du G. Q. G., jamais il n'eût été possible
» de remporter la première victoire de la Marne.

» Sans la puissance inouïe de l'effort américain, jamais il
» n'eût été question de gagner la seconde victoire de la Marne.
» Les Foch, les Pétain, les de Curières de Castelnau, Fayolle,
» Maistre, Guillaumat, Mangin et autres seigneurs de la haute
» coterie du grand état-major avaient tellement gaspillé et usé
» les forces et le sang de leurs soldats que ces « grands chefs »
» eussent été réduits à appliquer, dans les environs du plateau

» central ou du pic du Midi, les fameux procédés que, par un
» phénomène d'ignorance historique, on appelle les procédés
» napoléoniens.

» Donc, quand les orateurs officiels, les stratèges en chambre,
» les bourreurs et videurs de crâne, quand les Mithouard ou
» autres phraseurs viennent nous chanter la litanie des
« grands chefs » et des « incomparables chefs », ils dé-
» masquent simplement l'égoïsme des pontifes qui veulent
» maintenir intacte la légende grotesque de leur infaillibilité,
» uniquement pour se conserver les bénéfices et les vanités
» fructueuses du pouvoir.

» Oui, nos admirables soldats ont tenu bon. Oui, de modestes
» officiers, de simples commandants de régiments, réparèrent
» les oublis, les lacunes, les inepties du haut commandement.
» Oui, nos alliés et les Etats-Unis vinrent énergiquement à
» notre aide. Mais étant donné ce que les maréchaux Joffre,
» Foch et autres ont fait de six millions de Français, partis
» ardents pour la bataille, nous avons le devoir de proclamer
» que le soi-disant génie des soi-disant grands chefs n'est pour
» rien dans la victoire. Si ces pseudo-grands chefs n'avaient
» été dépourvus d'imagination féconde et pratique, s'ils
» n'avaient été déformés par les tares professionnelles de cote-
» rie et de secte, ils auraient dû concevoir la manœuvre de
» haute envergure capable de procurer, dès 1916, la victoire
» rapide et décisive. Les données et les preuves de cette ma-
» nœuvre sont dès maintenant acquises. Je démontrerai
» l'ineptie du haut commandement, et tout homme de bon sens
» sera surpris de la manière naturelle et pratique dont le
» terrible problème pouvait et devait être résolu il y a deux
» ans. Mais, en attendant, quels que soient les arcs de triomphe,
» les bustes, les statues et les épées d'honneur dont on les
» sature, il faut que la vérité soit affirmée. »

Maintenant, la vérité est affirmée. Au lecteur de juger si la
méthode napoléonienne, autocratique et absolue, doit être maintenue en honneur, si elle doit continuer impunément à ruiner et
à tuer la France.

CHAPITRE IX

LA LÉGENDE IMPÉRIALISTE. L'ARMÉE NOUVELLE

———

Pourquoi nos généralissimes, les maréchaux Joffre, Foch et
Pétain, pourquoi le G. Q. G., formé à l'Ecole de guerre, furent-
ils incapables de découvrir, de comprendre, d'exécuter la
manœuvre qui eût assuré la victoire décisive aux alliés dès les
premiers mois de 1916 ?

C'est qu'ils ont dès le début de la guerre employé une méthode détestable : exagération d'effet moral, perversion de l'autorité par la vanité incommensurable, l'absurde orgueil, bluff,
mensonge éhonté, soutenu avec acharnement, en dépit des plus
retentissants échecs. La fausse méthode, suivant laquelle ils
avaient déraillé hors de la voie droite, ne pouvait les conduire
à aucune victoire réelle. Le but était manqué d'avance.

Leur méthode, cette fameuse méthode napoléonienne, représente donc la source empoisonnée d'où ne pouvaient jaillir
que les déceptions les plus cruelles, les plus désespérantes.

Pourquoi ? Pour que le grand public comprenne, il faut
remonter à l'origine de cette méthode, expliquer comme elle est
née, l'évolution qu'elle a subie, ses transformations, ses déformations, et en fin de compte sa néfaste influence sur la guerre
de 1914-1918.

C'est durant l'hiver de 1884-1885 qu'un simple chef de bataillon
d'infanterie, major au 130ᵉ de ligne, à Chartres, le commandant,
depuis général, Bonnal, retrouva le secret des grandes marches
d'armées et la technique des calculs logistiques concernant les
opérations militaires, marches et stationnements. C'est à partir
de cette date qu'il accumula les preuves décisives, textes irréfutables, documents de première main, extraits directement des
archives du dépôt de la guerre, des ordres textuels lancés par

les généraux de la Révolution et ensuite, après l'exemple que ceux-ci lui avaient donné, par Napoléon. Bonnal n'était certes pas suspect de libéralisme, pas même d'opinions républicaines. Mais l'impartialité historique et l'évidence des documents l'amenèrent à décerner le plus superbe hommage à la Révolution française. Au point de vue des preuves et des textes, son œuvre constitue un bloc de granit. Les arrivistes napoléoniens qui essayèrent d'y mordre s'y sont brisé les dents (1).

En matière d'enseignement du grand état-major, de la technique des opérations militaires, des calculs concernant la marche des grandes unités, toutes les œuvres émanant de l'Ecole de guerre qui parurent après celle de Bonnal, toutes sans en excepter les *Principes de la guerre* de Foch, qui ne parurent que dix-huit ans après, en 1903, ne furent que des imitations, des rééditions de son inspiration maîtresse. Ce sont des œuvres de seconde main, qui ne révèlent aucune découverte, aucune invention. Bien plus, nous sommes forcés d'y constater une déformation regrettable : à la pure érudition technique, à la haute conscience historique, nous voyons se substituer l'orgueil absorbant et exclusif de l'autocrate, la thèse nettement impérialiste, l'apothéose invariable et maintenue coûte que coûte du « grand chef ». A lui seul doivent être reportés les triomphes. Lui seul compte, lui seul existe. Aux exécutants, aux subalternes, aux simples soldats, l'ombre, le silence et le sacrifice. Ils ont le droit de mourir. C'est tout.

Alors que signifie, en fait de méthodes de guerre, l'expression de méthodes napoléoniennes ? Elles ne furent baptisées ainsi que par un truc de professorat et une habitude légendaire. Pour donner une forme concrète à son enseignement, un titre qui frappât les yeux, Bonnal inventa le vocable de méthode napoléonienne. Mais lui-même proclama et prouva que manœuvres et calculs étaient connus avant Napoléon, que les principes de marche les plus compliqués et les plus parfaits étaient appliqués couramment par les généraux de la Révolution. La guerre par masses, la destruction des forces ennemies envisagée comme but essentiel, l'économie des forces, la réunion de deux ou trois divisions en corps organisés pourvus de leur cavalerie et de leur artillerie, la guerre de corps

____

(1) Dans la *Solution des énigmes de Waterloo*, j'ai mis au point la critique de Bonnal. Il a reconnu par écrit la justesse de mon œuvre. V. ma réponse au colonel Grouard, *Etudes napoléoniennes*, juillet-août et novembre-décembre 1917.

d'armée, constitution des grands corps de cavalerie, les directives modernes, le système de liaison entre le général en chef
et ses subordonnés, la bataille qui décide tout, bataille-
manœuvre, l'offensive foudroyante, la masse multipliée par la
vitesse, la hardiesse des attaques continues, sur toute la ligne,
sans faiblesse, sans lassitude, juqu'à ce que le « grand chef »
trouve le point faible et détermine l'irrésistible décision, ces
principes et leurs applications victorieuses se trouvent à toutes
les pages de l'histoire révolutionnaire.

En ce temps-là, les généraux et leurs actes étaient discutés
carrément à la tribune. Le contrôle du pouvoir civil s'exerçait
conformément aux lois du véritable bon sens, pour la liberté
et le salut du peuple. Ce n'est que plus tard, sous le despotisme
de Napoléon, qu'apparaissent les déformations démontrées à
satiété, jusqu'à l'évidence, par le général Bonnal : la méthode
du secret et du mystère, le machiavélisme des ordres, le système
fatal qui laisse les lieutenants dans la plus complète ignorance
du but général poursuivi, même parfois de l'emplacement
occupé par leurs voisins, la guerre dynastique, le népotisme qui
écarte un Davout pour mettre en tête un prince Eugène ou un
Murat, et enfin pour achèvement, la folie de l'orgueil qui conduit droit au précipice.

Pour maintenir en honneur l'histoire officielle et impériale,
on a usé et abusé du système des boucs émissaires, de l'incapacité des exécutants et de la légende des trahisons. Les documents, les textes et la logique ont fait justice de ces inventions
surannées. J'en ai produit la démonstration détaillée dans la
Solution des énigmes de Waterloo. L'écrivain choisi par la
légende pour essayer de me réfuter, le colonel Grouard, a été
convaincu d'impuissance par mes deux articles de la *Revue des
études napoléoniennes* (juillet-août et novembre-décembre
1917). Il s'est trouvé étreint dans un dilemme implacable :
ignorance ou mensonge. Les « napoléoniens » aboutissent forcément à cette triste impasse. Il faut que les politiciens et les
arrivistes impérialistes, qui continuent à jouer du cadavre de
l'empereur pour ramasser dans sa poussière un atome de pouvoir, une miette d'assiette au beurre, un galon ou une étoile
de plus, en prennent leur parti : il n'y a pas de principes napoléoniens. Les maximes auxquelles on donne ce nom ne sont que
des copies des principes de la Révolution.

Encore si l'empereur et après lui nos généraux en chef et le
G. Q. G. s'étaient bornés à copier les principes de la Révolu-

tion ! Le fait de plagier, quand il s'applique au bien, n'est que faute vénielle. Mais hélas ! après Tilsitt, Napoléon, fou d'orgueil, suivant le mot terrible d'un de ses ministres qui le connaissait bien, l'amiral Decrès, accumule en matière de stratégie et de tactique générale, dans les manœuvres et sur les champs de bataille, les erreurs les plus monstrueuses. Voyant clair quand il s'agit des erreurs d'autrui, il en vient à cette aberration de considérer une opération de guerre juste contre toute logique, tout bon sens et tout principe, par le motif seul qu'elle a été conçue par son cerveau promu infaillible !

Que dire de ses imitateurs, de ceux qui le copient et le déforment encore, ajoutant leurs erreurs d'optique aux siennes, les accentuant, les multipliant au delà des limites naturelles ! Qu'on en juge par une brève analyse des *Principes de guerre* de Foch.

La rigidité, l'étroitesse du mathématicien qui ne voit rien au delà des formules de son tableau noir éclatent aux premières pages : « Comme l'a dit Clausewitz, écrit le général Foch, la » guerre n'est pas un système, une doctrine fermée » (page 15). Une phrase de Clausewitz lui tombe sous les yeux, et au lieu d'appliquer un sens critique ouvert et souple à la doctrine du général prussien, il accepte dur comme clou son apophtegme. S'il avait médité Clausewitz, il aurait compris qu'il n'est pas de système plus fermé, plus entier, plus absolu, que le système de guerre de Clausewitz, mais que celui-ci, par ruse ou par fourberie, dissimule souvent sa véritable doctrine, son but profond. En réalité, il n'en a qu'un : dresser les officiers prussiens à la poursuite de l'ennemi, à lui sauter à la gorge, à l'étreindre dans la bataille-manœuvre, la bataille-massue, comme on dresse une meute de fauves à la poursuite du gibier, les dresser à tuer, à pratiquer la guerre de massacre la plus sauvage et la plus sanglante, en faire les fauves, les bêtes de proie que les peuples ont vus à l'œuvre en 1814, 1815, 1870, 1914 et années suivantes. La voilà, la doctrine de Clausewitz dissimulée sous les phrases à effet et les lourdes digressions. Ce fut bien la doctrine des Ludendorff, des von Klück. D'ailleurs, cette brutalité aveugle les a perdus. Comme toutes les opérations humaines, la guerre est fonction de la pensée. Et la brute ne raisonne pas. Tant pis pour elle, et tant mieux pour les autres !

Hélas ! pourquoi sommes-nous obligés de constater que si les *Principes de guerre* de Foch semblent vanter la souplesse intellectuelle et l'ouverture des systèmes, en réalité ils préconisent

et appliquent tout le contraire ? Oh ! en apparence, c'est merveilleux. Économie des forces, discipline intellectuelle, liberté d'action pour obéir, initiative, que de beaux discours ! Avec une légère adjonction d'algèbre, des équations, on obtient une apparence de doctrines souples, larges et bienveillantes. Mais en fait ? Qu'est-ce qu'ils ont pris, les malheureux commandants d'armée ou de corps d'armée qui ne surent pas se concilier les bonnes grâces du « grand chef » par une obéissance d'esclave, une discipline de chien couchant, un flair d'arrivisme prêt à s'orienter au moindre signe, au moindre froncement de sourcils du maître ? Et même dans les *Principes* écrits de Foch, que constatons-nous ? Par-dessus tout, la hantise absorbante de la gloire exclusive du haut commandement. Il rappelle (page 270) le couplet sauvage, insensé d'orgueil, de Napoléon : « Ce ne
» sont pas les légions romaines qui ont conquis les Gaules,
» mais César. Ce ne sont pas les soldats carthaginois qui ont
» fait trembler Rome, mais Annibal. Ce n'est pas la phalange
» macédonienne qui pénétra jusque dans l'Inde, mais
» Alexandre. Ce n'est pas l'armée française qui atteignit le
» Weser et l'Inn, mais Turenne. Ce ne furent pas les soldats
» prussiens qui défendirent la Prusse sept années durant
» contre les trois plus redoutables puissances de l'Europe, ce
» fut Frédéric le Grand. » Et (page 271) le professeur de guerre Foch ajoute : « Les grands résultats à la guerre sont
» le fait du commandement. »

Voilà qui fait joliment l'affaire des exploiteurs de l'humanité. D'ailleurs, comme Turenne était non seulement un grand homme de guerre, mais un homme de parfait bon sens, il n'a jamais donné lieu de lui imputer pareille folie d'orgueil.

La réponse est bien facile. Il suffit de retourner le couplet et de répondre au maréchal Foch : « Ce ne furent pas les soldats
» français qui se montrèrent assez ineptes, assez oublieux des
» grands principes de la guerre, assez dénués de bon sens et
» de justesse d'esprit, pour se jeter en Espagne, en Russie, à la
» Bérésina, dans le gouffre de Leipzig, dans l'absurde équipée
» de Laon, dans la monstrueuse erreur stratégique et tactique
» de Charleroi et de Waterloo, c'est Napoléon, votre « dieu de
» la guerre », dieu d'argile et de carton. Ce ne sont pas les
» soldats français qui ont choisi Dieuze, Morhange, Charleroi
» en septembre 1915, l'Artois dans les deux offensives de la
» même année, et toutes les offensives suivantes, offensives
» d'inutile sacrifice, de massacre et de morts, ce sont les

» maréchaux Foch, Joffre et Pétain, les généraux de Castelnau,
» Fayolle, Maistre, Mangin, de Mitry et leurs collègues. Par
» contre, ceux qui ont tenu dans les tranchées de première
» ligne, ceux qui ont sacrifié deux millions des leurs pour
» supporter l'assaut et briser la ruée ennemie, jusqu'à ce que les
» alliés et les Américains arrivent, jusqu'à ce que le blocus
» affame et ruine l'Allemagne, ce sont les soldats français, mais
» ce ne sont pas leurs généraux. »

« Les grands résultats à la guerre sont le fait du commande-
» ment. » Voilà qui est net. Voilà le remerciement que du fond
de son cœur, avant de s'habiller en membre de l'Institut et de
débiter de la prose académique, le maréchal Foch décerna par
avance à ceux qui meurent, à ceux qu'on tue.

Et le général Weygand, ce sosie, ce frère siamois du maréchal Foch, cet « incomparable » chef d'état-major, qui n'a
jamais pratiqué une tranchée ni entendu une balle siffler à son
oreille, est-il aussi l'unique vainqueur ?

L'héroïsme d'une armée ! Le professeur Foch nous explique
qu'il ne s'agit que des « mouvements inconscients de la masse ».
Le voilà, le salut aux morts ! Tant de sang répandu à flots pour
un peu plus de galons, d'étoiles, de laurier et de rubans sur
une douzaine de poitrines étroites, de cœurs rétrécis !

Page 273 : il est question de « la tâche immense du commandement ». Puis : « En présence de cette grandeur, que la théo-
» rie se fasse pygmée. Oui, les plus belles idées sont d'un nul
» effet sans les qualités que l'exécution réclame de la direction
» supérieure. »

De quelles qualités est-il donc besoin pour faire avancer une
deuxième division quand la première est tuée par un ordre
d'attaque absurde et mal conçu, puis une troisième quand la
deuxième est anéantie, et ainsi de suite, jusqu'à ce que les
réserves soient épuisées ? Ah ! comme je comprends cette
exaltation et ce cri du cœur : « Les plus belles idées sont d'un
» nul effet... » ! Parbleu ! de 1914 à 1918, le maréchal Foch
s'est révélé incapable de les concevoir, ces idées, ces belles
idées. Il ne fut qu'un exécutant. C'est la conscience instinctive
de son impuissance dans le concept qui le pousse malgré lui à
mépriser l'idée.

Enfin, pages 277 et 278, nous trouvons son aveu, son aveu
formel d'impuissance dans la conception de la manœuvre,
l'aveu de son goût, de sa passion pour le massacre monstrueux
et sanglant, de son admiration pour l'holocauste, l'inutile et

absurde holocauste. Les pages doivent être citées textuellement.

Il s'agit de Wagram. Tout le monde connaît le fait, sur lequel d'ailleurs le général Foch n'essaie pas la discussion. Devant Napoléon, en sa présence, sous ses yeux, par ses ordres formels, se forme une colonne massive, la colonne de Macdonald. Elle est constituée ainsi : en ligne, une partie de la division Broussier et une brigade de la division Seras. Sur l'aile gauche de cette ligne, en colonne serrée, le reste de la division Broussier, à droite la division Lamarque. Le carré est fermé par les vingt-quatre escadrons des cuirassiers Nansouty. Pour l'appuyer, Napoléon place lui-même en seconde ligne huit bataillons des fusilliers et tirailleurs de la garde impériale commandés par le général Reille. Enfin il y ajoute la cavalerie de la garde impériale.

Vous voyez l'absurde phalange, ce mélange de cavalerie, d'infanterie, de l'armée d'Italie, de la garde. Notez que pendant la formation de cet informe assemblage, l'artillerie de la garde tire à boulets sur le centre autrichien, qu'en même temps le maréchal Davout exécute un mouvement tournant qui suffit pour déborder l'armée autrichienne. Mais l'impatience nerveuse de Napoléon n'attend rien. Il lance la phalange.

Le général Foch avoue les « lourdes, massives, informes » colonnes des troupes de Macdonald à Wagram, du général » d'Erlon à Waterloo (1), qui sont incontestablement la *néga-* » *tion de la tactique de détail, de l'art d'employer au mieux* » *une quantité déterminée de troupes,* de lui faire produire tous » les effets dont elles sont capables avec les armes dont elles » disposent, mais qui n'en restent pas moins, dans l'esprit de » l'empereur, l'idée de l'événement poussée à son paroxysme... » *brutalité sublime de cette guerre à coups d'hommes... con-* » *duisant à l'absurde si l'on détaille l'exécution... idée de sur-* » *prise en tout cas poussée à ses dernières limites...* »

Quelle surprise pouvait résulter de l'emploi d'une colonne formée en face de l'ennemi, au milieu d'une plaine découverte ? Retenons l'aveu de cette « *brutalité sublime de cette guerre à* » *coups d'hommes* ». Peut-on afficher plus de mépris pour le principe de l'économie des forces, ce principe génial de la Révolution française ? Les effroyables massacres de 1914 à

---

(1) Je ne parlerai pas ici de la colonne de Waterloo, ayant traité la question à fond dans la *Solution des énigmes de Waterloo,* p. 453.

1918, de la « guerre à coups d'hommes », ne s'illuminent-ils pas à la lueur des *Principes de la guerre* de Foch ? N'est-ce pas *la guerre à coups d'hommes, la guerre sans manœuvres, sans « belles idées »*, qu'il a *voulue avec acharnement,* par suite d'une conviction enracinée depuis 1903.

Mais produisons le texte irréfutable, écrasant, des aveux successifs du maréchal Foch. Il nous dit (page 278) : « Si nous
» pouvions étudier en détail cette attaque, nous la verrions...
» préparée par une charge de 40 escadrons (1)... par 102
» pièces... exécutée par 50 bataillons (22.500 hommes)... nous
» verrions cette masse d'infanterie... *impuissante à agir par son*
» *feu* à cause de la formation qu'elle a prise... *sans effet par*
» *ses baïonnettes...* nulle part l'ennemi n'attend son choc... *fina-*
» *lement ne faire aucun mal à l'adversaire, par contre en subir*
» *beaucoup ;* se réduire à 1.500 hommes victorieux quand elle
» atteint son objectif (Süssenbrün)... nous verrions, au total, la
» troupe décimée battre la troupe décimante ; mais bien plus,
» décider le mouvement en avant de toute l'armée, c'est-à-dire
» la victoire sur le vaste Marchfeld ; le résultat sortir non des
» effets matériels, ils sont tous à l'avantage du vaincu, mais
» d'une action purement morale qui apporte à elle seule la
» décision et la décision intégrale. »

La conviction fantastique du maréchal Foch, en désaccord formel avec les faits, en contradiction avec ce qu'il nous apprend, se résume ainsi : « ...Lorsque l'archiduc Charles, sur
» le champ de bataille de Wagram, voit paraître ce formidable
» engin d'attaque... il a le sentiment qu'il ne pourra parer
» l'effort et ordonne immédiatement la retraite. »

Impossible de formuler un jugement plus faux, en contradiction plus absolue avec les faits, avec les ordres de Napoléon. Ce n'est que lorsque le maréchal Davout a dépassé dans son mouvement tournant la tour de Neusiedel, lorsque ses trois divisions immortelles, Friand, Morand, Gudin, aidées par l'infanterie de Puthod, la cavalerie de Montbrun et de Grouchy, ont bousculé les corps autrichiens de Rosenberg, de Hohenzollern, que Napoléon s'écrie : « La bataille est gagnée », en fait porter la nouvelle à Masséna, au prince Eugène, à Macdonald, le soi-disant vainqueur (d'après Foch), et ordonne à Oudinot d'em-

---

(1) Ce qui est faux, car aucun cavalier n'aurait pu charger pendant que l'artillerie tirait. Lassalle et Marulaz n'ont pas chargé pour préparer la colonne, mais pour dégager et couvrir Masséna.

porter Baumendorf et le plateau de Wagram. De plus, Napoléon
envoie au secours de Macdonald (un étrange vainqueur) l'infanterie de de Wrède. Alors, mais alors seulement, se produit la
retraite autrichienne.

Jamais l'aberration d'un mathématicien, égaré par un raisonnement faux et s'enferrant à fond, n'a produit une discussion
plus incohérente, plus fausse, plus absurde que celle du maréchal Foch dans ses *Principes de guerre.*

Foch ne dit pas un mot du mouvement tournant de Davout.
C'est que là est l'idée, la « belle idée », l'idée de la manœuvre
qu'il exècre, qu'il dédaigne parce qu'il en est incapable. Exécutant vulgaire, il n'admire qu'un détail, le plus inepte : la
colonne massive de Macdonald. Foch se révèle héritier des
tares napoléoniennes, oui, mais du génie, jamais. Napoléon a
conçu le mouvement de Davout : c'est superbe. Foch n'y comprend rien et n'en parle pas. Napoléon, emporté par sa nervo-
sité, use de la colonne de massacre. Oh ! alors Foch se transfi-
gure. Il admire et s'agenouille. La voilà, sa guerre, la seule
qu'il comprenne et qu'il veuille, *la guerre « à coup d'hommes ».*

Le général Camon, auteur de la *Guerre napoléonienne,* le
général Colin, tous deux admirateurs fervents de Napoléon, se
révoltent à la seule pensée qu'on le croie capable d'avoir organisé la masse inepte de Macdonald. Ces ultra-napoléoniens
s'efforcent de faire crier la légende plus haut que l'histoire, et
répètent à jet continu que Napoléon n'est pour rien dans cette
ineptie, pas plus que dans la colonne de d'Erlon à Waterloo.
Leur protestation, partie d'un excellent naturel, est, au point
de vue des textes et des faits, fausse, archifausse. Ces colonnes,
instruments de massacre inutile, à Waterloo et à Wagram,
se sont formées par les soins, à deux pas, sous les yeux de
l'empereur, par son ordre absolu. Mais au moins la protestation,
si erronée qu'elle soit, prouve que les généraux Colin et
Camon n'ont pas sombré dans l'inflexible aberration du mathématicien Foch, qu'ils ont compris la folie de l'holocauste. Lui
seul s'abîme dans sa prosternation. *Le fond de sa doctrine, c'est
le sacrifice... des autres.*

Hélas ! que ne s'est-il contenté d'une admiration platonique !
Mais c'est avec les principes qui inspirèrent les colonnes de
Macdonald et de d'Erlon qu'il a livré toutes les batailles de 1914
à 1918, même celles du 15 juillet au 11 novembre 1918. C'est
avec ces dogmes-là, les dogmes de la sainte Ecole de guerre,
qu'il a fait tuer un million de Français, soit 100 0/0 de plus que

la triste guerre ne l'exigeait. A quoi bon chercher une manœuvre mondiale ? Les hommes, les simples soldats, les pions de l'échiquier ne sont-ils pas là pour qu'on les fasse tuer ?

Qu'on essaie donc maintenant de mettre ses Principes *en opposition avec les inepties du colonel de Grandmaison !*

La fausseté de jugement qui caractérise le généralissime Foch éclate dans ses écrits, jusque dans son discours de réception à l'Académie française. Il est naturel que les historiens officiels de l'Académie, MM. F. Masson, Hanotaux et autres, n'y aient rien compris, étant donnée leur ignorance de la vérité. Mais nous devons rectifier cette ignorance et cette fausseté. Nous sommes en plein cœur dans notre sujet en les démasquant.

Dans les *Principes de la guerre*, le professeur Foch écrit (p. 270) :

« Guerre : département de la force morale. »

« Victoire : supériorité morale chez le vainqueur, dépression morale chez le vaincu. »

« Bataille : lutte de deux volontés. »

Qu'est-ce que ce pathos algébrique, cette parade d'équations naïves et de vérités premières signifient pour une étude de guerre positive et pratique ?

Dans son discours à l'Académie, il s'efforce de nous faire accroire que si Villars fut battu à Malplaquet, la faute incombe à des malentendus se rapportant à la politique de Louis XIV. On voit très bien où le généralissime Foch veut en venir. Il cherche une excuse pour les défaites multiples de la guerre mondiale dans l'ingérence du Parlement. Mais la malice est cousue de fil trop blanc. Après avoir loué la victoire de Denain, le maréchal Villars et ses soldats, il écrit textuellement : « Mais la » bataille se perd avec les mêmes soldats, dans une marche à » l'aventure, à la simple recherche d'une occasion militaire » favorable, sans une nette compréhension tout d'abord de la » situation politique, c'est alors Malplaquet. »

Qu'est-ce que Malplaquet vient faire avec la politique ? Villars s'est-il jamais occupé de discuter politique avec Louis XIV ? Louis XIV a-t-il bien ou mal compris, bien ou mal orienté Villars ? Que nous importe cette discussion mystique et abracadabrante, quand il s'agit tout simplement d'un champ de bataille, d'effectifs, de canons et de principes de guerre !

Quelle marche à l'aventure exécuta donc Villars ? Il se donna la peine de fortifier sa position par des retranchements et abatis formidables. Est-ce là une marche ? Une aventure ?

La vérité, c'est qu'il n'avait que 66.000 hommes contre 110.000, c'est-à-dire qu'il se battait dans la proportion de 2 contre 3 1/2, avec 80 canons contre 105. Donc, infériorité très grave d'effectifs et de matériel. De plus, beaucoup de jeunes soldats à peine exercés, contre une armée de vieux routiers, parfaitement instruits, bien équipés et bien payés. Enfin, vers midi, en pleine indécision de bataille, Villars est atteint d'une balle au-dessus du genou (en ce temps-là les maréchaux de France risquaient leur peau comme de simples soldats), s'évanouit, et on l'emporte sur un brancard. Boufflers n'est pas prévenu. Par contre, Malborough profite de cette crise pour enfoncer le centre français.

Quelle faute commit Villars ? Quel rapport sa balle au genou présente-t-elle avec la politique de Louis XIV ? Sait-on de quoi Villars eût été capable sans sa blessure ?

Toutes les discussions du généralissime Foch, et malheureusement ses actes, sont de la même force. Une conception subjective, sans aucun rapport avec les faits positifs, une idée *a priori*, puis l'entêtement de l'orgueil, une affirmation hautaine et tranchante. Sans les alliés, sans les Américains, sans le blocus qui épuisa les Allemands par la faim, en quel gouffre l'orgueil et l'absolutisme mathématique nous eussent-ils jetés ? Quelle piteuse victoire a-t-il su remporter, avec les atouts dont il avait les mains pleines ?

L'armée nouvelle ne peut être constituée par des hommes de guerre impérialistes. Leurs doctrines sont la négation des principes grandioses de la Révolution française, la négation des principes de la logique et du bon sens qui doivent présider à la formation et à la manœuvre des armées.

Examinons brièvement quelle serait la constitution de l'armée nouvelle, suivant les principes de la logique et du bon sens, les principes d'après lesquels le Comité de Salut public, les Jacobins et Robespierre formèrent les armées victorieuses qui vainquirent l'Europe, depuis 1793, depuis la conquête de l'Alsace par Hoche (1). Sans nous occuper en quoi que ce soit du détail, sans développer outre mesure cette étude et sortir de notre cadre, fixons la règle juste, vraie, essentielle qui domine la réforme de l'armée, de la discipline, de l'instruction militaire, la caractéristique des transformations à venir, l'évolution

______

(1) V. ma démonstration détaillée dans la Révolution et la Guerre. *Annales révolutionnaires*.

nécessaire. La première loi qu'il convient d'appliquer, c'est de respecter dans la personnalité militaire, dans le soldat, l'homme et le citoyen. Maintiendrons-nous par conséquent la soumission aveugle et permanente de ce soldat aux codes dignes de l'ancien régime, aux prescriptions implacables du système napoléonien, c'est-à-dire au code militaire actuel ? Au fond, si l'on se donne la peine de creuser la question, de percer à travers les apparences, les incrustations de la légende, les insipides rabâchages des pontifes intéressés, les redites des mandarins, pour atteindre l'homme de guerre dans son essence, dans son principe fondamental, dans la réalité positive et pratique de la guerre, qu'est-ce qu'un soldat ? Au point de vue intellectuel et moral, point de vue supérieur qui domine tout, il est clair qu'il doit posséder la notion du dévouement le plus loyal, le plus désintéressé, à la liberté, à l'intégrité de la patrie. Ce dévouement dépourvu d'égoïsme, d'ambition stérile et d'intérêt, qui répudie l'arrivisme et ses abjectes doctrines, ne lui commande pas le sacrifice de la liberté des autres. Bien au contraire, la liberté parfaite de la patrie ne peut exister que par l'équilibre et l'harmonie universelle, par le respect de la liberté des peuples voisins. La patrie respectée, confiante et calme dans sa sécurité absolue, au sein d'une humanité libre, voilà la formule.

Au point de vue physique, de quelles qualités est-il besoin pour faire un soldat ? Le soldat idéal, c'est le citoyen robuste, endurci par une éducation préparatoire aux fatigues de la marche, aux variations du climat, aux difficultés du tir et de la manœuvre en terrain varié. Avec un homme qui sait marcher et tirer, combien faut-il de temps pour faire un soldat, non pas un automate de parade, un prétorien de caserne, de revue ou de défilé, mais un homme de guerre apte à utiliser le terrain et doué des qualités les plus solides, de sang-froid imperturbable, de bon sens, hardiesse, audace, initiative ? Au cours des guerres d'Afrique, combien de centaines, combien de milliers de fois n'avons-nous pas vu des indigènes enrôlés de la veille, partant le lendemain en colonne, porter le sac avec autant d'aisance que les vieux chevronnés, que les anciens de Crimée, d'Italie et du Mexique, et déployer dans le service en campagne, le seul utile pour une armée, les qualités les plus remarquables, les plus précieuses devant l'ennemi ? Est-ce que le mépris que de nombreux chefs napoléoniens ont de tout temps affiché et prouvé pour l'homme de troupe, est-ce que

l'arrogance inouïe de certains « grands chefs » pour l'humble
exécutant, seront toujours poussés jusqu'au dernier degré de
l'absurde ? Ces pontifes étoilés prétendront-ils que l'on ne peut
réaliser avec un Français ce qu'on réalise avec un engagé volon-
taire Arabe ou Kabyle ? Les guerres menées à la façon napoléonienne, les guerres de massacre et de sacrifice, ces guerres
où les chefs ont méconnu la doctrine de la Révolution, l'économie des forces, ont-elles donc tellement épuisé, usé, la race
française qu'on ne puisse plus recruter des hommes qui sachent
marcher, tirer et manœuvrer.

La caserne de Louis XIV et de Napoléon va-t-elle rester le
gouffre où s'engloutiront les générations futures ? Cette caserne,
école du débrouillez-vous, du système D, et par conséquent du
vol, foyer de paresse, réceptacle du vice, cette caserne mal-
propre, sordide, odieuse, avec son entourage, ses succursales
de maisons de débauche, va-t-elle pourrir longtemps encore les
générations successives d'étudiants, de paysans et d'ouvriers ?
En quel état nos enfants en sortent-ils ? Qu'est-ce qu'ils en
rapportent dans la famille ? J'admets qu'au lieu d'années vous
ne les gardiez plus que quelques mois. Certains généraux, qui se
croient très modernes, ne parlent plus que de mois. Ces généraux s'imaginent-ils par hasard qu'ils ont trouvé la solution du
problème ? Combien de mois la caserne exige-t-elle pour abêtir
et pourrir un homme ? En combien de mois transforme-t-elle
un Français intelligent, actif, de bonne et loyale volonté, en
automate désemparé, inerte, souffre-douleurs ahuri de bri-
mades, d'ordres, contre-ordres et désordres, n'ayant plus la foi
sacrée du dévouement, instrument aveugle et stupide ?

A la place de ces insipides bureaux, de ces chambrées mal-
propres, de ces cuisines puantes, de ces réfectoires sordides,
de ces sépulcres de pierres salis par les siècles, imaginez des
camps à la moderne, en pleine campagne, sur les frontières,
des marches rapides, des manœuvres variées, imprévues, avec
la préoccupation incessante de l'effort utile, du but réel, de la
double action, de la lutte. Est-ce que vous n'obtiendrez pas
alors une armée vivante ? La vie, la vie réelle, vraiment, utilement vécue, est-ce autre chose que le mouvement ? Croyez-vous
intelligent de figer un homme dans la répétition fastidieuse,
écœurante des corvées, des plantons, des postes de police, des
fonctions d'ordonnance et de gardien, où votre automate
habillé en soldat tient le milieu entre le policier et le domes-
tique ? Jetez-le sur les grandes routes, sur les frontières, faites-le

vivre en plein air, et vous aurez un soldat. Il respirera, il rede-viendra actif, joyeux, confiant, il prendra goût à la manœuvre, il respectera ses chefs, il aimera son métier, il vivra.

Préférez-vous continuer à le tuer ? L'insolence haineuse de certains chefs répétera-t-elle jusqu'à la consommation des siècles le fameux axiome de Napoléon, le soi-disant dieu de la guerre : « La misère est l'école du bon soldat » (1).

N'aurez-vous jamais le temps, depuis la puberté jusqu'à l'ado-lescence, de fortifier les jeunes Français, de les exercer au tir, à la marche, à toutes les fatigues, aux rigueurs de la tempéra-ture ? Voyez un des peuples voisins, la Suisse par exemple. Est-ce que nous sommes incapables d'en faire autant qu'eux ?

Pour la rédaction du nouveau code militaire, appliquez les principes de la Révolution. Ce ne seront plus quelques années, mais quelques mois, peut-être quelques semaines, qui vous assureront des soldats excellents, aguerris, patriotes, une armée vraiment nationale, une armée nouvelle. Les bureaucrates, les officiers de casernement, l'adjudant Fix et ses collègues auront disparu. Qui les pleurera ? Un service en campagne largement conçu, où la place de l'initiative et de l'expérience vécue se maintiendront prépondérantes, un résumé simple et clair, bou-leverseront les interminables codes de l'armée napoléonienne. Qui s'acharnera à les faire revivre ? La lumière, la clarté, la vérité sincère et loyale, le soin bienveillant, l'humanité des chefs pour le bien-être des soldats, leur capacité prouvée sur le terrain, le respect libre et confiant des soldats pour leurs chefs, voilà qui vaut mieux que cinq cents articles de conseils de guerre et de cours martiales.

Mais les cadres, direz-vous ? Et les armes savantes, ou dites savantes ? Et les dépôts ? Et les centres d'aviation ? Et les services divers qu'exige la guerre moderne ? Il est clair que dans cette brève étude, nous ne pouvons rédiger un code com-plet. La place nous manque. De plus, nous sortirions des con-troverses inspirées par l'exemple de la Révolution. Admettons qu'il y ait lieu de prévoir, en certains cas particuliers, des périodes de préparation et d'instruction plus compliquées, plus développées. Admettons que pour le matériel, pour les services annexes, les fameuses casernes, que nous repoussons pour les masses humaines, puissent encore servir. Soit. Ce sera une excellente occasion de les nettoyer et d'y accomplir d'utiles

(2) Général BONNAL, *De Rosbach à Ulm*, p. 205.

besognes. J'ai parlé pour le plus grand nombre, pour les masses, et cette préoccupation nous suffit largement.

Quel but grandiose fixerons-nous à l'armée nouvelle ? Comme l'indique Edgar Quinet, la Convention sut imposer « cette » religion du droit au milieu de l'ivresse de la force, qui » donne aux armées de la République un caractère unique de » grandeur. » La religion du droit, la force au service du droit, n'est-ce pas la formule la plus parfaite qu'on puisse trouver pour réaliser la synthèse de l'armée ?

Enfin, cette formule recueillie dans les débats révolutionnaires à la date du 23 avril 1793 : « Les entreprises contre la » liberté d'un peuple sont des atteintes contre tous les autres. »

Sur ce terrain comme sur tant d'autres, le génie de la Révolution a devancé les siècles. Les peuples ne finiront-ils pas par entendre sa voix ? Les effets désastreux de la déformation de l'esprit révolutionnaire, de son accaparement et de sa décadence, produits par l'exploitation napoléonienne, ces conséquences lamentables d'un coup d'État de la force qui retentissent et trouvent un écho jusque dans les bas-fonds de l'anarchie, ne vont-ils pas disparaître dans la nuit du passé ?

Il est temps que l'armée nouvelle ne représente plus que la puissance matérielle au service de l'équité, comme à l'époque des victoires de la première République, des victoires réelles et fécondes qui donnèrent à la France ses frontières naturelles, frontières d'abord follement exagérées, puis perdues par Napoléon.

Il est temps que l'armée de la quatrième République évoque, rappelle et renouvelle les immortels principes de justice créés par la Révolution française, les principes de justice vraie, positive et vivante, qui s'appliquent non seulement aux humbles, mais aux puissants de la terre, à ceux qui ont le plus besoin de réfléchir, de méditer et de comprendre, ceux qui doivent les premiers donner l'exemple du travail acharné, du devoir absolu.

E. LENIENT,

Officier retraité pour blessure de guerre.

Besançon, imprimerie Millot frères